Knaur.

Über die Autoren:

Pascal Beucker, geboren 1966 in Düsseldorf, ist Journalist. Er studierte Politikwissenschaften in Duisburg. In Köln lebend, arbeitet er als nordrhein-westfälischer Korrespondent für die Berliner *tageszeitung (taz)*. Sein inhaltlicher Schwerpunkt ist die »klassische« Politikbeobachtung und -berichterstattung.

Anja Krüger, geboren 1967 im niederrheinischen Viersen, ist Journalistin. Sie studierte Politik- und Sozialwissenschaften in Köln und Duisburg. Ebenfalls in Köln lebend, arbeitet sie in einem Korrespondentenbüro und schreibt für die *Financial Times Deutschland* sowie andere Wirtschaftstitel. Ihre Schwerpunkte sind Altersvorsorge, Gesundheitspolitik und Verbraucherthemen.

Pascal Beucker
Anja Krüger

DIE VERLOGENE POLITIK

Macht um jeden Preis

KNAUR TASCHENBUCH VERLAG

Besuchen Sie uns im Internet:
www.knaur.de

Originalausgabe Oktober 2010
Knaur Taschenbuch.
Copyright © 2010 by Knaur Taschenbuch.
Ein Unternehmen der Droemerschen Verlagsanstalt
Th. Knaur Nachf. GmbH & Co. KG, München.
Alle Rechte vorbehalten. Das Werk darf – auch teilweise –
nur mit Genehmigung des Verlags wiedergegeben werden.
Redaktion: Ruth Gelfert
Umschlaggestaltung: ZERO Werbeagentur, München
Umschlagabbildung: FinePic®, München
Satz: Adobe InDesign im Verlag
Druck und Bindung: CPI – Clausen & Bosse, Leck
Printed in Germany
ISBN 978-3-426-78345-0

2 4 5 3

Inhalt

Vorwort

NIEMAND BEABSICHTIGT, EINE MAUER ZU ERRICHTEN

In der Nähe des Märkischen Museums in Berlin begegnen Passanten einer der bekanntesten Lügen der deutschen Geschichte, ja vielleicht der Weltgeschichte. In der Mitte der deutschen Hauptstadt erinnern Steinsäulen an historische Ereignisse. Per Knopfdruck können Interessierte Tondokumente abrufen, darunter Ausschnitte aus der berühmten Pressekonferenz vom 15. Juni 1961 in Ostberlin. Auf die Frage der Journalistin Annamarie Doherr von der *Frankfurter Rundschau* zu Plänen, die Grenze zwischen der Deutschen Demokratischen Republik und der Bundesrepublik Deutschland mit einer Mauer zu sichern, antwortet der DDR-Staatsratsvorsitzende Walter Ulbricht mit dem legendären Satz: »Niemand hat die Absicht, eine Mauer zu errichten.« Zwei Monate nach seiner Zusicherung begann die DDR am 13. August 1961 mit dem Bau der Mauer.

Dass in der »kommoden Diktatur«, wie Günter Grass die DDR genannt hat, gelogen wurde, gehörte quasi zur Staatsräson. Bewusst die Unwahrheit zu sagen ist allerdings kein Alleinstellungsmerkmal von Politikern autoritärer Staaten. Auch in Demokratien wie der Bundesrepublik gehörte und gehört die Lüge stets zum Repertoire der politischen Akteure. »Niemand hat je bezweifelt, dass es um die Wahrheit in der Politik schlecht bestellt ist, niemand hat je die Wahrhaftigkeit zu den politischen Tugenden gerechnet«, konstatierte 1967 die Philosophin Hannah Arendt, eine der scharfsinnigsten politischen Zeitzeugen des 20. Jahrhunderts. Sie zog den beunruhigenden Schluss: »Lügen scheint zum Handwerk nicht nur des Demagogen, sondern auch des Politikers und sogar des Staatsmannes zu gehören.«[1] Arendts Feststellung hat bis heute nichts von ihrer beklemmenden Aktualität verloren.

Aber Vorsicht! Es gehört mittlerweile zu den Gepflogenheiten der Parteien, sich gegenseitig der Lüge zu bezichtigen. Das gilt als legitimes Mittel im Meinungskampf. Die Folge ist eine fatale Desensibilisierung. Im Dickicht der Beschuldigungen lässt sich die Wahrheit nur noch schwer identifizieren. Sie wird zur Glaubensfrage und verliert an Relevanz. Lässt sich nicht mehr unterscheiden, wer lügt und wer nicht, bleibt nur noch die persönliche Präferenz zur Beurteilung. Und wer der Überzeugung ist, von Politikern ohnehin nur belogen zu werden, für den ist Aufrichtigkeit auch kein Kriterium mehr für seine Wahlentscheidung – wenn er denn überhaupt noch wählen geht. Er beginnt abzustumpfen und sich abzufinden. Politik ist halt ein schmutziges Geschäft. Doch was ist die Konsequenz aus diesem Fatalismus? »Wer gegen Politik ist, ist für die Politik, die mit ihm gemacht wird«, schlussfolgerte Bertolt Brecht.

Eine Diktatur kann Kritik nicht dulden, es sei denn, sie richtet sich gegen ihre Kritiker. Einer der großen Vorteile eines demokratischen Staates ist die Möglichkeit zur Kritik an den herrschenden Verhältnissen. Aber was nützt dieser Vorteil, wenn er nicht wahrgenommen wird? Was hilft Kritik, wenn sie nicht gehört werden will? Allein dass Konrad Adenauer und Helmut Kohl bis heute in der Bundesrepublik als große Staatsmänner gelten, zeigt, welchen geringen Stellenwert die Wahrhaftigkeit eines Politikers für seine Bewertung hat. Der Zweck heiligt die Mittel, allzu oft rehabilitiert er den Lügner. Genau an diesem Punkt beginnen die Grenzen zu verschwimmen. Wer legt fest, welcher Zweck auch die Anwendung eigentlich illegitimer oder gar eindeutig illegaler Mittel rechtfertigt? Wer tatsächlich meint, der Zweck heilige die Mittel, dem gehen schnell die Maßstäbe verloren – die für Menschlichkeit und Würde ebenso wie die für Rechtstaatlichkeit und ethisches Wirtschaften.

Die Lüge hat viele Gesichter. Sie kommt als Etikettenschwindel daher, als Halbwahrheit, als bewusstes Verschweigen, als gebrochenes Versprechen oder als grobe, betrügerische Täuschung. Wer sie einsetzt, verfolgt immer eine Absicht – eine schlechte und bisweilen auch eine gute. Niemand lügt einfach so. Wer versehentlich nicht die

Wahrheit sagt, der lügt nicht, der irrt. Auch das kommt vor im politischen Geschäft, recht häufig sogar. Der echte Lügner hat eine klare Vorstellung von seinem Tun und ein klares Ziel. Er will sich oder anderen einen Vorteil verschaffen, womöglich sich oder andere vor einem Schaden bewahren. »Was ist besser, von einem bösen Gewissen genagt zu werden oder ganz beruhigt am Galgen zu hängen?«, fragt der Philosoph Georg Christoph Lichtenberg. Es gibt Lügen in guter und Lügen in böser Absicht. Im Leben von Millionen von Menschen ist das Motiv für eine Lüge oft zugleich die Rechtfertigung oder zumindest die Entschuldigung. Darf man einen Sterbenden über seine Lage im Unklaren lassen, um ihm das noch verbleibende Leben leichter zu machen? Darüber lässt sich kontrovers diskutieren, aber den verschiedenen Standpunkten die ethische Redlichkeit absprechen kann man nicht. Notlügen gehören zum Alltag der Menschen. »Lügen sind erwartbar und unvermeidlich«, weiß der Soziologe Robert Hettlage. »Wer nach der Wahrheit – und nur nach der Wahrheit – lebt, wird sozial inkompetent.«[2]

Im politischen Feld sieht die Sache allerdings etwas anders aus. Hier geht es immer um widerstreitende politische und wirtschaftliche Interessen. Der Staat ist eben nicht Freund, Betreuer oder Vater der Bürger, er darf auch in Ausnahme- und Notfällen nicht über ihren Kopf bestimmen, was gut und richtig ist. Der Bürger gibt mit der Wahl keine Patientenverfügung ab. Politiker haben eine besondere Verpflichtung zur Wahrhaftigkeit. Auch die gute Absicht kann für sie keine Rechtfertigung zur Lüge sein.

Abgeordnete, Staatssekretäre und Minister sind Meister der bürokratischen Sprache und gleichzeitig ausgesprochen kreativ. Sie entwickeln bizarre Begriffe wie »Umweltprämie« für Zuschüsse zu neuen Autos oder »Eigenverantwortung« für höhere finanzielle Eigenleistungen der Bürger. Sie bezeichnen getötete Zivilisten als »Kollateralschäden« und Bomben als »Wirkmittel«. Arbeitslose werden umdefiniert zu Kunden der Arbeitsagentur, Reform meint nicht mehr die Verbesserung von Lebenswirklichkeit, sondern die Androhung von Kürzungen. Begriffskosmetik dieser Art ist für

Politiker ein geeignetes Instrument, Wählern unpopuläre Entscheidungen zu verkaufen, um an die Macht zu kommen oder sie zu behalten. Ob scheinbar harmlose Schummelei oder gezielte Täuschung – Politiker sollten damit nicht durchkommen.

Köln, Sommer 2010
Pascal Beucker, Anja Krüger

Kapitel 1

IM DICKICHT
ZWISCHEN LÜGE UND WAHRHEIT

Warum Wahrhaftigkeit
nicht zu den politischen Tugenden gehört

Politiker einer Lüge zu überführen, das ist eigentlich fast die einzige Möglichkeit, sie rasch und endgültig loszuwerden«, formulierte der im Juni 2009 verstorbene liberale Vordenker Ralf Dahrendorf.[3] Aber das ist leichter gesagt als getan. Eine geschickte Lüge ist nicht so einfach zu entlarven, eine dreiste bisweilen ebenso wenig. Und wem wird geglaubt: dem Aufklärer oder dem Lügner? Über den italienischen Ministerpräsidenten Silvio Berlusconi sagt der amerikanische Wissenschaftler und Journalist Alexander Stille, er habe das Lügen zum Prinzip erhoben. »Ich bin noch nie jemandem begegnet, der in so kurzer Zeit so viel gelogen hat«, berichtet Stille.[4] Der Autor von »Citizen Berlusconi«, einer vielgelobten Biographie über den umstrittenen italienischen Politiker und Medienmogul, erzählt von seinem Besuch einer politischen Kundgebung, auf der Berlusconi seinen Anhängern erklärte: Wenn man eine Lüge oft genug wiederhole, werde sie irgendwann zur Wahrheit. »Das ist ein ziemlich gruseliges Credo, und er verfährt danach.« Das Bemerkenswerte an Berlusconis Lügen sei, »mit welcher Überzeugung er sie vorträgt«, so der Professor für Journalismus an der Columbia University. »Das ist ein starkes Machtinstrument.« Es ist in Deutschland beliebt, mit einer Mischung aus Amüsement und Fassungslosigkeit auf Italien zu blicken. Undenkbar scheint »in diesem unseren Land« (Helmut Kohl), jemanden wie Berlusconi zum Bundeskanzler zu wählen. Aber täuschen wir uns nicht: Die Gefahr ist größer, als mancher zu glauben bereit ist.

Von Berlusconi stammt der Ausspruch: »Es ist richtig, dass alle vor dem Gesetz gleich sind. Aber ich bin gleicher, weil mich die Mehrheit des Volkes gewählt hat.« Handelte Helmut Kohl während seiner Kanzlerschaft nicht exakt nach der gleichen Maxime, als er sich mit seiner illegalen Spendenakquise zugunsten der CDU – falls es sich überhaupt um Spenden handelte – ganz bewusst über das Grundgesetz hinwegsetzte, auf das er geschworen hatte? Als das Bonner Landgericht im Februar 2001 seine Zustimmung zur Einstellung der Ermittlungen gegen den Bundeskanzler a. D. gab, begründeten die Richter ihre Entscheidung nicht nur mit dem angeblichen Fehlen eines öffentlichen Interesses an der Strafverfolgung, sondern auch mit den besonderen Verdiensten Kohls: Gewürdigt werden müsse »ein über 50 Jahre währendes Engagement für die staatliche Gemeinschaft« ebenso wie »seine unbestrittenen Verdienste um die Schaffung einer europäischen Friedenszone im allgemeinen, um die Aussöhnung mit den Nachbarn Deutschlands und um die deutsche Einheit im besonderen«. Außerdem hebe die Staatsanwaltschaft zu Recht hervor, »dass die persönlich herabwürdigenden Angriffe in der Medienberichterstattung mildernd berücksichtigt werden müssten«, heißt es in dem Beschluss des Landgerichts.[5] Ein Ladendieb kann nicht darauf bauen, dass ein Richter ihm seine politischen Verdienste strafmildernd zugutehält. Kann ein des Sozialbetrugs beschuldigter Hartz-IV-Empfänger hoffen, dass ihn persönlich herabwürdigende Berichte in den Medien vor Gericht zu seinen Gunsten gewertet werden? Manche sind eben gleicher.

Es gilt das gebrochene Wort

Ob Politiker heute ein distanzierteres oder engeres Verhältnis zur Wahrheit haben als früher – das wird niemand mehr nachvollziehen können. Denn dass Betrugsmanöver in der Vergangenheit nicht bekannt wurden, heißt nicht, dass es sie nicht gab. Die Führungstechniken von Konrad Adenauer würde man heutzutage in feierlichen

Akademieansprachen über die politische Kultur in der Zivilgesellschaft eher nicht lobend hervorheben, stellt der Göttinger Politikwissenschaftler Franz Walter fest. »Ein Musterdemokrat war Adenauer gewiss nicht. Um seine Partei gefügig zu machen, griff er oft zum Mittel der Dramatisierung phantasievoll ausgedachter Gefahren. Er log die Parteigremien kalt an, wenn es ihm opportun erschien – und das war keineswegs selten der Fall«, stellt Walter fest. »Er benutzte Informationen aus klandestinen Dossiers und Geld aus verdeckten Kassen.«[6]

Auch mit dem politischen Gegner ging Adenauer nicht zimperlich um. Auf dem Höhepunkt des Bundestagswahlkampfs 1953 behauptete er öffentlich, SPD-Politiker würden sich von der DDR bezahlen lassen. Zwei nordrhein-westfälische Genossen hätten »je 10 000 DM West aus der Sowjetzone erhalten«. Das Geld stamme aus einem Fonds der SED für Wahlkampfzwecke. Einen Beweis blieb Adenauer schuldig. Aber er beharrte auf seinen Anschuldigungen – bis zum Wahltag. Anfang 1954 ließ der wiedergewählte Kanzler das Bonner Landgericht lapidar wissen, seine Informationen seien leider falsch gewesen: »Ich nehme deshalb mit dem Ausdruck des Bedauerns meine Behauptung zurück«, teilte Adenauer in einer Erklärung mit. Damit war der Fall für ihn juristisch erledigt. »Ein Journalist, der die gleiche Behauptung verbreitet hätte, wäre nach § 187 a StGB wegen ›politischer übler Nachrede‹ mit Gefängnis nicht unter drei Monaten bestraft worden«, kommentierte der *Spiegel*.[7] Nur wenige Wochen nach seinem schriftlichen Bedauern der Wahlkampflüge spottete Adenauer im Bundestag in Richtung der zutiefst empörten Sozialdemokraten: »Wenn Sie dieses Auftreten und Reden einige Millionen Stimmen gekostet hat, dann bin ich sehr froh darüber.«

Nicht hinter jeder Unwahrheit verbirgt sich unbedingt ein Lügenmanöver. Manchmal liegt die Wahrheit verschollen im Bermudadreieck zwischen Irrtum, Irrsinn und Irreführung. Die deutsche Einheit begann mit den legendären »blühenden Landschaften« Helmut Kohls. Im Buhlen um die Gunst der Wähler versprach der damalige Bundeskanzler vor der ersten gesamtdeutschen Bundestagswahl

1990: »Für die Menschen in der Bundesrepublik gilt: Keiner wird wegen der Vereinigung Deutschlands auf etwas verzichten müssen. Es geht allenfalls darum, Teile dessen, was wir in den kommenden Jahren zusätzlich erwirtschaften, unseren Landsleuten in der DDR zur Verfügung zu stellen – als Hilfe zur Selbsthilfe.«[8] Ob Kohl selbst an seine eigenen Worte geglaubt hat? Eigentlich kaum möglich. Falls er seinerzeit die Bevölkerung bewusst getäuscht haben sollte, so hat er es nie zugegeben. Auf jeden Fall verschafften ihm seine vollmundigen Versprechungen den entscheidenden Vorteil gegenüber seinem sozialdemokratischen Herausforderer Oskar Lafontaine. Nur allzu gerne wollten die Wähler den realitätsfernen Verheißungen Kohls glauben, statt auf die Warnungen Lafontaines zu hören. Dessen Hinweise auf die mit dem Vereinigungsprozess verbundenen großen ökonomischen und sozialen Probleme taten sie lieber als das Lamentieren eines miesepetrigen Wiedervereinigungsmuffels ab. Dabei hätte jeder wissen können, wie es um die von Kohl versprochenen »blühenden Landschaften« bestellt sein würde. »Das dicke Ende kommt«, sagte der *Spiegel*-Herausgeber Rudolf Augstein kurz vor der Bundestagswahl voraus: »Es gilt das gebrochene Wort.«[9]

Wollen die Wähler belogen werden? Nein, das wollen sie ganz und gar nicht. Sie erhoffen sich von Politikern die Verbesserung ihrer Lebensverhältnisse, zumindest jedoch, dass sie nicht zu ihrer Verschlechterung beitragen. Dabei klammern sich die Wähler bisweilen an Illusionen und beleuchten ein Versprechen nicht in dem Maße, wie es angemessen wäre. Politiker machen sich diesen Mechanismus gezielt zunutze. »Was eine Regierung tut, wenn sie einmal gewählt ist, hat häufig mit ihren Ankündigungen im Wahlkampf wenig zu tun.« Wahlkampf dient vor allem der Volksverdummung, davon ist der Autor Thomas Wieczorek überzeugt.[10] Sachthemen werden vor allem in plattester Kampagnenform behandelt. »Versprechen wie 1990 Helmut Kohls ›blühende Landschaften‹ im Osten oder 1998 Gerhard Schröders ›am Abbau der Arbeitslosigkeit wollen wir uns messen lassen‹ sind nur Spitzen eines gigantischen Wählerver-

blödungseisberges.« Die Parteien haben mit solchen falschen Wahlkampfversprechen dafür gesorgt, dass die Wähler ihnen kaum noch
Glauben schenken.

Selten: Aufstand gegen Lügner

Gefährlich wird es für Politiker, wenn die Wähler allzu brutal darauf
gestoßen werden, dass die gegebenen Versprechungen bewusste Ir-
reführungen waren. Diese Erfahrung musste der ungarische Ministerpräsident Ferenc Gyurcsány machen. Im Herbst 2006 zogen in
Ungarn empörte Bürger wochenlang protestierend durch die Straßen und lieferten sich sogar Straßenschlachten mit den Ordnungs-
kräften, nachdem der damalige sozialdemokratische Ministerpräsident Gyurcsány vor Parteifreunden eingeräumt hatte, die Bevölkerung belogen zu haben. Bei den Parlamentswahlen im April 2006
war die von ihm geführte sozial-liberale Koalition als erste ungarische Regierung überhaupt nach der Wende von 1989 im Amt bestä-
tigt worden. Kurz darauf hielt Gyurcsány auf einer internen Sitzung
seine berüchtigte »Lügenrede«[11]. »In Europa hat kein Land so einen
Unfug getrieben wie wir«, startete er seine Philippika. »Wir haben
offensichtlich in den vergangenen anderthalb bis zwei Jahren von
Anfang bis Ende gelogen. Es war vollkommen klar, dass das, was
wir sagten, nicht die Wahrheit war.« Er sei »fast daran verreckt,
anderthalb Jahre lang so tun zu müssen, als ob wir regiert hätten.
Stattdessen logen wir morgens, nachts und abends.« Jetzt sei der
Augenblick der Wahrheit gekommen.

Mit seiner »Blut-Schweiß-und-Tränen«-Rede wollte der Premier
seine Partei, die sozialdemokratische MSZP, auf einen radikalen
Kurswechsel einschwören. Vergleichbar mit Gerhard Schröder und
dessen »Reformpolitik« in der zweiten Legislaturperiode setzte
Gyurcsány nach der Wahl zwecks Haushaltskonsolidierung auf den
Abbau des Sozialstaats. Vor den Parlamentswahlen hatte er noch
alle, die ihm vorwarfen, genau das zu planen, öffentlich der Lüge

bezichtigt und zur Rücknahme ihrer Behauptungen aufgefordert. »Schließlich sollte man nicht mit Lügen an die Macht kommen wollen«, attackierte er noch kurz vor dem Urnengang in einer Fernsehdebatte seinen rechtskonservativen Herausforderer Viktor Orbán. Das Bekanntwerden von Gyurcsánys »Blut-Schweiß-und-Tränen«-Rede im September 2006 löste die bisher schwersten Unruhen im postkommunistischen Ungarn aus. Bis heute ist ungeklärt, wie der Ton-Mitschnitt der Ansprache an die Öffentlichkeit gelangte. Einen Rücktritt lehnte Gyurcsány trotz der Proteste ab. Bis April 2009 blieb er im Amt. Die Konsequenzen für seine Partei allerdings sind ähnlich wie die Folgen von Gerhard Schröders Politik für die SPD: 2002 war die MSZP mit einem Wahlergebnis von 42 Prozent an die Regierung gekommen, bei der Parlamentswahl im April 2010 reichte es für die ungarischen Sozialdemokraten nur noch für einen Stimmenanteil von 19,3 Prozent.

Nichts für Warmduscher und Weicheier

Manche Vorhaben und rhetorischen Feldzüge sind von Anfang an als Betrugsmanöver angelegt. Dann gebrauchen Politiker die Lüge, wie sie klassisch nach der Definition des Theologen Augustinus aus dem 5. Jahrhundert verstanden wird: die Lüge als eine unwahre, mit dem Willen zur Täuschung vorgebrachte Aussage. Setzen Politiker dieses Mittel ein, wollen sie meistens etwas kaschieren – das eigene Versagen, eine unmoralische Handlung, ein nicht erlaubtes Geschäft unter Freunden, eine Parteispende zweifelhafter Herkunft. Ab und zu hat der Aufbau einer Lügengeschichte ein juristisches Nachspiel.

Die ans Licht gekommene Lüge im Sinne des Augustinus ist für Politiker eine schwere Bürde, auch wenn sie nicht im juristischen Sinne kriminell gehandelt haben. Die Öffentlichkeit hat ein gespaltenes Verhältnis zu ertappten Politikern. Für die einen hat die Entdeckung keinerlei Konsequenzen. Andere werden so lange gejagt, bis sie ihre Karriere aufgeben. Offensichtlich gibt es Umstände, unter denen Öffentlichkeit und Wähler nachweislich unwahre Behauptungen und das Verschweigen wichtiger Informationen verzeihen. Immer wieder kommen Politiker erstaunlich gut durch schwierige Affären. Andere nicht.

Dem SPD-Vorsitzenden Björn Engholm wurde zum Verhängnis, dass er vor einem Untersuchungsausschuss des schleswig-holsteinischen Landtags 1987 behauptet hatte, er habe erst am Wahltag, dem 13. September, von den durch den damaligen Ministerpräsidenten Uwe Barschel (CDU) veranlassten Bespitzelungen erfahren – tatsächlich wusste er es bereits eine Woche früher. Obwohl die Affäre Jahre zurücklag und unbestritten Engholm das Opfer war, trat er 1993 als Vorsitzender der SPD, als deren Kanzlerkandidat und als schleswig-holsteinischer Ministerpräsident zurück, nachdem seine falsche Aussage bekannt geworden war. Barschel hatte mit einer ganzen Reihe unmoralischer und illegaler Mittel Engholm im Wahlkampf zu schaden versucht. Berichte darüber kurz vor und nach der Wahl bestritt er vehement. Schließlich nahm er sich das Leben. Diese Affäre und Barschels Lügen stehen unter einem kriminellen Vorzeichen. Sie sind natürlich politisch, aber nicht typisch für den politischen Betrieb in der Bundesrepublik. Engholm, das Opfer der kriminellen Machenschaften, hält den eigenen Rückzug nach der Entdeckung seiner Lüge noch immer für richtig. »Dass ich da mit reingerutscht bin wegen einer in der Sache nicht bedeutenden, aber vom Verfahren her bedeutenden Unwahrheit, ist scheiße«, sagte er im Sommer 2009 im Interview mit der Berliner Tageszeitung *taz*. Auf die Frage, ob ein Politiker wegen derselben Lüge auch heute zurücktreten müsste, antwortet er: »Müsste, aber kein Mensch tritt zurück. Für mich war das wichtig. Eine Befriedung. Mein halbwegs ordentliches Ansehen hängt damit zusammen.«[12]

Die Kunst des Dementis

Björn Engholm hat sich selbst die Höchststrafe gegeben. Die sieht auch der Moraltheologe Eberhard Schockenhoff für Politiker vor, die vor einem parlamentarischen Untersuchungsausschuss nicht die Wahrheit sagen. Dort und im Plenum des Parlaments dürfen Politiker nach seiner Auffassung nicht lügen. Schockenhoff ist als Mitglied des Deutschen Ethikrates eine Art Hausethiker des politischen Establishments. »Die Wahrheitsforderung, der Politiker je nach Handlungskontext und Redesituation in abgestufter Weise unterstehen, duldet hier aus verfassungsrechtlichen Gründen keine Abstriche«, findet der Moraltheologe[13], der Bruder des CDU-Bundestagsabgeordneten Andreas Schockenhoff ist. Bei Verstößen von Politikern gegen das Wahrheitsgebot, die sich nicht gegen Verfassungsorgane richten, ist der Berater der deutschen Bischofskonferenz aber großzügig: »Zwar kann niemand für sich ein Recht auf ›geringfügige‹ Lügen in Anspruch nehmen, doch gibt es auch in diesem Bereich Verfehlungen von unterschiedlichem Gewicht, auf die abgestufte Reaktionen der Öffentlichkeit eine angemessenere Antwort wären als die auf durchgängig höchster Erregungsstufe gezeigte Empörung, die in den modernen Mediendemokratien eine Art Ersatzfunktion für den ritualisierten Abwehrzauber archaischer Gesellschaften übernimmt.«

Eine Variante der klassischen Lüge ist das falsche Dementi. Wie Theologe Schockenhoff ist auch der Historiker Wolfgang Reinhard gegenüber Politikern und ihren Sprechern nachsichtig, wenn sie ein falsches Dementi geben. Dementis seien so häufig unzutreffend, dass ihnen von vornherein Unwahrheit unterstellt wird, meint Reinhard. »Dennoch fehlt dem Dementi zur Lüge die Täuschungsabsicht, weil niemand damit getäuscht wird. Denn die Markierung als Dementi enthält bereits die Aussage, dass es sich bei ihm – ebenso wie bei seiner scheinbar gutgläubigen Hinnahme – nicht um Informationsaustausch, sondern um ein Ritual handelt, um eine Geste diplomatischer Höflichkeit«, glaubt Reinhard.[14] Schockenhoff geht mit Hinweis auf Sprachregeln bei diplomatischen Kontakten noch einen Schritt weiter: »Da alle Beteiligten mit den entsprechenden Gepflogenheiten vertraut sind und jedermann weiß, dass ein formelles Dementi nicht den Tatsachengehalt, sondern nur die Opportunität einer Meldung bestreitet, stellt ihre wahrheitswidrige Leugnung im amtlichen Auftrag der Regierung keine Informationsverletzung dar«, glaubt er. Dementis seien nun einmal »keine Lügen, sondern eine Art von Höflichkeitsfloskeln im Umgang der Staaten miteinander«.[15] Diese Vorab-Absolution ist gefährlich. Sie ist ein Freifahrtschein zum Lügen für Politiker und ihre Pressesprecher.

Dabei gibt es genug sprachliche Instrumente, um auch bei Missstimmungen Abgesandte anderer Staaten nicht zu brüskieren. Die Lüge in Form des falschen Dementis darf nicht dazu gehören. Die Öffentlichkeit hat ein Recht auf zutreffende Information. Ohne die ist sie nicht dazu in der Lage, die politische Situation angemessen einzuschätzen und eventuell auf Korrekturen zu dringen – das zeigen nicht zuletzt die Kriege auf dem Balkan und in Afghanistan. Auch in der Innenpolitik dürfen falsche Dementis nicht hingenommen werden, nicht nur aus Gründen der politischen Hygiene. Bei Unfällen in Atomkraftwerken oder chemischen Werken müssen sich Bürger darauf verlassen können, dass sie richtig informiert werden.

Falsche Ankündigungen

Die seinerzeitige hessische SPD-Partei- und Fraktionsvorsitzende Andrea Ypsilanti hätte nach der hessischen Landtagswahl im Januar 2008 bei dem Moraltheologen Schockenhoff Argumentationshilfe holen sollen. Denn der hat ein recht laxes Verhältnis zu Wahlkampfversprechen. »Aufgeklärte Bürger wissen im Allgemeinen, dass Versprechen im Wettbewerb um die Wählergunst nicht als wörtliche Ankündigungen des künftigen Regierungshandelns, sondern bestenfalls als Grundsatzabsichten zu gelten haben, deren Realisierung von äußeren Umständen abhängt, die durch den politischen Willen der Mehrheit nur teilweise beeinflusst werden können«, meint er.[16] Macchiavelli hat es etwas deutlicher ausgedrückt. Auch der Denker der Renaissance war der Auffassung, dass etwas Versprochenes der Realität angepasst werden müsse: »Ein kluger Herrscher kann und soll daher sein Wort nicht halten, wenn ihm dies zum Schaden gereicht und die Gründe, aus denen er es gab, hinfällig geworden sind.«[17]

Andrea Ypsilanti wähnte sich unaufhaltsam auf dem Weg zur Macht – und stolperte über ihr im Wahlkampf gegebenes Versprechen: Keine Zusammenarbeit mit der Linkspartei! Ohne Wenn und Aber! Die Sozialdemokratin hatte nicht nur nebenbei mal in Interviews erwähnt, sie würde sich nicht mit den Stimmen der Linkspartei zur Ministerpräsidentin wählen lassen. Ständig hatte sie das versichert – und sich dabei auch nicht der üblichen Floskeln bedient, die Eindeutigkeit suggerieren, jedoch tatsächlich alle Optionen offen lassen. So hatten es die grüne Spitzenkandidatin Christa Goetsch vor der Bürgerschaftswahl in Hamburg 2008 und auch deren saarländisches Pendant Hubert Ulrich vor der dortigen Landtagswahl 2009 gehalten. Die beiden Grünen hatten zwar den Eindruck vermittelt, nicht mit der CDU koalieren zu wollen – es aber nicht definitiv ausgeschlossen. Im engeren Sinne wortbrüchig wurden sie also nicht, als sich die jeweiligen grünen Landesverbände nach der Wahl anders entschieden.

Trotzdem war die Empörung besonders im Saarland groß, wo im Gegensatz zu Hamburg – dort blieb der damalige SPD-Spitzenkandidat und heutige *Cicero*-Chefredakteur Michael Naumann auch nach der Wahl bei seiner strikten Ablehnung eines Bündnisses mit der Linkspartei – ebenso eine rot-rot-grüne Koalition möglich gewesen wäre. Ein »extrem hohes Maß an Verlogenheit« warf der SPD-Landeschef Heiko Maas dem Grünen-Frontmann Ulrich vor. Von »Charakterlosigkeit« und einer »Schmierenkomödie« sprach Saarlands Linksparteifraktionsvorsitzender und Ex-Ministerpräsident Oskar Lafontaine. Daniel Cohn-Bendit bezeichnete Ulrich sogar als zweifelhafte Persönlichkeit: »Er ist ein Mafioso.«[18] Ein deftiges Urteil über einen Parteifreund.

Allerdings wirft das Zustandekommen von »Jamaika« im Saarland tatsächlich zumindest einige Fragen auf. Besonders pikant: Im Frühjahr 2010 kam heraus, dass die Saar-Grünen vor der Landtagswahl allein im Jahr 2009 Spenden in Höhe von mindestens 47 500 Euro von der Unternehmensgruppe »Victor's« des schillernden Saarbrücker Geschäftsmanns und FDP-Kreisvorsitzenden Hartmut Ostermann erhalten hatten. Nur seine eigene Partei konnte sich noch größerer Zuwendungen des »Paten von der Saar« *(Spiegel)* erfreuen. Zudem war der grüne Partei- und Fraktionsvorsitzende Ulrich jahrelang – und auch noch während der Koalitionsverhandlungen – beruflich für das IT-Beratungshaus think & solve tätig, zu dessen Gesellschaftern Ostermann gehört. Dass das seine Entscheidung zugunsten einer Koalition mit der CDU und der FDP beeinflusst haben könnte, bestreitet Ulrich jedoch vehement.

Geschadet hat das unerwartete Bündnis Ostermann, der sowohl an den Sondierungsgesprächen teilgenommen als auch dem Koalitionsausschuss angehört hatte, jedenfalls nicht. Kurz nach der Zustimmung des Grünen-Parteitags Mitte Oktober 2009 zur »Jamaika-Koalition« wurden fünf Steuerverfahren gegen ihn eingestellt. Mitte Februar 2010 setzte der Saarbrücker Landtag auf Antrag der Oppositionsfraktionen einen Untersuchungsausschuss ein zur Aufklärung seiner Rolle bei der Regierungsbildung im Saarland.

Anders als die Grünen Ulrich und Goetsch ließ sich SPD-Frau Ypsilanti keine Hintertür offen: »Es gibt keine irgendwie geartete Zusammenarbeit mit den Linken«, lautete ihre unzweideutige Botschaft.[19] Sämtliche Führungskräfte und Kandidaten der hessischen Sozialdemokraten versicherten hoch und heilig, auf gar keinen Fall und unter keinen Umständen ein Bündnis mit der Linkspartei einzugehen. Eine Eselei: Mit ihrem Bekenntnis hatten sich die Genossen selbst vor der Wahl in eine politisch ausweglose Lage manövriert, aus der ihnen nur noch ein Wunder oder eine Wahlniederlage hätten helfen können. Eine eigene Mehrheit für Rot-Grün war völlig illusionär, einer Ampel-Koalition hatte die FDP eine unmissverständliche Absage erteilt, und mit einem schwarz-roten Bündnis würde sich der versprochene Politikwechsel nicht realisieren lassen. Wer unter diesen Umständen Rot-Rot-Grün ausschließt, dem bleibt nach der Wahl nur noch die Opposition – wenn er sich nicht für den einen oder den anderen Wahlbetrug entscheidet. Ypsilanti entschied sich, es doch mit der Linkspartei zu versuchen. Zwar habe sie einerseits versprochen: »Nie mit der Linken«, andererseits habe sie ihren Wählern zugesagt, eine gerechtere Bildungspolitik zu beginnen, Studiengebühren abzuschaffen und mehr fürs Soziale zu tun, wenn sie die Gelegenheit dazu habe, erklärte sie im März 2008 dem ARD-Fernsehmoderator Reinhold Beckmann. »Man muss irgendwo an irgendeiner Stelle sagen: Dieses Versprechen kann ich nicht einhalten«, stellte Ypsilanti fest.[20]

Die Anti-Wortbruch-Intriganten

Dass sie doch nicht zur Ministerpräsidentin gewählt wurde, lag an vier Abweichlern aus den eigenen Reihen – nur einer hätte es sein dürfen. Die Darmstädter Landtagsabgeordnete Dagmar Metzger hatte bereits im Frühjahr 2008 mitgeteilt, dass sie eine von der Linkspartei geduldete rot-grüne Minderheitsregierung ablehne. Nach den Erfahrungen der Parteifreundin Heide Simonis, die wegen einer fehlenden Stimme aus den eigenen Reihen im Jahr 2005 als schleswig-holsteinische Ministerpräsidentin im Landtag nicht wiedergewählt worden war, zögerte Ypsilanti über Monate, sich der Abstimmung zu stellen. Nur einen Tag bevor sie sich schließlich doch noch im Landtag zur Wahl stellen wollte, teilten die drei SPD-Parlamentarier Jürgen Walter, Carmen Everts und Silke Tesch mit, ebenfalls nicht für ihre Genossin zu stimmen. »Wir haben heute Vormittag die SPD-Landes- und Fraktionsvorsitzende Andrea Ypsilanti darüber informiert, dass wir die Bildung einer rot-grünen Minderheitsregierung mit den Stimmen der Linkspartei nicht mittragen können«, verkündete Everts am 3. November 2008 auf einer gemeinsamen Pressekonferenz der vier Dissidenten. »Der Auftrag meiner Wählerinnen und Wähler war und ist die Ablösung der Regierung Koch und eine andere sozialdemokratische Politik. Aber nicht um den Preis der Beteiligung der Linkspartei, nicht um den Preis meiner persönlichen Integrität und Grundwerte und nicht um den Preis der Wahrhaftigkeit in der Politik. Das kann ich einfach nicht.«[21]

Vielen erschienen diese vier Abgeordneten als Aufrechte, Wahrhaftige. Sie hätten »ein Lehrstück politischer Kultur abgeliefert und ein Lehrstück politischer Unkultur abgewendet«, schrieb das Bielefelder *Westfalen-Blatt*. Ypsilanti dagegen galt als Wortbrüchige, als Lügnerin. Doch spätestens das Buch »Die Vier. Eine Intrige« des Journalisten Volker Zastrow brachte an den Tag, dass die Dinge komplizierter liegen. Mindestens zwei der vier Dissidenten, der frühere SPD-Landtagsfraktionsvorsitzende Jürgen Walter und seine treue Helferin Carmen Everts, verfolgten ganz eigene Pläne. Ernsthafte Gewissensbisse wegen der geplanten Unterstützung durch die Linkspartei waren es wohl nicht, die sie dazu brachten, Ypsilanti scheitern zu lassen. Für den als »pragmatisch« und »wirtschaftsnah« geltenden Walter – der selbst Spitzenkandidat der hessischen SPD hatte werden wollen, jedoch auf dem Nominierungsparteitag im Dezember 2006 Ypsilanti ganz knapp unterlegen war – ging es schlicht um knallharte Machtpolitik. »Walter, der als Junge ein begeisterter Schachspieler gewesen war, hielt sich für einen Großmeister des politischen Spiels«, beschreibt Zastrow. »Freilich sah er im Schach keine rationale oder gar mathematische Denkkunst, sondern einen Sport, einen Kampfsport: eine psychologische Auseinandersetzung, bei der es darauf ankam, den Gegner zu übertölpeln. So ungefähr ließ sich auch Politik begreifen.«[22] Erst nachdem Walter bei den rot-grünen Koalitionsverhandlungen nur das Verkehrsministerium angeboten bekommen hatte, entschlossen er und Everts sich zu ihrem ganz persönlichen Wortbruch, hatten sie doch beide zuvor immer wieder beteuert, bei der Ministerpräsidentenwahl für Ypsilanti stimmen zu wollen – Linkspartei hin oder her. Zudem hatten die beiden laut Zastrow eigentlich einen noch größeren Wortbruch geplant: Sie hatten gehofft, sich als eigene Fraktion von der SPD abspalten zu können, um dann gemeinsam mit CDU und FDP eine Regierung zu bilden. Das scheiterte an den zwei anderen Abweichlerinnen Dagmar Metzger und Silke Tesch, die dabei nicht mitspielen wollten.

Bis heute ungeklärt ist, inwieweit CDU-Ministerpräsident Roland Koch oder andere Christdemokraten in die Planungen von Walter & Co. eingeweiht waren. Fest steht nach Zastrows Recherchen jedenfalls, dass die vier Dissidenten ihre Entscheidung nicht ganz so einsam trafen, wie es zunächst den Eindruck erweckt hatte. Kurz bevor sie am 3. November ihren Entschluss öffentlich bekanntgaben, Ypsilanti die Unterstützung zu entziehen, hatte sich der Schwiegervater von Dagmar Metzger, der ehemalige SPD-Bundestagsabgeordnete Günther Metzger, mit einer ganzen Reihe von Sozialdemokraten beraten. Der Mitgründer des rechtssozialdemokratischen Seeheimer Kreises »führte zahllose Gespräche mit alten Seeheimern, mit Hans Apel, Hans-Jochen Vogel, den Freunden und Genossen seiner Generation: Hans Koschnick, Jürgen Schmude, Rainer Offergeld, Konrad Porzner und vielen mehr«, fand der *FAZ*-Redakteur heraus. »Alle boten Hilfe an, aber vorrangig ging es um eines: Sollen die Abweichler es offen machen oder in geheimer Wahl? Die Meinungen waren geteilt. Vogel sagte: ›Also auf keinen Fall geheim. Das muss offen gemacht werden.‹ Aber es gab auch andere Stimmen, wie die von Hans Apel: ›Wieso? Die sind verrückt, wenn sie das offen machen.‹« Die Sache sei bis hinauf zum hochbetagten Helmut Schmidt gegangen. »Doch der Altbundeskanzler bat um Verständnis, dass er sich zu aktuellen Angelegenheiten nicht mehr äußern wolle.«[23]

Politische Akteure müssen sich an ihren Ankündigungen messen lassen, selbst und gerade wenn die politischen Umstände aus ihrer Sicht eine Kurskorrektur erforderlich machen. Wann ist ein gebrochenes Wahlversprechen eine Lüge? Nicht einmal, wenn eine Partei die absolute Mehrheit erringt, kann sie ihr gesamtes Programm umsetzen. Tausende von Widerständen hindern sie daran, die Regierung muss Prioritäten setzen. Über Jahrzehnte hatte die FDP die Abschaffung der Kirchensteuer in ihrem Programm, ernsthafte Anstrengungen, diesen Punkt umzusetzen, hat sie nie unternommen. Fehlende Ernsthaftigkeit ist nicht schön, aber noch keine Lüge. Auch bei einem gebrochenen Versprechen ist die Täuschungsabsicht entscheidend. Tatsächlich spricht einiges dafür, dass Ypsilantis Wortbruch nicht im Voraus geplant war, sondern aus einer fatalen Fehleinschätzung resultierte: Da die hessische SPD aufgrund der schlechten Umfragewerte selbst lange nicht an die Möglichkeit eines Wahlerfolges geglaubt hatte, hoffte sie, durch ihre scharfe Abgrenzung gegenüber der Linkspartei wenigstens die linke Konkurrenz aus dem Landtag halten zu können. Wer die Linkspartei wähle, wähle eigentlich Koch, lautete die verquere sozialdemokratische Botschaft. Diese Wahlkampfstrategie wäre sogar beinahe aufgegangen, die Linkspartei schaffte mit 5,1 Prozent nur ganz knapp den Sprung ins Parlament. Gleichwohl kann niemand außer Andrea Ypsilanti definitiv sagen, ob sie nicht vielleicht doch schon vor der Wahl vom Januar 2008 beabsichtigt hatte, für den Fall der Fälle mit der Linkspartei ein Bündnis zu schmieden, und das durch die Behauptung des Gegenteils kaschieren wollte. Sie selbst hat das stets energisch bestritten: »Ein nicht haltbares Versprechen ist keine Lüge«, betonte sie immer wieder.[24]

Die Christdemokraten schlachteten das hessische Desaster der SPD propagandistisch aus und schöpften in Anlehnung an Andrea Ypsilantis gebrochenes Wahlversprechen ein neues Wort: »Lügilanti«. Die gescheiterte Herausforderin der Lüge zu bezichtigen und den Amtsinhaber zu feiern – was für eine Ironie der Geschichte. Offenkundig baute die CDU auf das kurze Gedächtnis der Bevölkerung. Schließlich war es Roland Koch gewesen, der im Jahr 2000 im Zuge illegaler Geldtransaktionen seiner Partei erst »brutalstmögliche Aufklärung« über Schwarzkonten in der Schweiz und Liechtenstein versprochen und sich dann in einem Gestrüpp aus Halbwahrheiten und Ungereimtheiten verstrickt hatte. Letztlich musste Koch sogar zugeben, dass er in der Öffentlichkeit und im Parlament die

Unwahrheit über seine Beteiligung an Vertuschungsversuchen gesagt hatte. »Ich kenne bis zum heutigen Tag keinen einzigen Vorgang außerhalb der offiziellen Buchhaltung der Christlich-Demokratischen Union«, sagte Roland Koch im Januar 2000. Kurze Zeit später musste er gestehen, dass der Rechenschaftsbericht der Landespartei manipuliert war. In Vergessenheit geraten scheint auch zu sein, mit welcher Unverfrorenheit der mittlerweile verstorbene hessische CDU-Schatzmeister Casimir Johannes Prinz zu Sayn-Wittgenstein-Berleburg Ende 1999 versucht hatte, illegale Geldströme aus schwarzen Konten in die Parteikasse zu vertuschen. Das Geld stamme, so hatte er behauptet, aus anonymen Nachlässen. »Prinz Wittgenstein vermutet die Vermächtnisgeber in Kreisen deutschstämmiger jüdischer Emigranten, in denen er sehr bekannt und angesehen ist«, ließ Sayn-Wittgenstein den damaligen CDU-Generalsekretär Herbert Müller erklären.[25] Eine perfide Lüge. Nach der Aufdeckung seiner Finanzmanipulationen gab sich der Ex-Schatzmeister zerknirscht: »Solange alles gutgeht, ist man der Feine. Wenn es einmal schiefgelaufen ist, dann ist man eben der Übeltäter.«[26]

Von »Lügilanti« zur »Kraftilanti«

Um die nordrhein-westfälische SPD-Chefin Hannelore Kraft zu beschädigen, variierten die Christdemokraten an Rhein und Ruhr die »Lügilanti«-Wortschöpfung. Sie legten eine bizarre Kampagne mit dem Titel »Kraftilanti« auf. Während CDU-Landeschef und Ministerpräsident Jürgen Rüttgers sich einerseits als landesväterlicher Nachfahre von Johannes Rau zelebrierte, hatte er andererseits seinen Generalsekretär Hendrik Wüst als Kampfhund gegen die politische Konkurrenz von der Leine gelassen. Dass diese – um eben nicht in die Ypsilanti-Falle zu tappen – eine Zusammenarbeit mit der dämonisierten Linkspartei nicht von vorneherein gänzlich ausschließen wollte, versuchte Wüst als »Bedrohung für Nordrhein-Westfalen« zu brandmarken. Seine Propaganda erinnerte in ihrer intellektuellen Schlichtheit an jene längst überwunden geglaubten Kalte-Kriegs-Zeiten, als die Union noch mit der Plakatparole »Alle Wege des Marxismus führen nach Moskau!« in den Wahlkampf zog. Mit allen Mitteln sollte der SPD-Herausforderin Kraft der böse »Kraftilanti«-Spitzname angehängt werden. Da trugen Pressemitteilungen Überschriften wie »Kraftilantis Bruderkuss mit Erich Honecker«, es gab »Kraftilanti«-Videos, »Kraftilanti«-Postkarten, ja sogar einen von der NRW-CDU eingerichteten »Kraftilanti«-Twitter.

Kraft wehrte sich gegen die Wüst-Kampagne, die unüberhörbar auch einen frauenfeindlichen Unterton hatte. Als die CDU ihr auf einer Postkarte mit dem Titel »Kraftilantis Lebenslauf-Lüge« unterstellte, sie habe ihre Vita im Internet aufgehübscht, weil dort inzwischen ein angeblich in einen Förderskandal verwickelter früherer Arbeitgeber nicht mehr aufgeführt werde, zog sie im Juli 2009 vor Gericht. Allerdings errang sie nur einen Teilsieg. Die Pressekammer des Kölner Landgerichts untersagte der CDU, Kraft in einen Zusammenhang mit dem vermeintlichen Skandal des Ex-Arbeitgebers zu bringen. Denn dabei würde es sich um eine unwahre Tatsachenbehauptung handeln. Den Begriff »Kraftilantis Lebenslauf-Lüge« hingegen wertete die Kammer als zulässige Meinungsäußerung im Wahlkampf.

Die bizarre Auseinandersetzung zeigt: Auch wenn viele Menschen es für selbstverständlich halten, dass Politiker schwindeln – für die Betroffenen ist das ein ehrenrühriger Vorwurf. »Es geht um meine Ehre«, begründete Kraft ihr Vorgehen gegen die Kampagne.[27] »Die Prozesshanselei von Frau Kraft ist Ausdruck ihres Scheiterns«, giftete hingegen Wüst – und setzte seine »Kraftilanti«-Kampagne unverdrossen fort.[28] Mitte Februar 2010 musste der jung-dynamische Haudrauf seinen Rücktritt vom Generalsekretärsposten erklären, nachdem der *Spiegel* über umstrittene Werbebriefe der NRW-CDU berichtet hatte, in denen potenziellen Sponsoren gegen Geld exklusive Gesprächstermine mit Regierungschef Rüttgers oder seinen Ministern auf CDU-Landesparteitagen angeboten worden waren.

Dunkle Flecken

Was als dunkler Fleck in der Biographie gilt, hängt stark von den zeitgenössischen Wertvorstellungen ab. Der militante Habitus des jungen Joschka Fischer regte die konservative Welt ungeheuer auf, als Ende 2000 jahrzehntealte Bilder veröffentlicht wurden, die den mittlerweile zu einem der führenden Repräsentanten der Republik aufgestiegenen Grünen als vermummten Straßenkämpfer zeigten, der auf einen Polizisten einprügelte. Die politischen Gegner nutzten die Fotos von Mitte der siebziger Jahre für eine heftige Kampagne – die aber nicht verfing, obgleich der seinerzeitige Außenminister kurzzeitig sogar an Rücktritt gedacht hatte. Aber er stand die Auseinandersetzung durch. Fischer hatte nie geleugnet, in seiner Jugend als Mitglied der Sponti-Truppe »Revolutionärer Kampf« Teil der militanten Frankfurter Szene gewesen zu sein – und er leugnete seine Vergangenheit auch während der gegen ihn gerichteten Kampagne nicht. »Ich habe damals Unrecht getan, und ich habe mich dafür bei allen, die davon betroffen waren, zu entschuldigen«, sagte Fischer im Bundestag.[29] »Ich stehe dazu, weil es meine Geschichte ist, aber nicht in dem Sinne: Das war toll.« Teile der Neuen Linken hätten damals »eine revolutionäre – das heißt auch: eine gewalttätige, eine nicht demokratische – Politik nicht grundsätzlich ausgeschlossen«. Das sei »der eigentliche politische Fehler, den ich mir selbst vorwerfe«. Zum Leidwesen der Konservativen schadete letztendlich Fischer die Auseinandersetzung über seine gewalttätige linke Vergangenheit nicht.

Anders verhält sich das bei ehemaligen Mitarbeitern der Staatssicherheit der DDR – nicht immer, aber in vielen Fällen zu Recht. In den ersten Jahren des wiedervereinigten Deutschland musste eine ganze Reihe von Politikern aus den fünf neuen Bundesländern wegen ihrer Stasi-Verstrickungen von ihren Ämtern zurücktreten. Es gab Fälle, in denen die Aufregung über die »Inoffiziellen Mitarbeiter« (IM) der DDR-Staatssicherheit verständlich und auch absolut gerechtfertigt war. Einige hatten nach der Wende quer durch die

Parteien versucht, nun in der Bundesrepublik Posten zu ergattern, ohne sich zu ihrer Vergangenheit zu bekennen und Reue zu zeigen. Das Hetzklima gegen IM machte das allerdings auch nicht gerade leicht. Bisweilen hatte es tragische Folgen: Ein Nachbar fand am 15. Februar 1992 den Bundestagsabgeordneten Gerhard Riege in seinem Schrebergarten tot an einem Baum hängend. Der PDS-Parlamentarier, dem die Gauck-Behörde kurz zuvor seine inoffizielle Stasi-Mitarbeit in den Jahren 1954 bis 1960 nachgewiesen hatte, hinterließ einen langen Abschiedsbrief an seine Frau und seine drei erwachsenen Kinder. Er fürchtete, so heißt es in dem Schreiben, »die von den Medien geschaffene Wirklichkeit« nicht zu überstehen. Riege schrieb: »Mir fehlt die Kraft zum Kämpfen. Sie ist mir in der neuen Freiheit genommen worden.«[30] Dabei hatte die heutige Birthler-Behörde die Kontakte, die der renommierte Wissenschaftler in den fünfziger Jahren zum MfS hatte, als »unerheblich« eingestuft. Seine Verpflichtungserklärung soll er unterschrieben haben, weil er als wissenschaftlicher Mitarbeiter eine Forschungsreise in den Westen antreten wollte. Die Stasi erlaubte das nur unter der Bedingung, dass er im Nachhinein über seinen Aufenthalt einen Bericht ablieferte. Doch in dem damaligen Klima in der Bundesrepublik wurde auf solche »Feinheiten« – zumindest wenn es um Mitglieder der PDS ging – keinen größeren Wert gelegt. Das hatte Riege bereits bitter vor seiner Enttarnung feststellen müssen. In seinem Abschiedsbrief nannte er denn auch den »Hass«, der ihm im Bundestag »aus Mündern und Augen« entgegengeschlagen sei, als Motiv seines Freitodes. Der Abgeordnete war bei einer Haushaltsdebatte im März 1991 während seiner kurzen Rede gleich dreißig Mal durch Zwischenrufe vor allem von Unionsseite unterbrochen und dabei unter anderem als »Stasi-Heini«, »Stasi-Bruder« und »Stasi-Bonze« beschimpft worden. Trotzdem erteilte der damalige Bundestagsvizepräsident Hans Klein (CSU) keinen einzigen Ordnungsruf.

Dennoch: Politiker, denen eine tatsächliche Stasi-Vergangenheit öffentlich vorgeworfen wird, einfach als Opfer zu sehen ist falsch.

Die Linkspartei, als Nachfolgerin der PDS und damit der ehemaligen DDR-Staatspartei SED, ist mutmaßlich die Partei mit dem höchsten Anteil ehemaliger Ost-Geheimdienst-Mitarbeiter. Sie hat bis heute ein höchst problematisches Verhältnis zur Aufarbeitung der dunklen Seiten der DDR-Geschichte. Ihr Umgang mit ehemaligen Stasi-Mitarbeitern ist bigott. Formal ächtet die Partei Mitglieder, die sich nicht zu ihren Verfehlungen frühzeitig bekannt und öffentlich bereut haben. Praktisch ist das den Funktionären und auch vielen Mitgliedern aber egal.

Im Juni 1991 fasste die PDS einen Beschluss, der alle Funktionärskandidaten auf Landes- wie Bundesebene verpflichtete, eine frühere IM-Tätigkeit »offenzulegen«. Wer sich als »unehrlich gegenüber der Partei« erweist, wird von seiner Funktion entbunden, hieß es darin. Doch Papier ist geduldig. Das zeigt eindrucksvoll das Beispiel des Linkspartei-»Vordenkers« André Brie. Bereits Vize-Bundesvorsitzender, wurde er im Oktober 1991 Chef der Berliner PDS und damit Nachfolger von Wolfram Adolphi, der seinen Posten wegen einer bekannt gewordenen früheren IM-Tätigkeit hatte räumen müssen. Ein Jahr nach seiner Wahl flog Brie auf und musste eingestehen: Stolze 19 Jahre hatte er für die Stasi gearbeitet. Der damalige PDS-Chef Gregor Gysi hatte frühzeitig von der IM-Tätigkeit seines engen Vertrauten gewusst. Nach Gysis eigenen Angaben hatte sich Brie ihm bereits im Sommer 1990 anvertraut. Trotzdem unterstützte er, dass Brie das Amt des Berliner Landesvorsitzenden übernahm. Dabei sei er davon ausgegangen, dass dieser später seine IM-Tätigkeit offenbare, »in einer Situation, wo er es verkraftet und wo die gesellschaftliche Atmosphäre so ist, dass er es machen kann«, so Gysi seinerzeit.[31] Zugleich eröffnete der heutige Fraktionsvorsitzende der Linkspartei im Bundestag den überraschten Delegierten auf einem Sonderparteitag der Berliner PDS, dass er den 1991 gefassten Beschluss über den Umgang mit MfS-Vergangenheiten, nach dem Funktionsträger ihre frühere Stasi-Tätigkeit offenbaren müssen, für falsch halte und er seinerzeit auch nicht dafür gestimmt habe. Nach seiner Enttarnung musste André Brie zwar als Berliner

PDS-Chef zurücktreten. Seiner politischen Karriere tat dies jedoch keinen großen Abbruch: Bald darauf wurde er für die PDS ins Europaparlament gewählt. Wie schwer sich die Partei mit ihrer DDR-Vergangenheit bis heute noch tut, zeigt das Beispiel der Linkspartei in Brandenburg. Nachdem es dort im Herbst 2009 zu einer rot-roten Koalition gekommen war, flogen gleich mehrere Linkspartei-Abgeordnete auf, die ihre Stasi-Mitarbeit verheimlicht hatten. Dabei hätten sie innerhalb der Partei nichts zu befürchten gehabt, wenn sie sich frühzeitig selbst geoutet hätten, wie die Beispiele der Landtagsfraktionsvorsitzenden Kerstin Kaiser und des Landesvorsitzenden Thomas Nord zeigen. Auch sie hatten einst dem MfS gedient.

Das taktische Verhältnis zur Wahrheit

Der frühere britische Premier Tony Blair gilt als einer der erfolgreichsten Labour-Politiker der vergangenen fünfzig Jahre – und gleichzeitig auch als einer der größten Lügner. »Der Schlüssel zum Verständnis des Politikers Blair ist seine einzigartige Verbindung von extremer schauspielerischer Begabung und religiösem Eifer«, schreibt der Philosophieprofessor Raymond Geuss.[32] »Wenn die Aufgabe unendlich wichtig ist, sind kleine oder auch größere Unwahrheiten lässliche Sünden«, erklärt der amerikanische Wissenschaftler. »Was zählt schließlich eine kleine Lüge, verglichen mit der Bekämpfung des Terrors?« Es habe »vielleicht sogar etwas Heldenhaftes an sich, die eigene Seele um des Sieges der guten und gerechten Ordnung willen moralisch zu belasten«. Für Geuss paart sich die kurzfristige argumentative Überlegenheit, die aus dem absoluten Vertrauen in die Richtigkeit des eigenen moralischen Urteils entsteht, »mit der eventuellen Unfähigkeit, die Welt so zur Kenntnis zu nehmen, wie sie ist.«

Gemeinsam mit dem rechtskonservativen damaligen US-Präsidenten George W. Bush hatte der Sozialdemokrat Blair im Vorfeld des Irakkrieges unablässig und wahrheitswidrig behauptet, der irakische

Diktator Saddam Hussein verfüge über Massenvernichtungswaffen. Es war eine Erfindung zur Legitimierung des vereinbarten *regime change* in Bagdad, des Sturzes Saddams. Im Dezember 2009 räumte Blair ein, er hätte in jedem Fall den Befehl zur Intervention im Irak gegeben, auch wenn herausgekommen wäre, dass das Saddam-Regime überhaupt nicht über Massenvernichtungswaffen verfügte. »Offensichtlich hätte es dann aber eine andere Begründung geben müssen, was die Art der Bedrohung betrifft«, sagte Blair kaltschnäuzig in einem Interview mit der BBC.[33] Auch die heutige Bundeskanzlerin Angela Merkel behauptete Anfang 2003: »Die Bedrohung durch Saddam Hussein und seine Massenvernichtungswaffen ist real.«[34] Hat sie gelogen, oder wusste sie es einfach nicht besser? »Der Lügner ist der Wahrheit näher als der Irrende, denn er weiß, was richtig ist, was auf den Irrenden nicht zutrifft«, philosophiert ihr Parteifreund Manfred Rommel, der frühere Stuttgarter Oberbürgermeister.[35] In der Politik ist der eine nicht weniger beunruhigend als der andere.

Exkurs

DAS UNSCHÖNE K-WORT

Wie die deutsche Politik ihren Frieden
mit dem Krieg gemacht hat

Im Frühjahr 2010 erhielt Karl-Theodor Freiherr von und zu Guttenberg eine besondere Auszeichnung. Die *Deutsche Sprachwelt* kürte den Bundesverteidigungsminister zum »Sprachwahrer des Jahres«. Der CSU-Politiker spreche »nicht nur gutes Deutsch, sondern auch einwandfreies Englisch und liest Platon im altgriechischen Original«. Außerdem sei er »in der Lage, eine mitreißende Bierzeltrede zu halten.« Vor allem jedoch zeichne sich Guttenberg durch sein Bemühen um eine klare, verständliche und schnörkellose Sprache aus: »Anders als sein Amtsvorgänger vermeidet er nicht krampfhaft das Wort ›Krieg‹, wenn von Afghanistan die Rede ist.«[36] Hätte der fränkische Adlige bei so viel Mut nicht gleich das Eiserne Kreuz verdient gehabt, das sein Vorgänger Franz Josef Jung (CDU) 2008 als »Ehrenkreuz der Bundeswehr für außergewöhnlich tapfere Taten« wieder eingeführt hat?

In einem Interview mit der *Bild-Zeitung* hatte Guttenberg im November 2009 erstmals das große Tabu gebrochen.[37] Er »verstehe jeden Soldaten, der sagt: In Afghanistan ist Krieg, egal, ob ich nun von ausländischen Streitkräften oder von Taliban-Terroristen angegriffen, verwundet oder getötet werde«, sagte der Minister. Selbst von Krieg zu sprechen – so weit wollte der Minister dann doch nicht gehen. Schließlich muss er ja auf »notwendige juristische, akademische oder semantische Feinsinnigkeiten« achten, weswegen Guttenberg denn auch einen anderen Ausdruck zur Beschreibung der Zustände verwendet: »Ich will ganz offen sein: In Teilen Afghanistans gibt es fraglos kriegsähnliche Zustände.«

Seit fast einem Jahrzehnt führen die USA nun bereits in Afghanistan ihren *War on Terror*. Er dauert inzwischen länger als der Zweite Weltkrieg. Im Dezember 2001 entsandte die Bundesrepublik die ersten deutschen Soldaten an den Hindukusch. Nur – mit Krieg hatten sie dort nie etwas zu tun. Ob die Sozialdemokraten Rudolf Scharping und Peter Struck oder der Christdemokrat Franz Josef Jung: Wer auch immer in diesem Jahrhundert auf der Bonner Hardthöhe residierte, der vermied peinlichst das unschöne K-Wort. »Das war die Lebenslüge der deutschen Politik«, kritisiert Ex-Verteidigungsminister Volker Rühe (CDU).[38] »Wir waren in demselben Krieg wie die Kanadier. Schon vor zwei Jahren. Und wie die Amerikaner und wie die Holländer und wie die Dänen und die Engländer Aber wir haben so getan, als ob wir etwas anders im Norden machen.«

Rühes Nachfolger sprachen lieber von einem »Stabilisierungseinsatz mit robusten Mitteln«. Sie taten so, als ob die Bundeswehr »eine Art bewaffneter Arm von Amnesty International, Rotem Kreuz und *Emma* sei, um am Hindukusch Mädchenschulen, Brunnenbau und freie Wahlen zu fördern«, wie Sonia Seymour Mikich, die Redaktionsleiterin des ARD-Politikmagazins *Monitor*, treffend formuliert hat.[39] Dass der Eindruck falsch war, den sie all die Jahre erweckten, steht spätestens seit dem Luftangriff nahe Kunduz in Nordafghanistan außer Frage.

Kerngeschäft Töten

Das erste Opfer eines Krieges ist die Wahrheit. So abgedroschen der Satz klingen mag, hat er doch nichts von seiner Gültigkeit verloren. Das gilt auch für den Einsatz in Afghanistan. Die deutschen Soldaten machen dort, was Soldaten in jedem Krieg machen: Sie bringen Menschen um – und versuchen zu vermeiden, selbst umgebracht zu werden. Mehr als vierzig deutsche Soldaten haben bislang am Hindukusch ihr Leben verloren. Wie vielen Menschen deutsche Soldaten das Leben genommen haben, darüber gibt es keine verlässlichen Zahlen. Die bis zu 142 Menschen, die Anfang September 2009 bei der Bombardierung zweier Tanklastwagen am Kunduz-Fluss starben, waren jedenfalls weder die ersten noch die letzten Opfer, die auf das Konto der Bundeswehr gehen. »Es fehlt der Mut, über den eigenen Schatten zu springen und sich zu dieser militärischen Seite des militärischen Kerngeschäftes zu bekennen«, sagt Ex-Nato-General Klaus Naumann.[40] »Das militärische Kerngeschäft ist auch das Töten von Menschen«, stellt der frühere Generalinspekteur der Bundeswehr kühl fest.

Nicht erst seit den Toten von Kunduz ist unbestreitbar, dass zu diesem »Kerngeschäft« immer auch das Töten von Zivilisten, von Frauen und von Kindern gehört – auch wenn das in der Regel hierzulande weniger Aufmerksamkeit erregt. Es sorgte für keine größeren Schlagzeilen, als im August 2008 ein deutscher Soldat an einem Checkpoint in der Nähe von Kunduz eine afghanische Mutter und ihre zwei Kinder erschoss. Irrtümlich, wie es heißt. Die Bundesrepublik zahlte ein »Blutgeld« an die Familienangehörigen. Damit war der Fall für sie erledigt. »Man hat sich auf 20 000 Dollar dort geeinigt«, erklärte ein Bundeswehrsprecher.[41] »Diese 20 000 Dollar hat die Familie als Zahlung akzeptiert, um damit eine Blutrache zu vermeiden. Und damit war das nach afghanischen Gebräuchen beendet.« So sieht die deutsche Aufbauhilfe in dem von Bürgerkrieg, Taliban-Herrschaft und dem *War on Terror* verwüsteten Land aus.

Der Fall Kunduz

Der Luftangriff von Kunduz war kein Irrtum. Bis heute ist allerdings unklar, was den deutschen Oberst Georg Klein tatsächlich dazu bewogen hat, den beiden F-15-Kampfjets zu befehlen, am frühen Morgen des 4. September 2009 ihre zwei tödlichen 500-Pfund-Bomben Typ GBU-38 abzuwerfen. Auch der Parlamentarische Untersuchungsausschuss, den der Bundestag zur Aufklärung des Skandals eingesetzt hat, bekam von dem seinerzeitigen Kommandeur des Bundeswehr-Camps in Kunduz keine schlüssige Erklärung. Fest steht, dass Klein die Regeln des NATO-Einsatzes in Afghanistan überdehnt, verbogen oder ganz missachtet hat. Es gab keine akute Bedrohung. Wider besseres Wissen meldete er einen nicht existenten Feindkontakt deutscher Truppen, um überhaupt Luftunterstützung von der NATO-Zentrale zu erhalten. Den Vorschlag der Bomberpiloten, erst mal per Tiefflug über die auf der Sandbank versammelten Menschen zu fliegen, also eine »show of force« aufzuführen, damit Unbeteiligte davonlaufen, lehnte der Oberst ab. Trotzdem bleibt er dabei, alles richtig gemacht zu haben: »Als Christ habe ich den Einsatz schweren Herzens, nach langer Prüfung und nach bestem Wissen und Gewissen befohlen – mit der festen Überzeugung, keine Zivilisten zu treffen«, teilte Klein den Ausschussmitgliedern im Februar 2009 hinter verschlossenen Türen mit.[42] Danach sei er in die Kapelle des Camps zum Beten gegangen.

Auch der damals verantwortliche Verteidigungsminister Jung, der noch zwei Tage nach dem Luftangriff wahrheitswidrig behauptet hatte, es seien »ausschließlich terroristische Taliban« getötet worden, beharrte bei seiner Aussage vor dem Bundestagsausschuss Ende März 2010 darauf, dass es für Klein »keine Handlungsalternativen« gegeben habe. Alle Fakten sprechen dagegen. Aus gutem Grund änderte Jungs Nachfolger Guttenberg kurz nach Amtsantritt seine ursprüngliche Einschätzung und bezeichnete den Angriff als »militärisch nicht angemessen«. Was äußerst zurückhaltend formuliert ist.

Vielleicht war es die mörderische Eigendynamik des Krieges, die zu dem blutigsten deutschen Militäreinsatz seit dem Zweiten Weltkrieg geführt hat. Bereits vorher hatte Oberst Klein auf den roten Knopf gedrückt. Im Juli 2009 befahl er, dass eine der berüchtigten »Predator«-Drohnen der US-Armee eine Taliban-Stellung auslöschen sollte. Fünfzehn afghanische Kämpfer starben bei der Präzisionsattacke. Euphorisch sollen danach leitende Offiziere vom »Finger Gottes« gesprochen haben. Auch Rachegefühle schwangen offenkundig mit. Im Krieg verrohen die Menschen.

Aktuell finden parallel rund ein Dutzend Bundeswehreinsätze im Ausland statt. Sie sind Teil einer fatalen logischen Kette, die seit Anfang der neunziger Jahre Glied um Glied erweitert wurde: von Sanitätern über UNO-Blauhelme und NATO-Friedensmissionen hin zu Kampfeinsätzen. Jeder dieser Schritte wurde von einer großen Mehrheit im Bundestag gestützt – aber keiner entsprach der Mehrheitsmeinung der bundesdeutschen Bevölkerung. Das gilt insbesondere für das Engagement in Afghanistan. Größeres Verständnis für ihre geringe Kriegsbegeisterung können die Bürger von der Politik nicht erwarten. »Es ärgert mich, dass die Deutschen diesen Militäreinsatz so wenig unterstützen«, empörte sich der frühere Verteidigungsminister Peter Struck noch im Juni 2009.[43] »Unsere Freiheit wird auch am Hindukusch verteidigt. Der Satz stimmt immer noch.« Er stimmte nie.

Der Luftangriff von Kunduz markiere »einen neuerlichen Wendepunkt in der deutschen Geschichte, weil er die lange gepflegte Illusion, man könne an Kriegen teilnehmen und dabei Pazifist bleiben, beendet«, konstatiert der *Spiegel*.[44] »Schlimmer noch: Während die Deutschen weiter glauben wollten, man könne Panzer in die Welt schicken, aber nur um Brücken zu bauen, machten sich ihre Soldaten draußen in der Welt eines Verbrechens schuldig.«

Dabei sein ist alles

Ende 1994 verkündete der damalige grüne Bundestagsfraktionsvorsitzende Joschka Fischer: »Aber eines ist für mich jedenfalls klar: Wo deutsche Soldaten im Zweiten Weltkrieg gewütet haben, darf es keine Einsätze geben.«[45] Daniel Cohn-Bendit, sein WG-Kumpel aus alten Frankfurter Sponti-Zeiten und heute grüner Abgeordneter im EU-Parlament, wusste es damals bereits besser: »Wenn Fischer einmal Außenminister ist, wird er diese Haltung nicht beibehalten können.«[46] Zumindest Cohn-Bendit wurde also von Fischer seinerzeit nicht belogen. Denn für die Beantwortung der Frage, ob etwas eine

Lüge ist, kommt es nicht allein darauf an, was gesagt wird, sondern auch, wie es verstanden wird. »Ein Publikum, das in eine Theateraufführung einwilligt, wird den Schauspieler natürlich mit Recht nicht für einen Lügner halten«, schreibt der Soziologe Robert Hettlage.[47]

Cohn-Bendit war wie Fischer bewusst, dass die Grünen ihr Eintrittsticket in die Bundesregierung nur lösen konnten, wenn sie ihren Frieden mit deutschen Kriegseinsätzen machten. Da die Regierungsbeteiligung das von beiden fest angepeilte Ziel war, konnte er davon ausgehen, dass Fischers Votum nicht ernst gemeint, sondern taktischer Natur war. Schritt für Schritt trieb Fischer seiner Partei die friedensbewegten »Flausen« aus, machte sie kriegs- und regierungstauglich.

Kurz nach der Bundestagswahl 1998 gab der Ober-Grüne bei einem Treffen der Spitzen der noch amtierenden schwarz-gelben und der in den Startlöchern sitzenden rot-grünen Koalition sein Plazet zur deutschen Beteiligung an dem in Vorbereitung befindlichen Krieg gegen Jugoslawien. »Ein Nein von mir hätte die rot-grüne Koalition beendet, bevor sie überhaupt jemals gebildet worden wäre«, notiert Fischer in seiner Autobiographie.[48] »Innerhalb weniger Minuten hatte ich, ohne Abstimmungsmöglichkeit mit Partei und Fraktion, eine der weitreichendsten Entscheidungen in meinem politischen Leben zu treffen gehabt, nämlich die über Krieg und Frieden und über die Zukunft von Rot-Grün.« Bomben auf Belgrad oder Opposition? Für Fischer war es keine Frage, wo die grünen Prioritäten zu liegen hatten.

»Wer also in das Kabinett meiner Regierung eintrat, der wusste, dass es zur Beteiligung am Kosovokrieg keine Alternative gab«, schreibt Gerhard Schröder in seiner Autobiographie.[49] Im März 1999 begann die NATO ihren völkerrechtswidrigen Angriffskrieg gegen Jugoslawien. Und Deutschland war dabei. Mit Zustimmung der rot-grünen Regierung brachten die Tornados der deutschen Luftwaffe ihre tödliche Fracht genau dorthin, wo schon »deutsche Soldaten im Zweiten Weltkrieg gewütet« hatten. In seinem Engagement für den Krieg ließ sich der grüne Außenminister von kaum jemandem überbieten. Verwundert rieb sich der konservative Sozialdemokrat Friedhelm Farthmann, der zuvor ein ausgewiesener Kritiker einer Kooperation seiner Partei mit den Grünen gewesen war, die Augen: »Man kann nicht so schnell gucken, wie die die Kurve kriegen. Dass Fischer diese Position einnimmt, erfreut mich, und das halte ich auch für gut. Besser wäre allerdings, er hätte in aller Klarheit gesagt: Ich habe meine Meinung gegenüber früher geändert. Das wäre aufrichtiger gegenüber der Öffentlichkeit. Denn wenn ich das vor zwei Jahren gefordert hätte, was er heute tut, dann wäre ich nicht nur politisch kritisiert, sondern als unverbesserlicher und menschenverachtender Militarist denunziert worden.«[50]

Ist einmal der Damm gebrochen, gibt es kein Halten mehr. Als der Bundestag im November 2001 die Beteiligung Deutschlands am Afghanistan-Krieg beschloss, war das »für die meisten Grünen, auch viele linke, eine klare Sache«, erinnert sich der frühere grüne Bundesvorsitzende Ludger Volmer. »Gegen den Terror musste man – wenn nötig – auch militärisch vorgehen, ohnehin galt die NATO-Verpflichtung«, so der damalige Staatsminister im Auswärtigen Amt. »Aber auch wenn man wegen des Waffeneinsatzes Gewissenbisse hatte – das Gewissen erstreckte sich ebenso auf strategische Fragen wie das Überleben der Koalition als Voraussetzung etwa für die geplanten Sozialreformen.«[51] Mit dieser Argumentation hätte es der Kriegsdienstverweigerer Volmer einst wohl nicht durch die Gewissensprüfung beim Kreiswehrersatzamt geschafft.

Grundgesetzliche Dehnübungen

Wenige Tage vor der Wiedervereinigung verabschieden die Grünen am 23. September 1990 auf einem Sonderparteitag in Bayreuth einen Offenen Brief an die Soldaten der Bundeswehr und der Nationalen Volksarmee.[52] »Die Bundesregierung will das Grundgesetz ändern, um die Bundeswehr künftig auch außerhalb des bisherigen

NATO-Auftragsbereiches einsetzen zu können«, warnen sie eindringlich. Pathetisch fordert die Partei die deutschen Soldaten auf: »Verweigert Euch diesen Planungen! Verweigert den Kriegsdienst, verlasst die Armee! Lasst Euch nicht zum Kanonenfutter für eine verfehlte und nicht dem Frieden und der Unabhängigkeit unseres Landes dienenden Politik machen – denn Ihr werdet es sein, die als Erste für Großmachtambitionen und militärische Abenteuer den Kopf hinhalten müssen. Wenn Ihr den Befehl bekommt, in einen Krieg irgendwo auf der Welt zu gehen, dann SAGT NEIN und BEGEHT FAHNENFLUCHT!« Der letzte Satz – angelehnt an Wolfgang Borcherts legendäres Antikriegsmanifest aus dem Jahr 1947 – bringt dem grünen Bundesvorstand um dessen Sprecher Hans-Christian Ströbele eine Anklage der Bonner Staatsanwaltschaft wegen der öffentlichen Aufforderung zu Straftaten ein. Der Prozess geht über mehrere Instanzen. Letztlich verlieren Ströbele & Co., und sie müssen Geldstrafen zahlen. Der als Flugblatt verbreitete Text wird eingezogen. Die Empörung bei den Grünen ist groß.

Gefasst hatte die Partei, die damals noch die Gewaltfreiheit zu ihren Grundprinzipien zählte, den inkriminierten Beschluss aus der Befürchtung heraus, die schwarz-gelbe Bundesregierung unter Helmut Kohl bereite den Einsatz deutscher Soldaten im bevorstehenden ersten Golfkrieg der USA vor. Der Irak hatte kurz zuvor das Nachbarland Kuweit annektiert. Die Grünen traten vehement dafür ein, mit nicht-militärischen Mitteln den irakischen Diktator Saddam Hussein zum Rückzug zu zwingen. Ihnen war bewusst, dass sie damit auf verlorenem Posten standen. Aber sie waren überzeugt, dass zumindest eine Beteiligung der Bundeswehr an dem Militäreinsatz gegen den Irak ohne Verfassungsänderung unmöglich sein würde.

Schließlich schien das Grundgesetz in dieser Frage eindeutig zu sein. Dort heißt es in Artikel 87 a: »Außer zur Verteidigung dürfen die Streitkräfte nur eingesetzt werden, soweit dieses Grundgesetz es ausdrücklich zulässt.« Zwar ist die Mitgliedschaft in der NATO erlaubt, weil laut Artikel 24 der Bund »sich zur Wahrung des Friedens einem System gegenseitiger kollektiver Sicherheit einordnen« kann.

Aber von Einsätzen außerhalb des NATO-Vertragsgebiets steht im Grundgesetz ebenso wenig wie von »humanitären Interventionen« oder »friedenserhaltenden und -sichernden Maßnahmen« der Bundeswehr in aller Welt. Ein klarer Fall also: Jahrzehntelang lernten Generationen von Schülern im Gemeinschaftskundeunterricht, die Verfassung untersage jegliche *Out-of-Area*-Einsätze der Bundeswehr. Nicht einmal im Rahmen der UNO und mit einem Blauhelm auf dem Kopf sei es deutschen Soldaten erlaubt, sich jenseits der im NATO-Vertrag festgeschriebenen Verteidigungsgrenzen militärisch zu betätigen.

Friedfertig war die deutsche Außenpolitik in dieser Zeit keineswegs. Auch ohne deutsche Soldaten war die Bundesrepublik auf allen Kriegsschauplätzen der Welt durchaus präsent. »Deutsche Waffen, deutsches Geld morden mit in aller Welt« – die Parole der Friedensbewegung in den achtziger Jahren hatte und hat ihre Berechtigung. Hieß es bis 1982 zumindest noch, der Export von Kriegswaffen in Länder außerhalb der NATO solle »grundsätzlich unterbleiben«, gelten seither dehnbare Formeln: Die Lieferung dürfe »nicht zu einer Erhöhung bestehender Spannungen beitragen«. Bei »vitalen Interessen« Deutschlands sind aber Ausnahmen gestattet – und von denen wird ausgiebig Gebrauch gemacht. Die deutsche Rüstungsindustrie brummt. Wenn es um die Lieferung von Mordwerkzeugen geht, ist die Bundesrepublik Weltspitze. Laut dem Stockholmer Friedensforschungsinstitut Sipri hat sich seit 2005 die Ausfuhr von Rüstungsgütern mehr als verdoppelt. Demnach stieg der deutsche Weltmarktanteil zwischen 2005 und 2009 auf elf Prozent. Nur die USA und Russland exportieren mehr.

Sind bis zur Wiedervereinigung nur die deutschen Waffen im Auslandseinsatz, verschieben sich danach die Koordinaten – wenn auch anders, als es die Grünen erwartet hatten. Um ihrer »gewachsenen internationalen Verantwortung« gerecht zu werden, sprich: um in den Krisengebieten dieser Erde wieder militärisch mitmischen zu können, muss die Regierung Kohl nicht die Verfassung ändern. Dazu hätte es der Zustimmung der Sozialdemokraten bedurft. Die jedoch tun sich schwer: Noch Ende Mai 1991 kann sich auf ihrem Bremer Parteitag nur eine knappe Mehrheit von 230 Stimmen zu einer Grundgesetzänderung durchringen, mit der der Einsatz deutscher Blauhelme möglich werden soll. UNO-Kampfeinsätze der Bundeswehr lehnt der Parteitag hingegen ab. Immerhin 179 Genossen geht dieser Beschluss – ein Kompromiss des SPD-Vorsitzenden Björn Engholm mit seinem Vize Oskar Lafontaine – schon zu weit. Sie sehen bereits in den von der Parteispitze propagierten Blauhelm-Einsätzen ein »Tor, das aufgemacht wird für weiter gehende Militäraktionen«, wie der Kölner Bundestagsabgeordnete Konrad Gilges zu Recht befürchtet.[53]

Aufgrund des Widerstandes innerhalb der SPD, vor allem aber wegen der anhaltenden Kriegsunlust der deutschen Bevölkerung entscheiden sich Union und FDP, auf die von ihnen zunächst angestrebte Änderung der schriftlichen Verfassung zu verzichten. Stattdessen setzen sie nun darauf, schleichend die Verfassungs*praxis* »den neuen Realitäten anzupassen«, wie es der CDU-Außenpolitiker Karl Lamers formuliert.[54] Schritt für Schritt erweitern sie das Einsatzfeld der Bundeswehr. Zuerst wird nach dem Golfkrieg 1991 ein Marineverband auf Minensuche in den Persischen Golf geschickt. Dann fliegen 1992 zum ersten Mal 142 blau behelmte Bundeswehrsanitäter nach Kambodscha. 1993 geht es für 1700 deutsche Blauhelme ins ostafrikanische Somalia. Die schwarz-gelbe Bundesregierung weiß, dass sie sich in einer Grauzone bewegt. Ihr Kalkül ist, dass im Falle einer Verfassungsklage der Opposition die Karlsruher Richter ihre Neuinterpretation des Grundgesetzes bestätigen.

So kommt es tatsächlich. Deutsche Soldaten in AWACS-Flugzeugen, die eine von der NATO im Auftrag der UNO über Bosnien-Herzegowina eingerichtete Flugverbotszone überwachen, rufen schließlich das Bundesverfassungsgericht auf den Plan. Das entscheidet am 12. Juli 1994 zugunsten der Bundesregierung. Das Grundgesetz, so urteilen die Richter mit sieben zu einer Stimme, berechtige den Bund nicht nur zum Eintritt in ein System gegenseitiger kollektiver Sicherheit, sondern biete »vielmehr auch die verfassungsrechtliche Grundlage für die Übernahme der mit der Zugehörigkeit zu einem solchen System typischerweise verbundenen Aufgaben und damit auch für eine Verwendung der Bundeswehr zu Einsätzen, die im Rahmen und nach den Regeln dieses Systems stattfinden«. Damit werden bewaffnete Auslandseinsätze für verfassungskonform erklärt. Der Weg ist endgültig frei: Deutschen Soldaten ist es wieder erlaubt, Menschen in anderen Ländern zu töten. Einzige kleine Einschränkung: Zulässig sind die Einsätze nur mit einem Mandat des Bundestags. Doch das ist nicht wirklich ein Problem. Inzwischen hat die SPD ihren Kurs geändert. Und die Grünen werden bald folgen. Nur die PDS widersetzt sich hartnäckig. Wie lange ihre Nachfolgerin, die heutige Linkspartei, bei ihrer strikten Ablehnung deutscher Militäreinsätze im Ausland bleiben wird, ist ungewiss. Wie für die Grünen gilt für sie: Bedingung für ihr Entree in die Bundesregierung ist, ihren Frieden mit dem Krieg zu machen.

»Vielleicht wird man sich einmal mit Trauer an die Chance erinnern, die die Deutschen, von den Siegermächten des 2. Weltkrieges entwaffnet, später verfassungsrechtlich auf die Verteidigung des eigenen Hoheitsgebietes beschränkt, verspielt haben, als sie sich unter Anführung ›christlicher‹ Politiker wieder nach Waffen und militärischen Einsatzmöglichkeiten an allen Krisenherden der Welt gedrängt haben«, schrieb rückblickend der Bremer Rechtsanwalt Heinrich Hannover im Jahr 1999.[55] Da hatten die Grünen, die er noch Anfang des Jahrzehnts wegen ihres Aufrufs zur Fahnenflucht vor Gericht verteidigt hatte, gerade der deutschen Beteiligung am Jugoslawien-Krieg ihre Zustimmung erteilt. »In Deutschland wird mal wieder an der Zeitmaschine gedreht«, vermerkte Hannover bitter. »Ein Carl von Ossietzky stünde auch in der Berliner Republik auf verlorenem Posten.«[56]

Kapitel 2

DIE LÜGE
VON DER SACHENTSCHEIDUNG

Das Märchen von der Unabhängigkeit der Politiker

Der CSU-Politiker Horst Seehofer hatte ein besonderes Geschenk zur Geburtstagsfeier von Hans Rüdiger Vogel, dem Hauptgeschäftsführer der Bundesvereinigung der Pharmazeutischen Industrie, mitgebracht: ein zerschreddertes Exemplar der sogenannten Positivliste. Eine Positivliste ist ein Verzeichnis mit Medikamenten, die Ärzte auf Kosten der gesetzlichen Krankenkassen verschreiben dürfen. Gelangt ein Arzneimittel nicht auf die Liste, können Mediziner es ihren Patienten auf Kosten der Kasse auch dann nicht verordnen, wenn es wirksam und zugelassen ist. In zahlreichen EU-Ländern existiert so eine Liste, in Deutschland sollte es sie ab 1992 eigentlich auch geben. Gesundheitspolitiker versprachen sich von ihrer Einführung große Einsparungen. Die Pharmaindustrie war alles andere als begeistert, drohten doch Gewinneinbußen. Vehement kämpfte sie dagegen an. Mit Erfolg: Mit seinem kleinteiligen Präsent für den Vertreter der Pharmalobby signalisierte 1995 der damalige Gesundheitsminister und heutige bayerische Ministerpräsident Seehofer der Branche, dass die Positivliste passé war.[57] Bis heute wurde sie nicht eingeführt.

Seehofers Geburtstagsgeschenk ist ein Paradebeispiel für wirksamen Lobbyismus. Der Begriff ist abgeleitet vom englischen *lobby* für »Vorraum« und bezeichnet laut Brockhaus »die nicht über die Verfassung geregelte Mitwirkung an der politischen Gestaltung eines Staates, und zwar durch die Beeinflussung jener, die laut Verfassung mit der politischen Willensbildung und der Durchführung der getroffenen Entscheidungen betraut sind«. Heerscharen von Lobbyisten sind in der Politik unterwegs, um den Interessen einer Branche, einer Personengruppe oder eines einzelnen Unternehmens zum Durchbruch zu verhelfen. Mit dem Regierungsumzug von Bonn nach Berlin ist die Zahl der Lobbyisten im Zentrum der politischen Macht deutlich gestiegen. Beim Bundestag sind 2 142 Verbände und Interessengruppen akkreditiert – von der ABDA, der Bundesvereinigung Deutscher Apothekerverbände, bis zum ZVOB, dem Zweckverband Ostdeutscher Bauverbände. Die Akkreditierung garantiert einen Hausausweis fürs Parlament und eröffnet die Möglichkeit, bei Anhörungen zu Wort zu kommen. Sie ist also die Lizenz dafür, offiziell zu versuchen, Einfluss auf die Politik des Hauses zu nehmen. Insgesamt sind schätzungsweise 5000 Lobbyisten in Berlin tätig, vergleichsweise wenig gegenüber den 15 000 bis 20 000 Kollegen in Brüssel. Sie arbeiten für Verbände, Anwaltskanzleien, Unternehmensberatungen, Kommunikationsagenturen. Ihr Gewicht darf nicht unterschätzt werden. »Der Einfluss der Lobbyisten in der Berliner Republik wächst massiv. Die Akteure in den Lobby-Organisationen und Hauptstadtrepräsentanzen haben sich von einer ›Stillen Macht‹ längst zur Fünften Gewalt entwickelt«, warnen der Fernsehjournalist Thomas Leif und der Wissenschaftler Rudolf Speth.[58] Noch nie in der Geschichte der Bundesrepublik hätten Lobbyisten so viel Einfluss besessen und ihre Interessen so offensiv in den politischen Prozess eingebracht. »Nie zuvor waren die Austauschbeziehungen mit einflussreichen Akteuren in der Verwaltung und politischer Spitze so dicht, so effizient und so selbstverständlich.«

Die Strippenzieher

Die Branche hat keinen einwandfreien Leumund. Lobbyisten verdienen zwar viel Geld, ihr Sozialprestige ist aber oft gering. Die vielen Herren und wenigen Damen gelten als Strippenzieher, als im Verborgenen agierende Dunkelmänner oder -frauen, als Hinterzimmertaktiker. Es fehlt an Transparenz und klaren Regeln, beklagen

Initiativen wie LobbyControl oder Transparency International. Die Grenze zwischen legitimer Beratung und unlauterer Einflussnahme ist fließend. Lobbyisten versuchen, auf die Gesetzgebung einzuwirken, indem sie Abgeordnete und Ministerialbeamte mit Argumenten, Positionspapieren und Expertisen versorgen. Sogar Gesetzentwürfe legen sie vor. Greenpeace monierte Anfang März 2009, wesentliche Teile eines Gesetzentwurfes der damaligen schwarz-roten Bundesregierung zur Abscheidung und Lagerung von CO_2 würden »aus der Feder von RWE und Vattenfall« stammen. »Die gesetzgeberische Kompetenz des Bundes wird dadurch untergraben und die behördliche Sorgfaltspflicht bei der Erstellung des Gesetzestextes vernachlässigt«, empörten sich die Umweltschützer.[59]

Lobby-Organisationen verfügen über viel Geld und eine großzügige materielle und personelle Ausstattung. »Schecks mit stattlichen Summen als Bestechungsversuch waren früher einmal. Heute wird in erster Linie mit gut aufbereiteten Papieren, Statistiken und vorgefertigten Gesetzestexten als ›Ware‹ gehandelt. Politiker sind auf diese Ware zunehmend angewiesen, da sie das schnelllebige Geschäft sonst nicht bewältigen können«, glaubt die Journalistin Ulrike Hinrichs. Die weniger Schlauen unter den Abgeordneten und ihren Mitarbeitern erkennen nicht, dass das Material einseitig und deshalb problematisch ist. »Andere wiederum wollen es gar nicht, denn ihnen geht es immer weniger um eine fach- und sachpolitische Auseinandersetzung in der Politik, sondern um Macht und eigene Interessen. Auch frühere oder künftige Wahlkampfspenden spielen eine Rolle«, sagt Hinrichs.[60]

Mit Wahlkampfspenden können Nichtregierungsorganisationen (NGOs) wie Greenpeace, Amnesty International, Pro Asyl oder ATTAC nicht dienen. Aber auch sie betreiben selbstverständlich Lobbyarbeit, um auf die Meinungsbildung in Parlamenten und Regierungen Einfluss zu nehmen. Wenn auch unter anderen Vorzeichen: Sie nehmen für sich in Anspruch, allgemeine und universelle Gesellschaftsinteressen wahrzunehmen und zu vertreten. NGOs haben sich die Aufgabe gesetzt, soziale wie ökologische Fehlentwicklungen von Markt und Staat zu korrigieren, und verstehen sich in diesem Sinne als gesellschaftliche Regulationsinstanz. Dieses Selbstverständnis ist der Grund, warum sich das Ansehen der Lobbyisten der Non-Profit-Organisationen deutlich von dem ihrer Kollegen unterscheidet. »In der Öffentlichkeit scheint es Lobbyisten mit einem guten und einem schlechten Image zu geben«, konstatiert Marco Althaus, der Leiter des Deutschen Instituts für Public Affairs (DIPA) in Berlin. Dabei sind die Interessenvertreter im Berliner Greenpeace-Hauptstadtbüro nicht weniger professionell und arbeiten nicht viel anders als die Kollegen von der Industrie. »Aber sie profitieren vom Image der Umwelt-NGO, die mal als Verein von ›Regenbogenkriegern‹ gestartet ist; dagegen haften dem Interessenvertreter aus der gewerblichen Wirtschaft schnell die weniger schmeichelhaften Etiketten an«, so Althaus.[61]

Der ungleiche Kampf Umwelt- versus Energielobby

Das bessere Prestige gleicht nicht die weitaus größeren personellen und finanziellen Kapazitäten aus, über die Wirtschaftslobbyisten in der Regel verfügen. Bei der Vertretung ihrer häufig entgegengesetzten Interessen sind die einen gegenüber den anderen deutlich im Nachteil. Sehr gut beobachten lässt sich das in der Umweltpolitik, in der immer wieder ökologische Anliegen gegen ökonomische Begehrlichkeiten stehen. Auch wenn Umweltverbände gegenüber Auto- oder Energiekonzernen allzu oft das Nachsehen haben, ist ihr Scheitern nicht von vornherein ausgemacht. Das zeigt gerade der Streit um den von Greenpeace angeprangerten Gesetzentwurf zur Abscheidung und Lagerung von CO_2. Bei dem sogenannten CCS-Gesetz geht es um die Schaffung der rechtlichen Rahmenbedingungen zur Erprobung einer neuartigen Technologie, mit der der CO_2-Ausstoß von Kohlekraftwerken um bis zu 70 Prozent verringert werden könnte. Das hochgefährliche Klimagas soll vor den Schornsteinen der Kohlekraftwerke aufgefangen, per Pipeline abtransportiert und in unterirdische Hohlräume gepresst werden, zum Beispiel in ausgebeutete Erdgas- und Erdölfelder oder Kohleflöze. Diese Technologie wird CCS genannt, abgeleitet vom englischen Begriff »carbon capture and storage«. Allerdings ist das CCS-Verfahren technisch noch nicht ausgereift. Ohne das CCS-Gesetz können jedoch von der EU bezahlte Pilotanlagen in Deutschland nicht gebaut werden.

Es geht um Milliardengeschäfte. Stromkonzerne wie RWE und Vattenfall setzen auf die CO_2-Abscheidung, weil sie die profitable Kohleverfeuerung klimafreundlicher macht. Sie bauen darauf, dass lange Laufzeiten bestehender und der Bau neuer Kohlekraftwerke mit Hilfe von CCS leichter durchzusetzen sind. Ohne die neue Technik könnte die Kohleverstromung wegen der knappen und teuren CO_2-Verschmutzungs-Rechte in absehbarer Zeit nicht mehr wirtschaftlich sein. Umweltschützer warnen aber, dass durch die unterirdische Entsorgung von CO_2 geologische Zeitbomben geschaffen würden. Mit dem Transport und der unterirdischen Endlagerung von Kohlendioxid seien unkalkulierbare Sicherheitsrisiken verbunden. Zudem verschlinge die Abtrennung von CO_2 im Kraftwerk eine Menge Energie. Es müsste also deutlich mehr Kohle verbrannt werden, um die gleiche Menge Strom zu erzeugen. »Das CCS-Gesetz soll nicht dem Klimaschutz dienen, sondern der Rettung des Klimakillers Kohle«, kritisiert Greenpeace.[62] Es nütze vor allem den Betreibern von Kohlekraftwerken, die unter dem Deckmantel der vermeintlich unproblematischen Lagerung ihre klimaschädliche Energiepolitik fortsetzen können.

Der Kampf der Öko-Aktivisten schien verloren. Im April 2009 verabschiedete das Bundeskabinett der Großen Koalition einen Entwurf für das CCS-Gesetz, der ganz im Sinne der Stromkonzerne ausfiel. »Der vorliegende Gesetzentwurf birgt das Risiko, dass die Betreiber von CCS-Anlagen und Kohlendioxidspeichern zusätzlich in erheblichem Maße indirekt subventioniert würden: Der Zugang zu der begrenzten Ressource Speicherkapazität wird kostenfrei gewährt, die Haftung für Schäden und Risiken der Betreiber wird zeitlich und im Umfang begrenzt, und der Staat übernimmt langfristig die Verantwortung für den Erwerb von Emissionsrechten im Falle von Leckagen«, monierte der Sachverständigenrat für Umweltfragen (SRU). Der mögliche Übergang der Verantwortung für die unterirdischen CO_2-Endlagerstätten bereits nach dreißig Jahren stelle »eine ungerechtfertigte Verlagerung der Langzeitkosten auf die betroffenen Bundesländer dar«.[63] Trotz der Einwände des wissenschaftlichen Beratungsgremiums der Bundesregierung sollte nach den Plänen der schwarz-roten Koalition im Juni 2009 der Bundestag das neue Gesetz beschließen.

Doch überraschend kam es anders. Die Koalitionäre zerstritten sich über den endgültigen Gesetzestext, mussten die angesetzte Abstimmung in letzter Sekunde absagen und schoben sich anschließend gegenseitig die Schuld für das Scheitern zu. Tatsächlich hatte es – nicht zuletzt aufgrund des Engagements der Umweltverbände – sowohl innerhalb der SPD als auch der Union Proteste gegeben. CSU-Landesgruppenchef Peter Ramsauer hatte die Unionsfraktion wenige Tage vor dem geplanten Abstimmungstermin im Bundestag wissen lassen, dass er das geplante Gesetz ablehne. Offensichtlich, um Ärger in der Heimat zu vermeiden: Auf einer von dem SPD-Umweltpolitiker und Gesetzesgegner Hermann Scheer verschickten Deutschlandkarte, auf der alle für die CO_2-Lagerung geeigneten geologischen Formationen eingezeichnet waren, fand sich als eine der ganz wenigen süddeutschen Gegenden Ramsauers Wahlkreis Traunstein-Berchtesgadener Land. Und der schleswig-holsteinische CDU-Ministerpräsident Peter-Harry Carstensen hatte, die anstehende Landtagswahl im Blick, angekündigt, sein Land würde dem Gesetz in der vorliegenden Fassung im Bundesrat nicht zustimmen. Die Abtrennung von Kohlendioxid sei zwar unverzichtbar für den Klimaschutz, aber »gegen fast 100 Prozent der Bevölkerung etwas durchzusetzen ist in einer Demokratie nicht möglich«, sagte Carstensen.[64] Neue Technologien könne man nur anwenden, wenn es eine »breite Akzeptanz dafür in der Bevölkerung gibt«. Die sei in Schleswig-Holstein, wo gleich mehrere potenzielle Endlagerstätten liegen, nicht vorhanden. Anders als ursprünglich geplant konnte das CCS-Gesetz also nicht mehr verabschiedet werden. Die Umweltlobby hatte der Energielobby eine Niederlage beigebracht – wenn auch keine endgültige. Nach der Bundestagswahl im September 2009 vereinbarten CDU und FDP in ihrem Koalitionsvertrag, einen neuen Anlauf für die Verabschiedung des Gesetzes zu nehmen.

Die Energiebranche ist erfolgsverwöhnt. In Deutschland sind die Strompreise so hoch, weil die vier Energieriesen und Netzbetreiber E.ON, RWE, Vattenfall und EnBW ihre Interessenvertreter so nahe an die Mächtigen bringen können. Und die Politiker lassen sie an sich heran, denn das bringt Geld, früher oder später Pöstchen und damit Ansehen. Die hohen Strompreise verärgern nicht nur Privatkunden, sondern auch die Manager aus energieintensiven Wirtschaftszweigen wie der Aluminiumindustrie. Diese Branchen haben ebenfalls Lobbyisten – aber sie können weniger durchsetzen. Die Energiekonzerne schafften es über Jahre, die Einrichtung einer von der EU vorgeschriebenen Regulierungsbehörde zu verzögern und so länger die Preise flexibel zu gestalten und Extragewinne zu realisieren. Aber auch nach Inkrafttreten des neuen Energiewirtschaftsgesetzes 2005 mussten sie nicht um ihre Profite bangen: »Die Lobbyisten der Stromkonzerne haben dafür gesorgt, dass der neu geschaffenen Bundesnetzagentur nicht viele Möglichkeiten bleiben, die Verbraucher und die Industrie vor überteuerten Strompreisen zu schützen«, konstatiert das Autorenteam Leif und Speth.[65]

Wie nützlich die Nähe zur Macht ist, zeigt das Beispiel des Branchenprimus E.ON. Im Januar 2002 untersagte das Bundeskartellamt dem Düsseldorfer Strom- und Gaskonzern die Übernahme einer Mehrheit an dem Essener Gasimporteur Ruhrgas. Bundeswirtschaftsminister war zu dieser Zeit der Parteilose Werner Müller, auf dessen Schreibtisch kurz darauf ein Antrag von E.ON auf eine »Ministererlaubnis« landete. Diese im »Gesetz gegen Wettbewerbsbeschränkungen« festgeschriebene Ausnahmeregelung ermöglicht es dem Wirtschaftsminister, sich über das Veto des Kartellamtes hinwegzusetzen, »wenn im Einzelfall die Wettbewerbsbeschränkung von gesamtwirtschaftlichen Vorteilen des Zusammenschlusses aufgewogen wird oder der Zusammenschluss durch ein überragendes Interesse der Allgemeinheit gerechtfertigt ist«. Müller konnte von der Ausnahmeregelung nicht ohne weiteres Gebrauch machen. Bei ihm drängte sich der Verdacht der Befangenheit geradezu auf, war er doch vor seiner Ministerzeit selbst Manager beim E.ON-Vorläufer Veba. Die Lösung: Er delegierte die Entscheidung aus Gründen der »politischen Hygiene« an seinen Staatssekretär Alfred Tacke, der im Sommer 2002 in Vertretung Müllers die gewünschte »Ministererlaubnis« erteilte und damit E.ON den Weg frei machte. Noch im selben Jahr endete die Amtszeit Müllers. Er wechselte zurück in die Wirtschaft und wurde im Juni 2003 Vorstandsvorsitzender der RAG Aktiengesellschaft, zu deren Hauptanteilseignern E.ON und RWE zählten. 2004 beendete Staatssekretär Tacke seine Beamtenlaufbahn. Er wurde Vorstandsvorsitzender beim Stromversorgungsunternehmen STEAG, einer hundertprozentigen Tochter der RAG Aktiengesellschaft.

Vom Hinterzimmer ins Ministerbüro

Mitunter sind Politik und Wirtschaft buchstäblich verflochten, selbst die räumliche Trennung fällt. Wirtschaftsminister Müller holte sich Unternehmens- und Verbandsmitarbeiter direkt ins Haus. Im April 2001 richtete er eine »Task Force Netzzugang« ein, um den Zugang zu den Leitungen der vier großen Energiekonzerne zu kontrollieren. Besetzt wurde diese Task Force außer mit Ministerialbeamten auch mit Mitarbeitern der Konzerne, direkt von der Energiewirtschaft entsandt. Für den Zeitraum ihrer Tätigkeit wurden sie ins Müller-Ministerium integriert und weiterhin von den Konzernen bezahlt. Die Investition hat sich gelohnt: Mehr als zwei Jahre lang kontrollierte sich die Branche selbst.

An der Gesetzgebung zu den in Deutschland lange nicht zugelassenen Hedgefonds wirkte eine vom Bundesverband Investment und

Asset Management abgestellte Juristin mit. Der damalige Bundes-finanzminister Hans Eichel (SPD) stellte ihr von Januar bis August 2003 ein eigenes Büro in seinem Ministerium zur Verfügung, von dem aus sie an der Ausarbeitung des sogenannten Investmentmodernisierungsgesetzes mitwirken konnte, entlohnt vom Lobbyverband der Fondsgesellschaften. Mitarbeiter der Deutschen Börse und des Bundesverbands Deutscher Banken waren an der Erarbeitung des Anlegerschutzverbesserungsgesetzes sowie an der Neuregelung der Bankenaufsicht beteiligt.

Die rot-grüne Koalition erhob in ihrer Regierungszeit den sogenannten »Seitenwechsel« zum offiziellen Personalaustauschprogramm »Öffentliche Hand – Privatwirtschaft«. Ein höchst fragwürdiges Vorgehen: Auf rechtlich wackliger Grundlage fand die ministerielle Arbeit der Interessenvertreter in einem fast vollständig regelfreien Raum statt. Die Folge der von Innenminister Otto Schily (SPD) und Tessen von Heydebreck, dem Personalvorstand der Deutschen Bank, ersonnenen Idee: Allein zwischen 2004 und 2006 arbeiteten jährlich rund 100 »Leihbeamte« in den Ministerien. Das »Seitenwechsel«-Programm sah auch die Möglichkeit vor, dass Regierungsbeamte in Unternehmen gehen. Doch das kam nur in seltenen Fällen vor. Dafür machten zahlreiche deutsche Konzerne dankbar Gebrauch von der Möglichkeit, einen eigenen Ministeriumsschreibtisch zu besetzen. Im Bundesministerium für Wirtschaft und Technologie tummelten sich unter anderem Mitarbeiter von LANXESS, Vivento, Morgan-Stanley, LAUBAG, BASF, Bayer, Thyssengas, IBM Deutschland und der Deutschen Telekom, im Finanzministerium waren die Deutsche Börse, die Deutsche Bank, BASF und andere vertreten und im Auswärtigen Amt E.ON, EADS, Deutsche BP, Lufthansa, DaimlerChrysler und Siemens. »Ob bei der Vergabe des Auftrags für das milliardenschwere Lkw-Mautsystem, bei der Abfassung des Fluglärmgesetzes oder der Legalisierung der gefährlichen Hedgefonds, immer standen und stehen Vertreter von Großkonzernen Pate, besser: Sie sitzen an Ministeriumsschreibtischen«, recherchierten die Fernsehjournalisten Kim Otto und Sascha Adamek.[66]

Statt kritisch zu reflektieren, welche Auswirkungen diese Einflussnahme haben kann, reagieren Politiker auf die Einflüsterungen von interessierter Seite und erheben diese Zustände zum Programm. »Der Klang der Gebetsmühle, die ständig von interessierter Seite gedreht wird, alles Öffentliche sei schlecht, alles Private gut und verfüge über mehr Durchblick und klügeren Sachverstand, ist zum Ohrwurm der Regierenden geworden«, kritisiert Bundesverfassungsrichterin Christine Hohmann-Dennhardt. Ganz im Sinne des vielbeschworenen »schlanken Staates« bedienten sich Regierungen seit einigen Jahren allzu gern externer Fachleute, Berater, Expertenrunden oder Kommissionen. »Dabei nimmt man stillschweigend in Kauf, dass der eingekaufte Sachverstand von Eigeninteressen geleitet ist, oder, was noch prekärer ist, man setzt das staatliche Interesse mit den privaten Interessen, die hinter dem eingeholten externen Rat stehen, einfach gleich«, sagt die Juristin. »So zahlt sich das ständige, zum Handwerk gehörende Klappern der Lobbyisten aus.«[67]

In den ersten Jahrzehnten der Bonner Republik agierten Wirtschaftslobbyisten weitgehend jenseits der Öffentlichkeit. »Während Unternehmer, Manager oder Wirtschaftsverbände problemlos einen Termin bei einem Minister bekamen und manchmal sogar der Bundeskanzler für sie Zeit hatte, vertraten sie ihre Interessen vergleichsweise selten in den Medien«, berichten die Journalisten Götz Hamann und Cerstin Gammelin.[68] Politik und Gesellschaft haben sich seit Konrad Adenauers und Helmut Schmidts Zeiten als Bundeskanzler sehr geändert. Politiker beeinflussen die öffentliche Meinung noch immer, aber sie sind heute viel mehr als früher auch Getriebene. Sie reagieren auf gesellschaftliche Stimmungen, auf Meinungsumfragen, auf das Sinken der Werte für ihre Person oder Partei bei Erhebungen im Auftrag von Fernsehsendern oder Zeitschriften. Klassisches Lobbying im Hinterzimmer reicht nicht mehr. Modernes Lobbying bedarf der Ergänzung durch strategische Kommunikation, sprich PR (Public Relations). Der Ort des zeitgemäßen Interessenvertreters ist die Talkshow, die Berichterstattung im Fernsehen und in Zeitungen und Zeitschriften, seine Mittel sind die Anzeigenkampagne und das In-Auftrag-Geben von Studien, über die berichtet werden soll. Er versucht genauso wie der Politiker, die Öffentlichkeit für sein Anliegen einzuspannen – und die lässt sich einspannen. »Die Medien haben heute einen weit größeren Einfluss auf den politischen Prozess, als dies noch in der Frühzeit der Bundesrepublik der Fall war. Sie sind von Beobachtern zu Mitgestaltern der Politik geworden«, stellt das Autorenduo Leif und Speth fest.[69] Der Dortmunder Politikwissenschaftler Thomas Meyer spricht sogar bereits von einer »Mediokratie«, sieht eine »Kolonialisierung der Politik durch die Medien«. Tatsächlich lässt sich ohne die flankierende Präsenz in den Medien kaum mehr ein wichtiges Thema auf die Tagesordnung setzen, geschweige denn ein Vorhaben durchsetzen. Ihre gezielte Beeinflussung ist deshalb für alle Akteure, die Lobbying betreiben, unverzichtbar. »Sobald ein Gesetz vorbereitet wird, welches den Interessen der Wirtschaft zuwiderläuft, werden heutzutage PR-Agenturen angeheuert, um ›richtige‹ Informationen zu verteilen. Sie suchen passende Zahlen, lassen nützliche Studien erstellen – und plötzlich ist auch der Konzernchef zum Interview bereit«, schreiben Hamann und Gammelin.[70] Firmenverlautbarungen werden auf diese Weise als Medienereignisse inszeniert, die oft genug als prominente Nachricht in eine Tageszeitung und damit am nächsten Morgen ins Büro des Ministers gelangen. Zur täglichen Lobbyarbeit gehört, Journalisten in Bezug auf ihre Brauchbarkeit einzuschätzen und die einflussreichsten oder nützlichsten entsprechend zu bedienen.

Ein Drehbuch für die Atomlobby

Einen tiefen und lehrreichen Einblick in die Vorgehensweisen von Lobbyisten ermöglichte im September 2009 *Spiegel Online*. Kurz vor der Bundestagswahl berichtete das Hamburger Online-Nachrichtenportal über ein der Redaktion zugespieltes internes Strategiepapier für die Atomlobby. Darin wird wie in einem Drehbuch beschrieben, wie die Energiewirtschaft Politiker und Journalisten und damit die Öffentlichkeit auf einen Pro-Atomkurs bringen könnte. »Der 109 Seiten lange Schriftsatz liest sich wie eine minutiöse Planung des Wahlkampfs«, bemerkte *Spiegel Online* zutreffend.[71] Bereits im ersten Satz der von einer Berliner Politikagentur unter dem Titel »Kommunikationskonzept Kernenergie – Strategie, Argumente und Maßnahmen« verfassten Studie[72] wird die Aufgabenstellung klar: »Das Gesamtziel der vorgelegten Strategie ist es, die politisch-öffentliche Debatte um die Verlängerung der Restlaufzeiten deutscher Kernkraftwerke positiv zu beeinflussen.« Teilziele seien: »die Kernenergiebefürworter mit Argumenten mobilisieren und bestmöglich versorgen, Brücken schlagen zu den Gegnern durch proaktive Positionierung zu zentralen Themen der Kernkraft, die gegenüber der Kernenergie unentschlossenen Bevölkerungsteile überzeugen«.

In ihrer anschließenden Lagebeurteilung analysieren die Verfasser zunächst die einzelnen Parteien. Über CDU und CSU schreiben sie, die »Positionierung pro Kernenergie« könne als gesichert gelten. Zur FDP wird festgestellt, ihre energiepolitischen Ziele stünden »in großem Einklang« mit denen der Union. Interessant ist die Einschätzung der SPD: Sie bleibe »intransigent beim Thema Atomausstieg, auch wenn einzelne Sozialdemokraten Fürsprecher der Kernkraft sind«. Dass diese öffentlich im Wahlkampf eine Abkehr vom vertraglich fixierten Ausstiegsszenario befürworten würden, sei »nach den Erfahrungen mit Wolfgang Clement im hessischen Wahlkampf sehr gering«. Bei einer Neuauflage von Schwarz-Rot wäre »ein Kompromiss für eine Laufzeitverlängerung unmöglich«, da dies »für die SPD als ›Umfallen‹ gewertet« würde. Grundsätzlich sei allerdings zu empfehlen, »die Möglichkeiten für eine kooperative Haltung in der SPD auf längere Sicht auszuloten«. Denn in einer Zeit, in der Regierungsmehrheiten tendenziell schrumpfen würden und regierungsfähige Koalitionen eher unkomfortablen Abstimmungsprozessen entgegensehen, bleibe »die Position einer pragmatischen, wirtschaftlich aufgeschlossenen SPD für die Energiewirtschaft ein wichtiges strategisches Ziel«. Über die Linkspartei heißt es in dem Strategiepapier nur knapp: »Das einfache Strickmuster der Linkspartei gilt auch in der Energiepolitik: Protest pur.« Als ernstzunehmender Gegner werden die Grünen angesehen. Für die Partei sei das Thema Atomenergie als Mobilisierungsfaktor wesentlich höher einzuschätzen als für die SPD. »Alle Gedankenspiele über eine Zusammenarbeit von Schwarz-Grün, wie sie jüngst auch vom neuen Parteivorsitzenden Cem Özdemir auf dem Parteitag der Grünen formuliert wurden, erreichen an dem Punkt Verlängerung der Restlaufzeiten ihre Grenze«, bedauern die Verfasser des AKW-Lobby-Papiers.

Detailliert analysierte die Beratungsagentur auch die Rolle der bundesdeutschen Leitmedien. Als atomkritisch ordnete sie die *Financial Times Deutschland*, die *Süddeutsche Zeitung*, die *Frankfurter Rundschau* und die Berliner *taz* ein. Der *Spiegel* festige »mit seinem allseits kritisch provokanten Kurs den großkoalitionären Status quo«. Während die *Welt* eine »vermittelnde Position zwischen den Lagern« wahrnehme, wird der *Frankfurter Allgemeinen Zeitung*, der *Wirtschaftswoche* und dem *Handelsblatt* ein atomfreundlicher Kurs attestiert. Eine Liste vermerkt darüber hinaus die – vermeintliche – politische Ausrichtung einzelner, auf das Thema Energie spezialisierter Journalisten: schwarz-gelb, schwarz-grün, schwarz-rot, gelb-grün oder rot-grün. Namentlich genannt werden insgesamt 16 Redakteure. »Die Presse sollte indirekt oder gezielt und punktuell angegangen werden«, raten die Strategiepapierverfasser. Die Energieversorgungsunternehmen müssten alles daransetzen, »Emotionen« aus der Berichterstattung herauszuhalten. Andernfalls drohe ein »schädlicher Medientenor im Wahlkampf«.

Für den Bundestagswahlkampf schlugen die PR-Profis einen konkreten Zeitplan vor. Demnach sollten im ersten Quartal 2009 zunächst »die politischen Reihen der Befürworter, insbesondere im bürgerlichen Lager bei CDU/CSU und FDP, geschlossen«, im zweiten Quartal »mit der Besetzung von öffentlichen Teilbereichen zur Kernkraft« begonnen werden. »Dies geschieht durch eine ›leise‹

Kommunikationskampagne (viel ›Aufklärungsarbeit‹ mit den Medien bzw. diskrete PR)«, heißt es in dem Strategiepapier.»›Laute‹ PR mobilisiert hingegen die Gegner unnötig.« Ziel müsse es sein, dass »eine scharfe emotionale Debatte unterbleibt«. Auf keinen Fall sollten Werbekampagnen für die Kernenergie gefahren werden, da diese angesichts des Vertrauensverlusts der Energieversorgungsunternehmen »unglaubwürdig und damit kontraproduktiv wirken«. Stattdessen sollte die Führungsebene in zentralen Bundesministerien mit aktuellen Argumenten pro Atomkraft versorgt werden. »Gleiches gilt für die energie-affinen Mandatsträger im Bundestag.«

Beharrlich pro Kernkraft

Um die öffentliche Meinung positiv zu beeinflussen, wird auch »zum Einsatz geeigneter Meinungsumfragen« sowie »spezieller Grassroots-Aktivitäten« geraten: »Über ein Callcenter werden Verbraucher und Wähler aufgefordert, sich nicht nur zur Kernkraft zu bekennen, sondern dieses Bekenntnis auch ihrem Wahlkreis-Abgeordneten schriftlich mitzuteilen.« Kernenergiebefürworter sollten »variierte vorformulierte Schreiben inklusive frankiertem Umschlag« erhalten. Zweckmäßig sei ebenso die »Einbindung der KKW-Standorte«, beispielsweise durch einen »Tag der offenen Tür«. Schwerpunkt sei dabei die Vermittlung von Sicherheit und dem »letzten Stand« der Technik. »Idealerweise werden Mandatsträger in die Durchführung eingebunden, etwa durch ein Grußwort«, heißt es dazu in dem Lobbypapier. Auch die »junge Generation der Nicht-Gorleben-Sozialisierten« bleibt als Zielgruppe nicht ausgespart: »Beginnend mit einer Bestandsaufnahme relevanter Blogs werden Argumente pro Kernenergie in den Webdiskurs eingespeist.« Außerdem solle »Community-Buildung« mit einer Website und Veranstaltungsreihe »Wir stemmen die Energie-Zukunft!« betrieben werden. Als Kernbotschaft der Pro-Atom-Strategie empfehlen die

PR-Experten, »konsequent und beharrlich mit dem Argument Klimaschutz und Versorgungssicherheit den Schulterschluss zwischen Kernkraft und erneuerbaren Energien« zu vermitteln.

Urheber des »Kommunikationskonzepts Kernenergie« ist die PRGS Unternehmensberatung für Politik- und Krisenmanagement, die ihren Sitz im Haus der Bundespressekonferenz in Berlin hat. Das Traktat, das offenbar durch den Fehler eines Mitarbeiters öffentlich geworden war, datiert vom 19. November 2008. Auf dem Deckblatt heißt es, es sei »für die E.ON Kernkraft GmbH«, eine Tochter des Düsseldorfer E.ON-Konzerns, erstellt worden. Die PRGS hatte bereits in mehreren Projekten für E.ON Kernkraft gearbeitet und war auch zum fraglichen Zeitpunkt für das Unternehmen tätig. Einen Auftrag zur Abfassung des Wahlkampfdrehbuchs erteilt zu haben wurde von der E.ON-Konzernzentrale allerdings entschieden dementiert. Bei dem PRGS-Schriftsatz habe es sich nur um »eine Art Bewerbungspapier« gehandelt. »Zu einer Zusammenarbeit ist es aber nicht gekommen«, teilte ein Sprecher mit.[73] Diese Version bestätigte auch PRGS. »Es handelt sich lediglich um eine Ideensammlung als Akquisepapier«, sagte der geschäftsführende Gesellschafter Thorsten Hofmann.[74] Es sei üblich, mit solchen Arbeiten weitere Aufträge zu bekommen. Wie die in Hannover ansässige E.ON Kernkraft allerdings einräumen musste, hatte die profilierte Unternehmensberatung ihre umfangreiche Ausarbeitung nicht einfach »ins Blaue hinein« produziert. »Wir wollten Ideen zur Öffentlichkeitsarbeit«, sagte eine Unternehmenssprecherin.[75] Ein komplettes Handlungskonzept sei jedoch nicht in Auftrag gegeben worden. »Es gab lediglich einen Auftrag, neue Botschaften und Argumente zu entwickeln«, betonte die Sprecherin. PRGS sei aber »weit darüber hinausgegangen«.[76] Die Journalistenvereinigung netzwerk recherche bewertete das Papier als »schweren Eingriff in die Pressefreiheit und perfiden Manipulationsversuch der Medien mit geheimdienstlichen Mitteln« und »ein erschreckendes Dokument aus der Fälscher-Werkstatt der PR-Industrie«.[77]

Die Atomindustrie wird solche Vorwürfe gut verkraften können. In den Konzernzentralen von E.ON, RWE & Co. dürften nach der Bundestagswahl die Sektkorken geknallt haben. Wie auch immer sie den Regierungswechsel befördert haben – er ist gelungen. Bevor der »Atomkonsens« ihnen hätte richtig weh tun können, ist er nun wohl vom Tisch. Nur zwei AKWs – Stade und Obrigheim – mussten seit der mit Rot-Grün geschlossenen Vereinbarung vom Netz, sieben hätten in der laufenden Legislaturperiode folgen sollen. 2021 wäre das letzte der insgesamt 19 deutschen Atomkraftwerke an der Reihe gewesen. Wie es derzeit aussieht, wird daraus wohl nichts. Die Atomlobby hat gewonnen, zumindest vorerst.

Lobbyisten auf dem Kunstrasen

Zu den zwielichtigen Methoden des Wirtschaftslobbyismus gehört das Segeln unter falscher Flagge. Millionenschwere Industrieinteressen werden getarnt als zivilgesellschaftliches Engagement, Lobbyvertreter erwecken den Anschein von »Graswurzel«-Aktivisten. Die Amerikaner nennen diesen Tarnkappen-Lobbyismus deshalb auch »astroturf«: Wie Kunstrasen den nackten Beton verdeckt, werden schnöde Geschäftsinteressen als vermeintliche Bürgersorgen camoufliert. Im französischen Fessenheim beispielsweise gründeten die Betreiber des dortigen Atomkraftwerks die vermeintliche Umweltorganisation »Au fil du Rhin«, die die Botschaft verbreitete, die Atomenergie sei eine nachhaltige Form der Energiegewinnung, die dazu beitrage, Flora und Fauna des Rheintals zu bewahren. Für starke Software-Patente auf europäischer Ebene engagierte sich 2005 die »Campaign for Creativity« (C4C). Angeblich eine Kampagne von Künstlern, Musikern, Designer, Ingenieuren und Software-Entwicklern, verbarg sich dahinter in Wirklichkeit die Londoner »Public Affairs«-Agentur Campbell Gentry. Finanziell unterstützt wurden ihre Aktivitäten maßgeblich von den IT-Firmen Microsoft, SAP und dem internationalen Verband der Computerindustrie ComTIA. Mitte der neunziger Jahre erregten als Öko-Aktivisten verkleidete Lobbyisten der Verpackungsindustrie Aufmerksamkeit, die unter dem Slogan: »Waste Watchers – die Anwälte der Umwelt klagen an« auf der Branchenmesse Entsorga eimerweise Müll vor die Stände von BUND und Greenpeace kippten. Dazu schrieben sie auf riesige Plakate, an den Müllbergen seien die Umweltverbände schuld, weil sie gegen die Segnungen der Müllverbrennung kämpften. Hinter den »Waste Watchers« stand der Einwegverpackungshersteller Tetra Pak.

Bis heute aktiv sind die »Bürger für Technik«. Der Verein gibt sich als unabhängige Initiative engagierter Bürger. Ihnen gehe es darum, »dass mehr Verständnis für technische Problemstellungen und Zusammenhänge in der Bevölkerung vermittelt wird«. Außerdem wollten sie »dazu beitragen, dass sich mehr junge Menschen für Naturwissenschaften und Technik interessieren und entsprechende Berufe anstreben, damit Deutschland in der PISA-Studie wieder einen besseren Platz erreicht«. Dafür halten die »Bürger für Technik« Vorträge an Schulen, melden sich in Diskussionsveranstaltungen zu Wort und schreiben massenhaft Leserbriefe. Auch überregionale Zeitungen wie die *Welt*, die *FAZ* oder die *Süddeutsche Zeitung* druckten etliche ab. Die Botschaft der rührigen Bürger: Stets werben sie für Gentechnik, umstrittene Chemikalien wie PVC – und vor allem für die Atomenergie, die angeblich »sicherste, umweltfreundlichste und effektivste Form der Energiegewinnung«. Nicht gut weg kommen hingegen Maßnahmen zum Klimaschutz oder die Förderung regenerativer Energien. Das verwundert nicht: Die Führung des Vereins ist auch Mitglied in der Kerntechnischen Gesellschaft (KTG). »Bürger für Technik«-Vorstandsmitglied Eckehard Göring ist Sprecher der Fachgruppe »Nutzen der Kerntechnik«, der Vorsitzende Ludwig Lindner stellvertretender Sprecher. Die als Lobbyorganisation beim Bundestag registrierte KTG wird finanziell unterstützt vom Deutschen Atomforum, der offiziellen Interessenvertretung der AKW-Betreiber. Beide Organisationen residieren im selben Gebäude am Robert-Koch-Platz in Berlin, beide haben mit Dieter Marx denselben Geschäftsführer. Das 50-jährige Jubiläum des Atomforums »bedeutet ein halbes Jahrhundert Lug und Trug«, bescheinigte der damalige Bundesumweltminister Sigmar Gabriel (SPD) im Sommer 2009 dem Verband. »Die Propagandazentrale der Atomkonzerne steht wie kaum eine andere Institution für das bewusste Verschweigen, Verdrängen und Verharmlosen der Gefahren, die mit der kommerziellen Nutzung der Atomenergie verbunden sind«, erklärte Gabriel.[78]

»Astroturf«-Gruppen sollen ihren Geldgebern dazu dienen, von der besonderen Glaubwürdigkeit von Bürgerinitiativen zu profitieren. Eine erfolgversprechende Strategie: 2006 ließ das Bundesumweltministerium untersuchen, wem die Bevölkerung im Bereich des Umweltschutzes am meisten vertraut. Gleich nach den etablierten Umweltschutzorganisationen belegten Bürgerinitiativen den zweiten Platz – deutlich vor Behörden, Kirchen und Gewerkschaften. Die Industrie landete abgeschlagen auf dem letzten Platz.

Ein Klassiker des versteckten Lobbyismus ist die »Gesellschaft zur Förderung umweltgerechter Straßen- und Verkehrsplanung«, kurz GSV. 1980 gegründet, wirkt der Verein als verdeckte Lobbyorganisation der Straßenbauindustrie. Nach eigenen Angaben zählt die GSV etwa 250 Mitglieder. Überwiegend gehörten ihr Landräte, Oberbürgermeister, Bürgermeister und weitere Repräsentanten von Gemeinden, Städten und Landkreisen an, aber auch Abgeordnete des Bundes und der Länder, zahlreiche Bürgeraktionen und Bürgerinitiativen sowie Einzelpersonen seien dabei. Vorsitzender ist Rolf Crone, früherer Ministerialdirigent und Abteilungsleiter Straßenbau im hessischen Verkehrsministerium. Offiziell gibt die ominöse Gesellschaft vor, sie wolle »die großen Themen Umwelt und Verkehr im Sinne der betroffenen Bürger bestmöglich vereinen«[79] und setze sich für eine umweltgerechte Verkehrsinfrastruktur ein. De facto heißt das einzige, schlichte Ziel jedoch: mehr Straßen bauen. Um den entsprechenden Druck auf die Landes- und Bundespolitik auszuüben, unterstützt sie zahlreiche lokale Bürgerinitiativen mit Know-how und Geld. Wenn sich partout vor Ort keine Initiative zusammenfinden will, die für eine Umgehungsstraße oder eine Autobahn kämpfen könnte, wird auch schon mal tatkräftig nachgeholfen.

Dabei tritt die GSV jedoch nicht offen als Interessenvertretung der Asphaltindustrie auf, sondern präsentiert sich als gemeinnützige Bürgerbewegung, die »unabhängig von Parteien, Behörden sowie wirtschaftlichen Interessengruppen oder Einzelinteressen«[80] sei. Daran sind allerdings heftige Zweifel angebracht. Denn das Geld, mit dem die GSV ihre Aktivitäten finanziert, stammt fast ausschließlich von Unternehmen der Straßenbau- und Autoindustrie: Rhein-Main-Zement, Strabag Bau AG, Verband der deutschen Automobilindustrie, die Verbände BetonMarketing West, Nord und Ost sowie die Süd Zement Marketing, der Bundesverband der Deutschen Zementindustrie – sie alle waren oder sind die Sponsoren. Die Euros der Industrie fließen nicht direkt, sondern werden über den Umweg einer »Fördergemeinschaft für umweltgerechte Straßen- und Verkehrsplanung« (FSV) verschleiert an die GSV geleitet. Wer tatsächlich ihre Geldgeber sind, darüber gibt die GSV keine Auskunft. »Wir möchten da unsere Förderer schützen«, sagte der Vorsitzende Crone im November 2008 dem Deutschlandfunk.[81]

Die Initiative Neue Soziale Marktwirtschaft

»Astroturf«-Elemente finden sich auch bei der wohl einflussreichsten wie umstrittensten Lobby-Organisation der vergangenen Jahre: der Initiative Neue Soziale Marktwirtschaft (INSM), die im Herbst 2000 das erste Mal öffentlich in Erscheinung trat. Ihre eigentliche Geburtsstunde schlug indes bereits ein Jahr früher. Im August 1999 hatte eine Repräsentativumfrage des Instituts für Demoskopie Allensbach ein aus Sicht der Arbeitgeberverbände verheerendes Ergebnis. Danach sah eine deutliche Mehrheit der Bundesbürger die soziale Absicherung als besonders sympathisches Merkmal der sozialen Marktwirtschaft an, hielt die Löhne in der Bundesrepublik nicht für zu hoch und hielt nichts vom Rückbau der Sozialsysteme, wie ihn die Unternehmer forderten. Deren Ansehen war nicht das beste: Etwa die Hälfte der Befragten vertrat die Ansicht, sie seien

»egoistisch«, »denken nur an ihre eigenen Interessen« und hätten »kein Verständnis für die Sorgen der kleinen Leute«. Lediglich 36 Prozent sprachen sich für eine Senkung der Unternehmenssteuern aus. »Die Deutschen haben eine ziemlich diffuse Vorstellung von der Funktionsweise der Marktwirtschaft: Zwei Drittel gehen davon aus, dass es den Unternehmen vor allem darum geht, Kosten zu reduzieren und Gewinne zu maximieren – und dass dabei Arbeitsplätze auf der Strecke bleiben«, ärgerte sich das arbeitgebernahe Kölner Institut der deutschen Wirtschaft, das die Umfrage in Auftrag gegeben hatte.[82]

»Das, was die Bevölkerung will, und das, was die Führungskräfte in der Wirtschaft für notwendig hielten, klaffte himmelweit auseinander«, erkannte Martin Kannegiesser. Deswegen sorgte der Präsident des Arbeitgeberverbands Gesamtmetall dafür, »dass man viel Geld in die Hand« nahm, um diesen Zustand zu ändern, wie Kannegiesser später dem *Stern* erzählte.[83] Entwickelt von Scholz & Friends, einer der größten Werbeagenturen Europas, entstand die INSM. Die Berliner Werbeprofis erfanden nicht nur den Begriff der »Neuen Sozialen Marktwirtschaft«, der eine positive Bezugnahme auf Ludwig Erhard signalisieren sollte und zugleich dazu diente, die bisherige Sozialordnung als alt, sprich unmodern zu brandmarken. Sie wandelten auch gleich Erhards Formel vom »Wohlstand für alle« in einen neuen Slogan um, in dem nur noch »Chancen für alle« gefordert werden. Großzügig ausgestattet mit einem Jahresetat von rund zehn Millionen Euro, dient die INSM der Wirtschaftslobby dazu, eine positive gesellschaftliche Stimmung »für die marktwirtschaftliche Erneuerung unseres Wirtschafts- und Sozialsystems« zu schaffen. Dabei wirbt die als »überparteiliche Reformbewegung von Bürgern, Unternehmern und Verbänden« deklarierte Agit-Prop-Plattform für drastischen Sozialabbau und eine Gesellschaft, in der der Markt als Regulator aller Lebensbereiche fungiert. Mit schlauen Parolen soll den Bundesbürgern die Notwendigkeit radikaler Reformen eingehämmert werden, damit sie die Wünsche der Wirtschaft als ihre eigenen begreifen. Grundsätzlich steht alles zur Disposition: Kündigungsschutz, Rente, Existenzsicherung. Es geht nur noch um ein Mehr oder Weniger des Abbaus.

Im Anschluss an die INSM entstanden noch etliche weitere »Reforminitiativen«, um die Bevölkerung auf ein marktradikales Gesellschaftsmodell einzuschwören. »Jeder größere Wirtschaftsverband hat ähnliche Imagekampagnen ins Leben gerufen, doch sticht die INSM durch Finanzkraft und Professionalität hervor«, analysierte der Politikwissenschaftler Rudolf Speth, der für die gewerkschaftsnahe Hans-Böckler-Stiftung eine Studie zur INSM anfertigte.[84] Ob »BürgerKonvent«, »Deutschland packt's an« oder »Konvent für Deutschland« – die diversen arbeitgebernahen Unternehmungen funktionierten alle nach dem gleichen Grundschema: Sie gaben sich als überparteiliche und gemeinwohlfördernde »Bürgerinitiativen« aus und propagierten »unausweichliche« soziale Leistungskürzungen, mehr »private Vorsorge« und die Förderung von Eliten. »Die zu beobachtenden Machtverschiebungen und zahlreichen Gründungen von Wirtschaftsinitiativen in der ersten Legislaturperiode der rotgrünen Regierung in Berlin sind das Ergebnis einer Strategie der Wirtschaftseliten, nach dem Machtverlust 1998 wieder Einfluss auf politische Entscheidungen zu gewinnen«, stellte Speth fest.

APO des Kapitals

Die INSM bezeichnet sich selbst als »der kommunikative Think Tank für die Soziale Marktwirtschaft und die Stimme der ökonomischen Vernunft in der Reformdebatte«. Sie wende sich »über die Medien sowohl an Entscheidungsträger aus Politik, Wirtschaft, Wissenschaft und Gesellschaft als auch an die breite Öffentlichkeit, die sie über alle geeigneten Kommunikationsmaßnahmen anspricht«. Der von Scholz & Friends konzipierte Aufbau der INSM ist hocheffektiv und genial einfach. Der eigentliche Kern besteht aus einem Büro mit nur acht festen sowie einigen freien Mitarbeitern, ist also straff organisiert. Hinzu kommen je nach Aufgabe weitere freie

Mitarbeiterinnen und Mitarbeiter. Eine Mitgliedschaft ist nicht vorgesehen. Allerdings wurde im Juni 2005 ein gemeinnütziger Förderverein gegründet, der es sich zur Aufgabe gemacht hat, »das Verständnis der Bürger für wirtschaftliche Zusammenhänge zu stärken«. Wichtigster Partner ist das von den Arbeitgeberverbänden finanzierte Institut der Deutschen Wirtschaft in Köln, mit dem die INSM unter einem Dach logiert. Auch weitere wissenschaftliche Institute und spezialisierte Agenturen für Internetauftritte und TV-Produktionen gehören zu diesem Netzwerk. Das Arbeitskonzept ist klar: Die Ziele einer Kampagne werden durch die Initiative definiert, durch externe Experten scheinbar wissenschaftlich abgesichert und anschließend für die Medien aufbereitet.

Die Propagandaaktivitäten der »APO des Kapitals« *(Tagesspiegel)* sind exakt geplant und koordiniert, um die Öffentlichkeit möglichst effizient zu beeinflussen. Grundlage der Kampagnen sind wissenschaftliche Arbeiten und Studien, die zumeist vom Institut der deutschen Wirtschaft erstellt werden. Für demoskopische Daten ist das Allensbacher Institut zuständig. Zur Beeinflussung des Meinungsklimas bedienen sich die INSM und die mit ihr verbundenen PR-Agenturen des kompletten Instrumentariums moderner Kommunikationsstrategie. Neben Vorlesungen, Podiumsdiskussionen und Pressekonferenzen mit Meinungsführern aus Staat, Akademien und Kirchen gehören dazu professionelle Marketingkampagnen mit geschickt inszenierten Aktionen ebenso wie »Kooperationen« mit zahlreichen namhaften Zeitungen und Zeitschriften wie der *Wirtschaftswoche*, dem *Handelsblatt* oder der *FAZ*. Gemeinsam mit ihren Medienpartnern lobt die INSM Preise aus und verleiht Titel wie »Reformer des Jahres«, »Bürgermeister des Jahres« oder »Ministerpräsident des Jahres«, deren Preisträger in der Regel der CDU angehören. Wann immer einer dieser Preise verliehen wird oder die INSM an anderer Stelle vehement »Reformen« einfordert, kann sich die PR-Truppe sicher sein, dass nicht nur in diesen Partnerblättern berichtet wird – wohl nicht zuletzt, weil sie eine überaus potente Anzeigenkundin ist. Kleinere Zeitungen veröffentlichen die von der

INSM produzierten und gratis angebotenen Texte schon mal als redaktionelle Beiträge. Wie der Münsteraner Kommunikationswissenschaftler Christian Nuernbergk nachwies, taucht der Auftraggeber selten in der von der INSM initiierten Berichterstattung auf: Autoren, die sich auf Informationen, Studien und Öffentlichkeitsarbeit der INSM stützen, beschreiben diese fast immer als neutral. Nur in knapp sechs Prozent der Fälle wurde über die INSM als Initiative des Arbeitgeberverbands Gesamtmetall berichtet.

Die Grenzen zwischen Journalismus und Public Relations verschwimmen schnell. So ließ die INSM mit Hilfe einer Boulevardzeitschrift kurz vor der Bundestagswahl 2009 den Osten erblühen oder schickte gecastete »Journalisten« durch das Land. Auch des Mittels der Schleichwerbung bediente sie sich: In der ARD-Vorabendserie »Marienhof« kaufte sich die INSM Dialoge. Die Botschaft: Lohnnebenkosten runter, Arbeitszeiten rauf. Kostenpunkt: 58 670 Euro. Die geschickte Plazierung von Gästen in Talkshows gehört ebenfalls zum Repertoire.

Einspannen ließ sich auch der Mainzer Bischof Karl Kardinal Lehmann, der 2002 für die INSM die erste »Ludwig-Erhard-Lecture« hielt. Anschließend berief Lehmann, damals noch Vorsitzender der Deutschen Bischofskonferenz, den INSM-Kuratoriumsvorsitzenden und Ex-Bundesbankpräsident Hans Tietmeyer und den Ex-Verfassungsrichter Paul Kirchhoff, einen weiteren INSM-Botschafter, zu Beratern. In dem Impulspapier »Das Soziale neu denken. Für eine langfristig angelegte Reformpolitik«[85] der Bischofskonferenz vom Dezember 2003 fand sich prompt die INSM-Terminologie vom »Reformstau« und vom »unüberschaubaren Dickicht von Transferleistungen« wieder. Das Papier liest sich, als hätte es die Wirtschaftslobby den Bischöfen direkt in den Block diktiert: »Das sozialstaatliche Arrangement, so wie es heute besteht, ist alt geworden«, heißt es darin. Es habe sich ein überdimensioniertes »Anspruchsdenken« entwickelt, »das vom Staat unter Missachtung des Prinzips der Subsidiarität zu viel erwartet«. Der Sozialstaat lähme das Eingehen von unternehmerischen Risiken und erweise sich »zunehmend als ein

Hemmschuh gesellschaftlicher und ökonomischer Entwicklung«. Grundlegende Reformen seien notwendig: »Deutschland verträgt keinen weiteren Stillstand.« Besser hätten es die Agitatoren der INSM nicht formulieren können. »Die Bischöfe liefern eine klare Analyse der unsozialen Wirkungen eines überzogenen Sozialstaates, der Wachstum und Beschäftigung dauerhaft beeinträchtigt«, jubilierte denn auch INSM-Frontmann Tietmeyer in der *Welt*.[86] Der frühere Finanzstaatssekretär erwähnte mit keinem Wort seine Mitwirkung an dem Impulspapier.

Zum Konzept der INSM gehört, sich illustrer Personen aus Spitzenpositionen in Wirtschaft, Wissenschaft und Politik zu bedienen, die zu genau dem Zeitpunkt, den die Kampagnenmacher aus Köln bestimmt haben, die Ideen, Ziele und Vorstellungen der Initiative in der Öffentlichkeit vertreten. Um sich den Anschein von Überparteilichkeit und Ideologiefreiheit zu geben, hatten die Macher der INSM zum Start ihrer »Reformbewegung« denn auch einen genau austarierten Kreis an Politikern als »Kuratoren« oder »Botschafter« akquiriert. Mitglieder aller im Bundestag vertretenen Parteien außer der damaligen PDS sollten an dem Werbefeldzug beteiligt sein. So gehörten zur Ursprungskonstruktion neben CDU- und FDP-Politikern auch die Grünen Christine Scheel und Oswald Metzger, die Sozialdemokraten Wolfgang Clement und Rainer Wend sowie die Christsozialen Edmund Stoiber und Michael Glos. Doch schon bald lichteten sich die Reihen. Stoiber, Glos, Wend, Clement und Scheel verließen aus unterschiedlichen Gründen bis Ende 2004 die INSM. Das Kuratoren- und Botschafter-Modell bedurfte einer Neujustierung, damit die politische Einseitigkeit nicht zu offenkundig wurde: Verbliebene aktive Politiker wie Friedrich Merz (CDU) oder Silvana Koch-Mehrin (FDP) wurden »ausgelagert« in den Förderverein der INSM. Der Ex-Bundestagsabgeordnete Metzger, dessen vielfältige Versuche einer Reaktivierung seiner politischen Karriere allesamt scheiterten und der 2007 die Grünen in Richtung CDU verließ, wurde zum »Berater« gemacht. Kuratoren und Botschafter der INSM sind heute nur noch Wirtschaftsmanager wie Martin Kannegiesser,

Arend Oetker oder Randolf Rodenstock und Wissenschaftler wie Arnulf Baring, Juergen B. Donges und Hans-Wolfgang Arndt, der Rektor der Universität Mannheim.

Pflegeversicherung teilprivatisiert

Die INSM verwendet in ihrem Umerziehungsprogramm für die widerspenstigen Bürger viele Euphemismen, Sprachverschleierungen und Wortassoziationen, damit nicht ganz so brutal erscheint, was brutal gemeint ist. Ihren vielleicht größten Erfolg erzielten die Netzwerker im Dienste der Marktbefreiung mit der Umwertung des Wortes »sozial«. Ein Glanzstück lieferte die INSM mit dem von ihr geprägten Slogan »Sozial ist, was Arbeit schafft«. Per PR- und Anzeigenkampagne Schritt für Schritt in den öffentlichen Diskurs lanciert, gehört der Satz inzwischen zum festen Bestandteil unzähliger Politikerreden und taucht in Parteiprogrammen auf. Auch Bundeskanzlerin Angela Merkel und ihr Vize Guido Westerwelle benutzen ihn immer wieder gern. Und das, obwohl die Parole »Sozial ist, was Arbeit schafft« ausgesprochen fragwürdig ist – ließen sich mit dieser Begründung schließlich auch Prostitution begrüßen und Sklaverei oder Kinderarbeit wieder einführen. Kein Wunder, dass die Zeitschrift *The International Economy* die INSM »als nationales Kampagnen-Hauptquartier der Neokonservativen« bezeichnete.

Die Initiative Neue Soziale Marktwirtschaft hat einen langen Atem. Kampagnen sind langfristig angelegt mit dem Ziel, die öffentliche Stimmung zu beeinflussen. Wie erfolgreich die Macher sind, zeigt das Beispiel Pflegeversicherung. 2004 entdeckt die Initiative dieses Thema. Im Mittelpunkt der folgenden Kampagne steht die Umlagefinanzierung der gesetzlichen Pflegeversicherung. Zunächst starten die Projektverantwortlichen eine Anzeigenkampagne, in der sie vor dem milliardenhohen Defizit in der Pflegeversicherung warnen. Dann geben sie eine Studie bei dem Freiburger Professor Bernd Raffelhüschen in Auftrag. Die Studie ihres »Botschafters« wird bei einer Pressekonferenz der Öffentlichkeit präsentiert. »Schafft die Pflegeversicherung in ihrer jetzigen Form ab. Stattdessen soll jeder eine private Versicherung abschließen«, fordert Raffelhüschen dort.[87] In den kommenden Jahren macht die INSM immer wieder Stimmung gegen die Umlagefinanzierung und wirbt für die private Pflegeversicherung und die damit verbundene Kapitaldeckung. Sie gibt zu dem Thema eine Umfrage beim Meinungsforschungsinstitut Forsa in Auftrag, richtet auf ihren Internet-Seiten einen »Pflegerechner« ein und streut »Fakten zum Pflegefall Pflegeversicherung«. Auch Raffelhüschen ist unermüdlich agitatorisch im Einsatz, kaum eine Talkshow ist vor ihm sicher. Es zahlt sich aus. Die neue schwarzgelbe Bundesregierung hat versprochen, sich darum zu kümmern: »Die Pflegebedürftigen müssen auch künftig angemessene Pflegeleistungen zu einem bezahlbaren Preis erhalten. In der Form der Umlagefinanzierung kann die Pflegeversicherung ihre Aufgabe, allen Bürgern eine verlässliche Teilabsicherung der Pflegekosten zu garantieren, auf Dauer nicht erfüllen. Daher brauchen wir neben dem bestehenden Umlageverfahren eine Ergänzung durch Kapitaldeckung, die verpflichtend, individualisiert und generationengerecht ausgestaltet sein muss«, heißt es im Koalitionsvertrag. Damit ist der »Pflege-Riester« geboren, eine weitere Teilprivatisierung der Sozialsysteme. Wie so etwas geht, hatte die rot-grüne Bundesregierung mit der Einführung der staatlich geförderten privaten Altersvorsorge vorgemacht, die mit einer radikalen Kürzung der künftigen Renten einherging.

Kapitel 3

DIE RIESTER-RENTEN-LÜGE

Wie Politiker die Altersvorsorge
zur Mogelpackung machen

Viele tun zu wenig, um finanziell fürs Alter vorzusorgen, kritisieren Politiker und Vertreter der Finanzwirtschaft immer wieder gerne. Für einen ehemaligen Fliesenleger zumindest gilt das nicht. Ex-Arbeitsminister Walter Riester hat vorgesorgt. Als der Sozialdemokrat im Herbst 2009 den Bundestag verlassen musste, hatte er eine neue Aufgabe: Er zog in den Aufsichtsrat der Union Asset Management Holding AG, der Dachgesellschaft der zum Finanzverbund der Volks- und Raiffeisenbanken gehörenden Union-Investment-Gruppe. Die beiden passen gut zueinander. Union Investment ist Marktführer beim Verkauf der mit Zulagen und Steuervorteilen staatlich geförderten Altersvorsorge, Riester ist der Namenspatron dieser privaten Rentenverträge. »Unsere Reform hat viele Gewinner«, hatte Walter Riester schon bei der Vorstellung des rentenpolitischen Konzepts der rot-grünen Koalition im Bundestag im November 2000 gesagt.[88] Er und die Finanzbranche gehören zweifellos dazu.

Bundeskanzler Gerhard Schröder hatte Riester 1998 gezielt für eine ganz besondere Aufgabe aus der Chefetage der mächtigen IG Metall ins erste rot-grüne Kabinett geholt. Der 1943 geborene Gewerkschafter sollte als Arbeitsminister ein Projekt stemmen, von dem weder die Genossen in der SPD noch die Gewerkschaftsfunktionäre, geschweige denn die Wähler etwas ahnten. »Eine ergänzende, zusätzliche Rente aufzubauen, um die Gesamtversorgung im Alter zu verbessern – das war der zentrale Punkt, den ich mit Schröder 1998 besprochen hatte und der in keinem Wahlprogramm stand«, berichtete Riester später.[89] Den stellvertretenden IG-Metall-Vorsitzenden für die Kürzung der künftigen Renten und die Teilprivatisierung der Altersvorsorge der Beschäftigten zu engagieren war ein genialer Coup. Die Gewerkschaften leisteten so gut wie keinen Widerstand gegen die Reform, obwohl damit die paritätische Finanzierung der Renten zugunsten der Arbeitgeber verschoben wurde und die heutigen Beschäftigten durch die Streichung von Ansprüchen an die Rentenkassen in einem gigantischen Ausmaß enteignet wurden. Mit der Rentenreform 2002 hat in Deutschland eine neue Ära begonnen, deren Dramatik erst in den kommenden Jahrzehnten sichtbar werden wird. Das Neue: Die gesetzliche Rentenversicherung erhebt nicht mehr den Anspruch, eine ausreichende finanzielle Versorgung der Durchschnittsverdiener zu gewährleisten. Das ist ein Paradigmenwechsel. Denjenigen, die wegen langer Ausfallzeiten nicht genug »geklebt« hatten – wie es früher in Anspielung auf die zum Nachweis der Ansprüche ausgehändigten Beitragsmarken hieß –, war immer klar, dass ihre Rente später nicht reichen würde. Aber die zig Millionen von Arbeitnehmern, die durchschnittlich, etwas darüber oder darunter verdienten, vertrauten und vertrauen vielfach noch immer auf ein auskömmliches Einkommen im Alter. Walter Riester und die rot-grüne Bundesregierung haben genau diese Zusage gekündigt. Mit einem vagen Versprechen und einem bösen Etikettenschwindel verkaufte Riester das den Bürgern: »Wir kombinieren Solidarität mit Eigenverantwortung. Mit staatlicher Förderung starten wir das größte Programm zum Aufbau von Altersvermögen. Wir setzen auf Solidarität mit Gewinn, und wir setzen auf Sicherheit und Bezahlbarkeit. Es lohnt sich, an diesem Konzept festzuhalten und dies auch gegen Widerstände durchzusetzen. Denn dies ist eine Reform, die viele Gewinner hat. Die neue Rente vereint, was allen nützt: Solidarität mit Gewinn.«[90]

Diese »neue« und schließlich von Werbewirtschaft, Politik und später Volksmund »Riester« genannte Rente funktioniert folgendermaßen: Der Verbraucher kauft einen vom Staat zertifizierten Vertrag bei einer Bank, einer Investmentgesellschaft oder einem Versicherer und zahlt vier Prozent seines Bruttoeinkommens im Jahr. Dann bekommt er die volle Zulage vom Staat. Zahlt er weniger, gibt es entsprechend weniger. Wer die volle Förderung bekommt, erhält eine Zulage von jährlich 154 Euro, der angeheiratete Partner den gleichen Betrag, und für Söhne oder Töchter gibt es jeweils weitere 185 Euro, für nach 2008 geborenen Nachwuchs sogar 300 Euro. Außerdem können die Beiträge steuerlich geltend gemacht werden. Die Zulagen gibt es nicht cash, die überweist der Staat direkt an den Finanzdienstleister. Die Anbieter müssen garantieren, dass ihre Kunden ab Rentenbeginn mindestens die eingezahlten Beiträge und die Zulagen in Form einer Rente ausgezahlt bekommen. Das klingt gut, ist aber genau das Problem. Denn Garantien sind in der Finanzwelt teuer. Sie fressen die Renditen auf, die Kunden aber brauchen, um ihre Rentenlücke zu füllen. Bekommen sie später als Rentner nur das, was sie eingezahlt haben, haben sie angesichts der Inflation ein Verlustgeschäft gemacht. Für diesen Fall wäre es besser gewesen, das Geld auf ein Festgeldkonto einzuzahlen. Dann aber hätte die Riester-Industrie keinen Reibach gemacht: Der Vermittler hätte keine satte Provision kassiert, der Finanzdienstleister keine Gebühren für die Verwaltung und die Kapitalanleger nichts für die mehr oder weniger erfolgreiche Vermögensanlage. Doch diese Gewinner meinte Walter Riester nicht, als er seinen Genossen und den Bürgern den Paradigmenwechsel schmackhaft machte. »Insgesamt kann ich feststellen: Jeder, der sich am Aufbau einer kapitalgedeckten Vorsorge beteiligt, wird sich hinsichtlich des Volumens seiner Rentenleistungen besser stellen als jetzt«, behauptete Riester im Jahr 2000.[91]

Förderung für Versicherungsvertreter

Das galt zumindest nicht für die, die zu diesem Zeitpunkt schon privat vorsorgten. Denn um die Zulagen zu bekommen, mussten sie einen neuen Vertrag abschließen und dafür in der Regel hohe Provisionen zahlen. »Das ist ein Förderungsprogramm für Versicherungsvertreter«, spottete denn auch der damalige CDU-Bundestagsabgeordnete und spätere nordrhein-westfälische Arbeitsminister Karl-Josef Laumann.[92] Anders, als Riester seinerzeit behauptet hat, füllt die nach ihm benannte Rente die von Rot-Grün gerissene Lücke keineswegs. Auch wer einen Vertrag kauft und die verlangte Summe für die maximale Förderung einzahlt, wird dem Rentenversicherungsbericht 2008 zufolge nicht das Gesamtversorgungsniveau erreichen, das es vor der Reform gab.[93]

In den Reihen der Opposition stieß die Reform auf Kritik. So gehörte Riesters Amtsvorgänger, der Christdemokrat Norbert Blüm – ebenfalls IG Metall-Mitglied und darüber hinaus lange Vorsitzender der gewerkschaftsnahen Arbeitnehmerausschüsse der CDU –, zu den erbittertsten Gegnern der Rentenreform. Dass der Minister einer konservativ-liberalen Regierung für die Vorhaben seines sozialdemokratischen Nachfolgers nicht viel übrig hat, liegt in der Natur der Sache. Erstaunlich für einen Christdemokraten sind aber die Gründe, die Blüm anführte. Er betrachtete die Reform schon in der Planungsphase als Verrat: »Lieber Walter Riester, unsere gemeinsame Solidaritätsüberzeugung in der IG Metall hieß bisher: die Starken schützen die Schwachen. Dieses Prinzip wird jetzt auf den Kopf gestellt: Die Schwachen zahlen die Rechnung für die Starken. Das ist in der hundertjährigen Geschichte des Sozialstaats Deutschland noch nicht vorgekommen. Das ist eine Uraufführung, die mit dem Namen Schröder und Riester verbunden ist.«[94]

Blüms Wut ist bis heute nicht verraucht. Er bleibt unversöhnlich: »Da hat Rot-Grün ein wahres Kunststück abgeliefert: Mit der Riester-Reform haben sie es geschafft, den Jüngeren höhere Beiträge zuzumuten und dafür geringere Leistungen zu bieten«, sagte er im Sommer 2009.[95]

Norbert Blüm gehört zu den letzten echten Anhängern des deutschen Rentenversicherungssystems alten Typs. Dabei hatte er einst selbst kräftig mit dazu beigetragen, es in Misskredit zu bringen. »Und eins ist sicher: die Rente« war das Motto einer vielen bis heute in Erinnerung gebliebenen Kampagne, die Blüm Mitte der achtziger Jahre als zuständiger Minister gestartet hatte. Unvergessen ist das Bild von dem kleingewachsenen Mann, der eigenhändig ein Plakat mit diesem Slogan an eine Litfaßsäule klebt. Immerhin er glaubt bis heute noch daran: »Ich bleibe bei meinem Satz!«[96] Für viele andere ist sein Kampagnenmotto hingegen zur geläufigen Metapher für ein nicht einzuhaltendes Versprechen geworden.

Nach den vielen Reformen sind die Beschäftigten aus gutem Grund misstrauisch, obwohl die gesetzliche Rente nicht so schlecht ist wie ihr Ruf. Doch nicht nur Politiker und Ex-Politiker, die wie Walter Riester bei Veranstaltungen von Finanzdienstleistern auftreten, schüren das Misstrauen. Im wortwahren Sinne Hunderttausende von selbsternannten Finanzberatern sind unterwegs, um die Menschen in Angst und Schrecken zu versetzen. »Die Masse der künftigen Rentner wird mit einer schmalen Rente zwischen 200 und 500 Euro heutiger Kaufkraft auskommen müssen«, behaupten Bernd W. Löckner und Werner Dütting in ihrem Buch »Die Rentenlüge 2.0«.[97] Möglicherweise ist das der Fall, möglicherweise aber auch nicht. Niemand vermag zu sagen, wie sich die Rente in Zukunft entwickelt. Das hängt von den Entscheidungen künftiger Regierungen ab. Noch fließen jedes Jahr hohe zweistellige Milliardenbeträge in die Rentenkassen, um den Beitragssatz zu stützen. Die rot-grüne Regierung hatte zu diesem Zweck eigens die »Ökosteuer« erfunden. Möglicherweise kürzt die jetzige den Bundeszuschuss, möglicherweise erfindet die nächste eine Rutschbahnsteuer zur weiteren Minderung des Beitragssatzes. Vielleicht beschließt im Jahr 2018 die Regierung, eine mit Steuergeldern finanzierte Grundrente auf hohem Niveau einzuführen. Das mag unwahrscheinlich sein, aber niemand weiß es. Die Verkäufer von privaten Rentenversicherungen und anderen Altersvorsorgeverträgen beschwören gerne Horrorszenarien von Altersarmut, sind sie doch das beste Verkaufsargument. Die Angst vor Altersarmut ist groß; schlimm, wenn aktive und ehemalige Politiker anderen dabei helfen, damit Kasse zu machen.

Bismarcks Sozialreformen als Waffe

Auch unter den heutigen Rentnern gibt es arme, die mit jedem Cent rechnen müssen oder die nur mit der Unterstützung ihrer Kinder einigermaßen über die Runden kommen. Aber sie sind eine Minderheit. Nicht ohne Grund galt das deutsche Rentensystem in der Welt lange als vorbildlich. Das ändert aber nichts daran, dass seine Geschichte von falschen Versprechungen, Etikettenschwindel und Lügen gesäumt ist.

Die Wurzeln des heutigen Systems reichen in die achtziger Jahre des 19. Jahrhunderts zurück. Unter Kaiser Wilhelm I. schuf Reichskanzler Otto von Bismarck gemeinsam mit Großindustriellen die Kernelemente des Sozialversicherungssystems. Die Sozialgesetze sah Bismarck als Waffe gegen die erstarkenden Linken an – was Sozialdemokraten und Sozialisten sich heute noch gerne auf die Fahnen schreiben. Doch das war keineswegs seine alleinige Triebfeder. Bismarck machte sich auch weitere Interessen der Industriellen zu eigen. Darauf weist der Politikwissenschaftler Christoph Butterwegge hin: »Ausgangspunkt der Gesetzesinitiativen zur Sozialversicherung war die Unternehmerhaftpflicht bei Arbeitsunfällen. Das 1871 verabschiedete Haftpflichtgesetz barg für alle Beteiligten, Arbeitgeber wie abhängig Beschäftigte, gravierende Nachteile, was Industrie, Sozialdemokratie und Gewerkschaften gleichermaßen auf den Plan rief: Um die Rente zu erhalten, musste der geschädigte Arbeiter – in der Regel mittels eines langwierigen und aufwendigen Prozesses – die Schuld des Dienstherren oder seines Beauftragten nachweisen. Durch die gerichtlichen Auseinandersetzungen über den Ablauf, die Ursachen und die Folgen eines Unfalls verschärften sich jedoch nach Meinung der Unternehmer nicht nur die Gegensätze zwischen ihnen und den Lohnarbeitern. Auch litt die Autorität des Fabrikherrn darunter, dass er sich einer betriebsfremden Instanz unterwerfen musste.«[98] Im Gegenzug zur Einführung der Sozialgesetze verhinderte Bismarck die Ausweitung der Fabrikinspektionen und den Ausbau der Arbeiterschutzgesetzgebung – mit einem Argument, das auch heute einen festen Platz in der Sozialpolitik hat: Die Konkurrenzfähigkeit der deutschen Wirtschaft dürfe auf gar keinen Fall leiden. Dieses Primat hat noch Gültigkeit: Politiker wollen um jeden Preis verhindern, dass die sogenannten Lohnnebenkosten steigen. Denn die Beiträge zur gesetzlichen Rentenversicherung werden je zur Hälfte von Arbeitgebern und Arbeitnehmern bezahlt.

Nach der gesetzlichen Kranken- und Unfallversicherung wird 1889 die Alters- und Invaliditätssicherung für Arbeiter eingeführt. Das entstehende Altersvorsorgesystem umfasst ab 1911 auch Angestellte. Zunächst wird die Rente ab einem Alter von 70 Jahren ausbezahlt. Bis 1956 gilt in der gesetzlichen Rentenversicherung das Kapitaldeckungssystem – das viele heute wieder fordern. Es bedeutet: Jeder Versicherte zahlt auf ein eigenes Konto ein und sammelt so individuell Kapital für das Alter. Doch nach der Weltwirtschaftskrise, der NS-Diktatur und dem Zweiten Weltkrieg sind die Reserven stark geschmolzen. Die Regierung Adenauer beschließt die Umstellung auf das Umlageverfahren. Nach einer Übergangszeit von zehn Jahren werden ab 1967 die Renten ausschließlich über die Beiträge der Beschäftigten und der Arbeitgeber finanziert. Für die Rentner im Wirtschaftswunderdeutschland hat das neue System große Vorteile. Ihre Einkünfte sind an die wirtschaftliche Entwicklung gekoppelt. Steigen die Löhne, steigen auch die Renten. Auch heute gibt es diese Koppelung noch. Damit in ökonomisch schwierigen Zeiten die Renten nicht gekürzt werden müssen, hat der Arbeitsminister der Großen Koalition, Olaf Scholz (SPD), wenige Monate vor der Bundestagswahl 2009 die sogenannte Rentengarantie ins Gesetz aufnehmen lassen. Allerdings müssen die Rentner die Nichtkürzung selbst finanzieren, denn sie wird mit künftigen Steigerungen verrechnet.

Die Geburt des Eckrentners

Wie hoch die Rente des Einzelnen ist, hängt von vielen Faktoren ab. Seit Einführung des Umlageverfahrens gibt es die fiktive Figur des

»Eckrentners«, um die Entwicklung der Ruhestandsbezüge anschaulich darstellen zu können. Der Eckrentner verdient jedes Jahr exakt das Durchschnittseinkommen aller Arbeitnehmer. Die gesetzliche Rentenversicherung schreibt ihm jährlich genau einen Rentenpunkt gut. Die Kollegen von Herrn Eckrentner, die weniger als der Durchschnitt verdienen, bekommen keinen ganzen Punkt, sondern entsprechende Abzüge. Der Chef von Herrn Eckrentner, der überdurchschnittlich verdient, erhält entsprechend mehr. Die spätere Rente wird vor allem danach bemessen, wie viele Punkte der Beschäftigte vorweisen kann. Der Wert eines Rentenpunktes wird vom Bundestag festgelegt. 2010 entsprach ein ganzer Rentenpunkt einem Wert von 27,20 Euro im Westen und 24,13 Euro im Osten. Auch für Erziehungszeiten oder die Pflege von Angehörigen gibt es Rentenpunkte.

Wem lange Beitragszeiten fehlen, der hat beim Aufholen Probleme. Einige Jahre supergut zu verdienen, reicht nicht. Nach oben sind die Rentenansprüche gedeckelt. Beiträge werden nur bis zur Beitragsbemessungsgrenze gezahlt, die im Jahr 2010 bei 5500 Euro Monatseinkommen im Westen und 4650 Euro im Osten liegt. Für alles darüber sind keine Beiträge fällig, aber es gibt dafür auch keine Rentenpunkte. »Herr Eckrentner« hat über 45 Jahre exakt das Durchschnittseinkommen verdient – der normale Arbeitnehmer beginnt aber mit sehr wenig und steigert sich langsam. Der Eckrentner bekam 1970 nach Angaben des Statistischen Bundesamtes 3376 Euro im Jahr, 2007 waren es 14 186 Euro, also 1182,17 Euro im Monat. Durch die Rentenreformen von 2001 und 2004, die sich erst in den kommenden Jahrzehnten auswirken werden, sinken die Einnahmen des Eckrentners bis 2040 um 18,5 Prozent. Die Differenz zwischen altem und neuem Rentenrecht ist die vielbeschworene »Rentenlücke«.

Die Regierung Adenauer hat die Umstellung des Systems auf das Umlageverfahren mit Blick auf die Rentner unter den Wählern betrieben. Durch das neue System sollen Senioren vom Wirtschaftswunder profitieren. Im Wahlkampf 1957 verspricht Adenauer eine

»dynamische Leistungsrente«. Nachdem die Union die absolute Mehrheit geholt hat, bricht er sein Versprechen: Die für 1958 versprochene Erhöhung fällt aus.

Immer wieder machen Politiker Ruheständlern und künftigen Rentnern Zusagen, die sie nicht einhalten. Als in den siebziger Jahren auch aufgrund der Inflation die Löhne stark steigen, erwarten die Senioren Zuwächse. Im Wahlkampf 1976 verspricht Bundeskanzler Helmut Schmidt den Rentnern eine Erhöhung um 9,9 Prozent ab dem 1. Juli 1977. Die sozial-liberale Koalition gewinnt knapp. Nach der Wahl verschiebt Schmidt die Erhöhung. Ein Sturm der Entrüstung bricht los. Das böse Wort von der »Rentenlüge« macht erstmals die Runde. Die Opposition wirft dem Kanzler vor, sich die Wiederwahl erschwindelt zu haben. Die Verantwortung für das Rentendebakel schiebt der seinem Arbeitsminister Walter Arendt (SPD) zu, der zurücktreten muss.[99] Schmidts Manöver wirkt bis heute nach. »Nach dem knappen Wahlsieg 1976 konnte Schmidt das Rentenversprechen, das er im Wahlkampf gegeben hatte, nicht halten und stürzte die Republik damit in die Krise der Parteienverdrossenheit, von der seither dann ständig die Rede war«, stellen die Politologen Franz Walter und Tobias Dürr fest.[100]

Nachdem unter Helmut Schmidts späterem sozialdemokratischem Nachfolger Gerhard Schröder die Rente teilprivatisiert wurde, rechneten Politik und Finanzbranche damit, dass viele Bürger schnell die Riester-Rente kaufen würden. Doch obwohl die Unternehmen kräftig die Werbetrommel rührten, blieben die Verbraucher zunächst zurückhaltend. Nach Auffassung des CDU-Bundestagsabgeordneten Andreas Storm lag der schleppende Auftakt an falschen Botschaften, die Walter Riester nach der großen Rentenreform sendete: »Die Versorgungslücke wird überhaupt nicht erkennbar, Herr Riester«, warf er dem Minister 2002 vor, »im Übereifer des Gefechts in den Rentendebatten haben Sie dafür gesorgt, dass in den Statistiken ausgewiesen wird, dass das Rentenniveau in der gesetzlichen Rentenversicherung nach der Reform angeblich nicht mehr sinkt, sondern steigt. Laut Rentenversicherungsbericht landen wir im Jahre

2015 angeblich bei einem Rentenniveau von über 70 Prozent. Sie sagen aber selber, dass die Leistungen für die junge Generation in Wirklichkeit viel geringer sein werden. Kein Mensch kann mehr erkennen, wie hoch der Versorgungsbedarf eigentlich ist, weil Sie die Dinge so lange manipuliert haben, bis niemand mehr eine Versorgungslücke erkennen konnte.«[101]

»Walter fürs Alter«

Die Politik reagierte auf die mauen Abschlusszahlen und die Beschwerden der Assekuranz über das vermeintliche »Bürokratie-Monster«, das die Branche für die Zurückhaltung verantwortlich machte. Das Zulagenverfahren wurde vereinfacht, die Vermittler der Verträge bekamen ihre Provisionen schneller. Kampagnen in Schulen, Volkshochschulen und Medien mahnten Jung und Alt zur Vorsorge für den Ruhestand – und der Absatz der Policen zog an.

Walter Riester erlebte den Siegeszug seiner Rente und die zweite Amtszeit der rot-grünen Regierung nicht mehr als Minister, er hatte seine Schuldigkeit getan. Dass sich viele Erwerbstätige die Zusatzrente schlicht nicht leisten können, dafür hat der ehemalige Arbeitsminister kein Verständnis, nicht einmal dafür, dass Hartz-IV-Empfänger kein Geld in die Altersvorsorge stecken. »Wenn der Vorwurf erhoben wird, schlechter Verdienende könnten sie sich nicht leisten«, sagte Riester »mit Härte in der Stimme« in einem Interview, »so ist das nachweislich falsch.« Schließlich sei gesetzlich festgelegt, dass bereits ein Mindesteigenanteil von 60 Euro im Jahr ausreiche, um alle Zulagen zu bekommen. Ein Ehepaar mit zwei Kindern, das Hartz IV erhält, bekomme pro Erwachsenem 154 Euro jährlich, pro Kind 185 Euro auf dem Vertragskonto gutgeschrieben. »Das ergibt zweimal 154, also 308 Euro, plus zweimal 185, also 370 Euro – das sind jährlich 678 Euro bei einem Eigenanteil von 60 Euro! Und wenn einer sagt, ich kann bei einem Plus von jährlich über 600 Euro meine 60 Euro nicht beibringen, dann glaube ich ihm das nicht.«[102]

Während Riester verlangt, dass sich Menschen am Rande des Existenzminimums das Geld für die Altersvorsorge abknapsen, steckt er selbst gerne ein. Der Sozialdemokrat ist zum Werbeträger für die nach ihm benannte Rente geworden und lässt sich das gut bezahlen. Als die Bundestagsabgeordneten 2007 erstmals ihre Nebeneinkünfte offenlegen mussten, staunte die Öffentlichkeit, wie viel Geld der Ex-Minister mit Dienstleistungen für Versicherer, Banken oder Vertriebsorganisationen wie AWD verdiente. Im Interview mit der *Süddeutschen Zeitung* wollte er die Summe von 200 000 Euro im Jahr nicht dementieren. »Wenn man mir 7000 Euro anbietet, sage ich nicht, dass ich nur 4000 Euro oder gar nichts wert bin«, sagte er. »Mein Name ist halt ein positiver Werbeträger.«[103] Eine Sparkasse verpflichtete ihn unter dem Motto »Riester erklärt Riester«. Eine Bank produzierte ein Plakat mit seinem Bild und dem Spruch »Walter fürs Alter«. Bei einer Tagung des Ostdeutschen Sparkassenverbands, zu der er eingeladen war, lag auf jedem Platz ein T-Shirt mit der Aufschrift »Ich bin Riester«. Er tue sich leicht mit der Marke »Riester-Rente«, sagte Riester der *Märkischen Allgemeinen:* »Stellen Sie sich einmal vor, ich würde Hartz heißen. Das wäre schwieriger.«[104]

Etikettenschwindel Betriebsrente

Die Riester-Rente hat die Unternehmen entlastet und die Beschäftigten belastet. Durch die Kürzung der künftigen Renten hat die Politik den Beitragssatz stabilisiert, was die Unternehmen nichts kostet, was jedoch die Erwerbstätigen mit geringeren Einkünften im Alter werden bezahlen müssen. Die Gewerkschaften haben gegen die Rentenreform nicht mobil gemacht, weil sie sich selbst etwas davon versprochen hatten. Sie sahen die Chance, in den Betrieben besser Fuß fassen zu können. Seit 2002 haben alle Beschäftigten einen Rechtsanspruch auf eine Betriebsrente. Das heißt aber nicht, dass Unternehmen zur Finanzierung dieser Zusatzrente beitragen müssen. Arbeitnehmer haben nur einen Rechtsanspruch darauf, dass der Arbeitgeber einen Teil des Gehalts oder Lohns in einen Vertrag für eine »Betriebsrente« steckt. Diese Form der Betriebsrente hat nichts mit der traditionellen zu tun, die Unternehmen Beschäftigten gewähren und auch finanzieren. Die von Walter Riester eingeführte Betriebsrente zahlt der Arbeitnehmer allein – es sei denn, der Chef legt freiwillig etwas drauf. Das Geld für die Riester-Betriebsrente wird dem Arbeitnehmer vom Bruttolohn abgezogen, er muss es nicht versteuern und keine Sozialabgaben dafür zahlen. Auch der Arbeitgeber muss keine Abgaben für den Teil des Gehalts an die Sozialkassen abführen, der in die Betriebsrente fließt. Arbeitgeber haben aber mehr davon als Arbeitnehmer. Denn die Beschäftigten schmälern ihre gesetzliche Rente um den Teil ihres Einkommens, den sie in die Betriebsrente stecken. Der Arbeitgeber dagegen hat keinerlei Nachteile durch die eingesparten Sozialabgaben. In vielen Branchen haben die Tarifpartner Vereinbarungen zu den neuen Betriebsrenten getroffen, dadurch haben die Gewerkschaften an Gewicht gewonnen. In den Unternehmen haben oft Betriebsräte Kampagnen zur Umsetzung dieser Vereinbarungen durchgeführt. Die Erosion der Mitgliederzahlen der Gewerkschaften hat das nicht aufhalten können.

Frauen sollten Walter Riester zufolge besonders von der Reform profitieren. Aber gerade in seiner Amtszeit war das nicht der Fall. Ursprünglich verkauften die Anbieter zwei verschiedene Formen von Riester-Renten: eine für Männer und eine für Frauen. Weil Männer statistisch gesehen eine geringere Lebenserwartung haben als Frauen, muss eine Kundin grundsätzlich höhere Beiträge zahlen, um später die gleiche Rente zu bekommen wie ein Mann. Frauen bekommen also für die gleichen Prämien in der Privatwirtschaft eine geringere Rente. In der gesetzlichen Rentenversicherung gibt es diesen Unterschied hingegen nicht. Die Höhe der gesetzlichen Rente hängt von der Höhe und Dauer der Beitragszahlungen ab, nicht vom Geschlecht. Dass Frauen dennoch im Schnitt eine deutlich geringere gesetzliche Rente bekommen als Männer, hängt vor allem damit zusammen, dass sie immer noch deutlich weniger verdienen und Ausfallzeiten etwa für die Kindererziehung haben.

Seit 2006 müssen die Anbieter bei Riester-Verträgen sogenannte Uni-Sex-Tarife anbieten. Bei diesen Tarifen dürfen die Finanzdienstleister bei der Kalkulation das Geschlecht nicht in die Berechnung einbeziehen. Männer und Frauen zahlen also für die gleiche Rente das Gleiche, wenn sie ab diesem Jahr einen Vertrag abgeschlossen haben. Bei der Betriebsrente ist das weiterhin nicht der Fall. Hier müssen Frauen wie bei jedem anderen privaten Rentenvertrag mehr zahlen als Männer, um eine Rente in der gleichen Höhe zu bekommen. Die privaten Anbieter argumentieren, dass Frauen wegen ihrer längeren Lebenserwartung insgesamt genauso viel Geld bekommen würden wie Männer. Statistische Effekte gibt es aber auch bei anderen Gruppen. Raucher sterben eher als Nichtraucher, deshalb müssen Nichtraucher aber trotzdem keine höheren Beiträge zahlen. Privat Krankenversicherte leben im Schnitt sieben Jahre länger als Kassenpatienten. Auch sie müssen nicht mehr zahlen. Die kürzer lebende gesetzlich krankenversicherte Raucherin finanziert also die private Rente des länger lebenden nikotinabstinenten Privatpatienten mit.

Haken bei der privaten Altersvorsorge

Die tiefen Einschnitte in die künftigen Renten werden mit einem scheinbar starken Argument begründet: dass die schrumpfende Bevölkerung in Deutschland das ursprüngliche System nicht finanzieren könne. Die Jüngeren werden die Kosten für die Alten nicht mehr aufbringen können, behaupten sie. Heute ernähren zwei Erwerbstätige einen Rentner, demnächst sei es umgekehrt. Heerscharen von Grafikern produzieren die dazu passenden Bilder von Bevölkerungspyramiden, Rentnermassen und geknechteten Arbeitnehmern. Dass immer weniger Menschen immer mehr Menschen nicht finanzieren können, scheint einleuchtend. Aber: Selbst wenn die Bevölkerung tatsächlich in nennenswertem Umfang abnimmt, wird die Wirtschaftsleistung immer noch gut genug sein, damit die gesetzlichen Renten gezahlt werden können.

Die Lage ist nicht so dramatisch, wie Politiker und interessierte Experten es glauben machen wollen. Nach der mittleren Variante der Berechnungen des Statistischen Bundesamts sinkt die Einwohnerzahl in der Bundesrepublik von aktuell etwa 82,5 Millionen auf 75 Millionen im Jahr 2050. Das sind mehr Menschen, als 1950 in Deutschland lebten, das waren knapp 69 Millionen. Kein Grund zur Aufregung also, meint der Ökonom und Publizist Albrecht Müller: »Damals, 1950, war es nicht leer in Deutschland. Und 1939, als die Bevölkerungszahl im Gebiet der späteren Bundesrepublik (West) mit 43 Millionen noch niedriger war als 1950 mit 50,8 Millionen, sprachen Hitler und seine Helfer vom ›Volk ohne Raum‹ und überzogen Europa mit einem furchtbaren Krieg. Heute spricht der *Spiegel* im Hinblick auf die kommenden Jahre vom ›Raum ohne Volk‹ – dieselbe Übertreibung, bloß andersherum.«[105]

Die Befürworter der privaten Altersvorsorge argumentieren mit der demographischen Entwicklung, die eine Abkehr vom Umlageverfahren nötig mache. Beim Umlageverfahren finanzieren die Jungen die Renten für die Alten. Die Rentenversicherung, die Beiträge einzieht und Ruhestandsbezüge auszahlt, legt kein Geld für später auf die hohe Kante. Was sie bekommt, schüttet sie aus. Beim Kapitaldeckungsverfahren wird Geld für später angelegt. Der Rentner bekommt das, was für ihn angespart wurde. Diesem Modell folgt die private Altersvorsorge. Das angesammelte Vermögen sei immun gegen eine schrumpfende Bevölkerung, sagen die Verfechter der Kapitaldeckung. Doch so einfach ist es nicht. Auch dieses Verfahren hat mit der demographischen Entwicklung zu kämpfen. Das Kapital muss investiert werden. Damit es nicht faktisch an Wert verliert, muss mit den Erträgen mindestens die Inflation ausgeglichen werden. Wird das Geld gebraucht, muss das Kapital flüssig gemacht werden. Machen das viele auf einmal, sinkt der Wert der Anlagen. Stehen viele Verkäufer wenigen Käufern gegenüber, fällt der Preis von Aktien und anderen Wertpapieren. Auch Investitionen in Immobilien können bei einer schrumpfenden Bevölkerung zu Verlusten führen. »Die Umstellung des Finanzierungsverfahrens auf das Kapitaldeckungsverfahren ändert nichts daran, dass die Jungen für die Alten aufkommen müssen«, sagt Ökonom Müller.[106] Tatsächlich wird beim Umlageverfahren kein Geld für die Zukunft angespart. Nur: »Die Aussage, beim Kapitaldeckungsverfahren könnten die eingezahlten Beiträge als Kapital arbeiten, ist ungemein eingängig. Aber das stimmt nicht, wenn man genauer hinschaut, und schon gar nicht gilt diese Behauptung, wenn man den gesamtwirtschaftlichen Effekt einbezieht«, betont er.[107] Das Verhältnis von Jungen und Alten ändert sich nicht durch die Änderung des Verteilungsverfahrens. »Unabhängig vom gewählten Verfahren geht es immer um den Realtransfer unter den jeweils Lebenden. Die Aktiven müssen auf Konsum verzichten. Sie tun das im Umlageverfahren durch Zwangssparen in Form von Beiträgen und Steuern, im Kapitaldeckungsverfahren durch Sparen und Kauf von Vermögenswerten.«[108] Gibt es zu wenige junge Käufer, helfen den Alten die Kapitalanlagen nicht. Hinzu kommt: Börsencrashs können das Vermögen für die Altersvorsorge schnell schmelzen lassen.

Bei der privaten Altersvorsorge gibt es ein grundsätzliches Dilemma, das die Nicht-Wohlhabenden gegenüber den Reichen benachteiligt. Legen Kunden ihr Geld sicher an – was weniger Begüterte tun sollten, um das wenige nicht zu gefährden –, ist die Rendite niedrig, möglicherweise gibt es nicht einmal einen Inflationsausgleich. Sind die Renditechancen hoch, ist die Anlage unsicher. Jede Absicherung, etwa in Form von Garantien der Finanzdienstleister, kostet Geld. Riskante Geschäfte kann sich also nur leisten, wer Verluste verschmerzen kann. Das heißt auch: Mit Geldanlagen richtig Reibach machen nur wirklich Waghalsige mit starken Nerven und diejenigen, die auf die Erträge nicht wirklich angewiesen sind.

Mit der gesetzlichen Rentenversicherung verdient niemand Geld. Die Deutsche Rentenversicherung ist eine Körperschaft des öffentlichen Rechts. Sie betreut annähernd 57 Millionen Menschen, das sind fast drei Viertel der Menschen in der Bundesrepublik. Sie muss keinen Gewinn erwirtschaften. Niemand kassiert für abgeschlossene Verträge Vermittlerprovisionen. Hätten Walter Riester und seine Kollegen nur vom Umlage- auf das Kapitaldeckungsverfahren wechseln wollen, hätten sie das auch unter dem Dach der gesetzlichen Rentenversicherung organisieren können. Stattdessen haben sie die Bürger der Finanzbranche ausgeliefert. Denn angesichts der Kürzungen sehen die kaum eine Alternative dazu, ihr Geld zu einem der unzähligen Renten-Dienstleister zu tragen.

Kunden sind auf diesem Markt nicht auf Augenhöhe mit den Anbietern. Das System der privaten Altersvorsorge ist intransparent. Verbraucher haben kaum eine Chance, es zu durchschauen. Die Riester-Rente ist nur eine von vielen Möglichkeiten, ein Polster für den Ruhestand aufzubauen. Und selbst hier gibt es sehr viele Vertragsvarianten. Die Kunden zahlen viel Geld und wissen nicht genau, was sie später bekommen. Sie überweisen jeden Monat hohe Beiträge an Banken, Investmentgesellschaften und Versicherer und können nicht nachvollziehen, was die Anbieter davon abziehen, um es als Provisionen an Vermittler zu geben oder als Gebühr für die Verwaltung abzuziehen. Hat der Kunde bei einer Aktiengesellschaft einen Vertrag, muss er mit seinem Beitrag oder den damit erwirtschafteten Kapitalerträgen auch die Aktionäre bedienen.

Vor allem gibt es ein Risiko für jeden, der nur ein bescheidenes Kapital hat: dass er älter wird, als sein Vermögen reicht. Dieses Risiko nennen die Anbieter privater Rentenverträge »Langlebigkeitsrisiko«. Bei einer privaten Rentenversicherung übernehmen sie – natürlich gegen fette Gebühren – dieses Risiko. Vertreter verkaufen die Verträge gerne mit dem Bild der Wette: Lebt der Kunde länger, als die Aktuare des Anbieters berechnet haben, gewinnt er die Wette, stirbt er vorher, hat er verloren und das Unternehmen gewonnen. Aber unterm Strich gewinnt das Unternehmen sowieso. Mit der Kürzung der künftigen Renten zwingt der Staat die Bürger zur Wette mit den privaten Anbietern.

Wer kein Geld hat, um Rücklagen fürs Alter zu bilden, hat ohnehin

Pech gehabt. Und das sind nicht wenige. Von den mehr als 30 Millionen möglichen Kunden der Riester-Rente haben zwar bis Ende 2009 13 Millionen einen Vertrag abgeschlossen. Doch eine ganze Reihe von Bürgern wird das nicht tun. »Viele Menschen haben einfach kein Geld für Privatvorsorge«, weiß Ökonom Müller.[109] Für diese Gruppe sind die Kürzungen der gesetzlichen Renten dramatisch. Für viele ist es auch gar nicht sinnvoll, in die private Altersvorsorge zu investieren. Denn wer Schulden hat und gleichzeitig einen privaten Altersvorsorgevertrag, macht die Finanzbranche gleich doppelt glücklich. Die Zinsen für den Kredit lassen sich auch mit der allerbesten Rentenversicherung nicht reinholen.

Kapitel 4

DIE ARBEITSMARKT-LÜGE

Der schlechte Witz vom
»Fördern und Fordern« bei Hartz IV

B esser hätten die PR-Strategen das nicht aushecken können. »Die Spitzen von Union und FDP haben sich in ihren Koalitionsverhandlungen auf Verbesserungen für Empfänger von Arbeitslosengeld II verständigt«, lautete eine der ersten Meldungen von den Gesprächen der neuen Regierungsparteien CDU, CSU und FDP im Oktober 2009.[110] Die schwarz-gelbe Koalition nutzte die erste Gelegenheit, um etwas gegen ihr Image als Bündnis der sozialen Kälte zu tun und sich als Anwalt der Armen und Geknechteten zu präsentieren. Empfänger von Hartz IV sollen ein höheres Vermögen behalten dürfen, lautete die Botschaft. Dazu waren die hartleibigen Sozialdemokraten nicht bereit gewesen. Die Ankündigung der neuen Regierung klang nach Wohltaten für Millionen, nach Ausbau statt Abbau des Sozialstaats. Ein gekonnter Bluff. Denn nur wenige Hilfsbedürftige haben etwas davon. »Die eigentlichen Profiteure der Maßnahme sind Versicherungen und Banken«, sagt der Kölner Politikwissenschaftler Christoph Butterwegge.[111]

Langzeitarbeitslose und ihre Angehörigen bekommen in der Bundesrepublik eine staatliche Fürsorge, wenn sie nachweisen können, dass sie wirklich arm sind. Wer noch Geld auf der hohen Kante oder einen einigermaßen verdienenden Lebenspartner hat, bekommt nichts. Schwarz-Gelb hat vereinbart, dass Bürger bei Bezug von Hartz IV statt 250 Euro 750 Euro pro Lebensjahr als Altersvorsorge besitzen dürfen. Für einen 65-Jährigen steigt der Freibetrag damit von 16 250 auf 48 750 Euro. Doch die Erhöhung der Schonvermögen »geht an der Realität vorbei: Arme Menschen haben nicht das

Problem, dass sie zu viel Vermögen haben«, kritisiert der Sprecher der Nationalen Armutskonferenz und Vorstandsvorsitzende des Diakonischen Werks Hessen und Nassau, Wolfgang Gern.[112] Nach Angaben der Nürnberger Bundesagentur für Arbeit kommt die schwarz-gelbe Reform ganzen 11 000 Haushalten zugute – genau 0,2 Prozent der Betroffenen. Ohne Hilfe von durch Finanzdienstleister aufgebaute Reserven lassen die Behörden Hartz-IV-Empfängern nichts: »Es geht dabei nur um das Schonvermögen zur Altersvorsorge, beispielsweise Kapitallebensversicherungen – nicht etwa darum, seinen Besitz allgemein vor dem staatlichen Zugriff zu schützen«, erläutert Armutsforscher Butterwegge. Die Finanzbranche freut sich riesig über die schwarz-gelbe Nächstenliebe. Schließlich kurbelt es ihre Geschäfte an, wenn sie Kapitalanlageverträge mit dem Siegel »hartzsicher« verkaufen kann.

Mit den Hartz-Reformen hat die rot-grüne Bundesregierung den größten Umbau oder wie viele Kritiker sagen: Abbau des Sozialstaats in der deutschen Nachkriegsgeschichte in Gang gesetzt. Gerhard Schröder ist als Kanzler mit dem Versprechen angetreten, die Arbeitslosigkeit zurückzudrängen. »Wenn wir es nicht schaffen, die Arbeitslosenquote signifikant zu senken, dann haben wir es weder verdient, wiedergewählt zu werden, noch werden wir wiedergewählt«, kündigt er kurz vor seinem Wahlsieg 1998 an.[113] Als Schröder sieben Jahre später die Kommandobrücke wieder verlassen muss, sind weitaus mehr Menschen ohne Job als zu seinem Amtsantritt im Oktober 1998. Millionen von Langzeitarbeitslosen sind tief gedemütigt, und noch mehr Millionen Beschäftigte blicken angstvoll in die Zukunft. Zu Beginn der Kanzlerschaft Schröders liegt die Arbeitslosenquote bei 9 Prozent, bei seinem Abtritt beträgt sie 10,6 Prozent.[114] Über 920 000 Menschen mehr ohne Stelle sind eine verheerende Bilanz. Für die, die als Langzeitarbeitslose auf staatliche Unterstützung angewiesen sind, klingt das von dem damaligen SPD-Vorsitzenden ausgerufene Ziel wie Hohn. Die Politik wolle diese Gruppe »fordern und fördern«, hatten er und seine Genossen zu Beginn der Reform erklärt. Ein böser Etikettenschwindel.

»Die SPD hat diese bei Tony Blair ausgeborgte Rhetorik benutzt, um den Abbau des Sozialstaats voranzutreiben, der mit Steuersenkungen für Besserverdienende einherging. Sie nutzte die richtige Erkenntnis, dass der alte Transfersozialstaat den Armutskreislauf nicht aufzubrechen vermag, um unten Geld zu sparen. Viel fordern, nichts fördern«, kommentierte die *taz*.[115]

Mit seiner Regierungserklärung läutet Schröder am 14. März 2003 eine neue Ära ein. »Wir werden Leistungen des Staates kürzen, Eigenverantwortung fördern und mehr Eigenleistung von jedem Einzelnen abfordern müssen«, sagt er. »Der Umbau des Sozialstaates und seine Erneuerung sind unabweisbar geworden. Dabei geht es nicht darum, ihm den Todesstoß zu geben, sondern ausschließlich darum, die Substanz des Sozialstaates zu erhalten.« Schröder macht keinen Hehl daraus, dass er darunter massive Verschlechterungen für Langzeitarbeitslose versteht: »Ich akzeptiere nicht, dass Menschen, die arbeiten wollen und können, zum Sozialamt gehen müssen, während andere, die dem Arbeitsmarkt womöglich gar nicht zur Verfügung stehen, Arbeitslosenhilfe beziehen.« Künftig sollen Zuständigkeiten und Leistungen aus einer Hand kommen, deshalb werde seine Regierung die Arbeitslosen- und Sozialhilfe zusammenlegen, kündigt er an, »und zwar einheitlich auf einer Höhe – auch das gilt es auszusprechen –, die in der Regel dem Niveau der Sozialhilfe entsprechen wird«. Schröder schiebt die Verantwortung für der Massenarbeitslosigkeit aus der politischen Sphäre hinaus – den Betroffenen zu. Ihnen droht er unverhohlen: »Niemandem aber wird künftig gestattet sein, sich zu Lasten der Gemeinschaft zurückzulehnen. Wer zumutbare Arbeit ablehnt – wir werden die Zumutbarkeitskriterien verändern –, der wird mit Sanktionen rechnen müssen.«

Die Hartz-Kommission

Mehr als ein Jahr vor der Regierungserklärung hatte die rot-grüne Regierung im Februar 2002 die Kommission für »Moderne Dienstleistungen am Arbeitsmarkt« eingesetzt. Damit reagierte Schröder geschickt auf den öffentlichen Unmut über die hohe Zahl der Verwaltungsmitarbeiter der Bundesanstalt für Arbeit, die mit rund 85 000 die Zahl der 15 000 Vermittler bei weitem übertraf. Auch die Empörung über geschönte Ergebnisse zum Vermittlungserfolg der Behörde kanalisierte er mit dem Einsetzen der Arbeitsgruppe in seinem Sinne. Die Leitung der Kommission übertrug er einem guten Bekannten, dem damaligen VW-Personalvorstand Peter Hartz. Der hatte im VW-Konzern allerlei Modelle zur Variierung der Arbeitszeit und zum Stellenerhalt ausprobiert und genoss einen exzellenten Ruf als Manager. Hartz, dessen Bruder Kurt bis 1999 fast zwei Jahrzehnte für die SPD im saarländischen Landtag saß, wurde als Vorsitzender der Kommission auch ihr Namenspatron. Dem Gremium gehörten 14 Männer und eine Frau an, darunter acht Unternehmensvertreter, zwei Gewerkschaftsvertreter, ein Landesarbeitsamtspräsident sowie mehrere Wissenschaftler und Politiker, wie der damalige nordrhein-westfälische SPD-Chef und Landesarbeitsminister Harald Schartau, ein Ex-IG-Metall-Funktionär. Die Kommission kam einstimmig zu dem Schluss, dass im Zentrum der Arbeitsförderung die »eigene Integrationsleistung« des Suchenden stehen soll. Der Grundgedanke der Vorschläge lässt sich auf eine einfache Formel bringen: Hilf dir selbst, dann hilft dir auch der Staat. Bis heute tragen die Reformen, die auf die Vorschläge der Kommission zurückgehen, den Namen des Vorsitzenden Hartz. Die Galionsfigur selbst ist aus der Öffentlichkeit verschwunden. Der Sozialdemokrat ist eine der Schlüsselfiguren im Skandal des VW-Konzerns, bei dem unter seiner Führung Arbeitnehmervertreter mit Hilfe von Schmiergeldern und Bordellbesuchen auf die Seite der Unternehmensführung gebracht wurden. Im Januar 2007 wurde Hartz vom Landgericht Braunschweig wegen Untreue und Begünstigung des VW-Betriebsratschefs zu einer Freiheitsstrafe von zwei Jahren auf Bewährung und einer Geldstrafe von 576 000 Euro verurteilt.

Doch davon ahnte noch niemand etwas, als die Genossen Hartz und Schröder mit großem Tamtam einen Monat vor den Bundestagswahlen 2002 im Französischen Dom in Berlin den Abschlussbericht der Kommission präsentierten. Die Arbeitsgruppe und ihr vielgelobter Vorsitzender waren im Laufe des Frühjahrs und des Sommers zum Hoffnungsträger für die rot-grüne Bundesregierung geworden. Jahre später als Spezialist für Lustreisen zur Unperson erklärt, galt Peter Hartz im August 2002 als charismatischer Macher. Bei der Präsentation des 344 Seiten starken Abschlussberichts erklärte er feierlich, dass mit den vorgelegten Rezepten die Zahl der registrierten Arbeitslosen bis zum 16. August 2005 um zwei Millionen gesenkt werden könne. Die öffentliche Reaktion auf die Präsentation fiel wie gewünscht aus. Die Begeisterung für die Hartz-Ideen führte zusammen mit der Flutkatastrophe im Osten Deutschlands und der Irak-Krise dazu, dass Sozialdemokraten und Grüne wider Erwarten nach der Bundestagswahl am 22. September 2002 an der Macht bleiben durften.

Fördern als Alibi

Schröder und seine Minister erklärten, das Konzept eins zu eins umzusetzen. Das taten sie nicht. Aber das ist nicht der Grund, warum es mit der versprochenen Halbierung der Arbeitslosenzahlen nichts wurde. »Die Hartz-Kommission setzte nicht bei den Ursachen der Massenarbeitslosigkeit, sondern auf der Erscheinungsebene an«, resümiert Politikwissenschaftler Butterwegge. Statt die ökonomischen Bedingungen in den Mittelpunkt ihrer Strategie zu stellen, »trat sie dem Problem hauptsächlich im staatlich-administrativen und Vermittlungsbereich entgegen, wodurch der Eindruck unterstrichen wurde, dass es die Betroffenen letztlich selbst verschulden, weil sie faul seien, zu wenig Eigeninitiative entfalteten und nur deshalb nicht sofort nach ihrer Kündigung eine neue Stelle fänden.«[116] Der zentrale Gedanke der Hartz-Kommission ist, Arbeitslose zu eigenen Aktivitäten zu zwingen. »Fördern« ist hier schon von der Idee her das Alibi für Fordern. So steht es auch im Abschlussbericht der Kommission: »Stellt der Grundsatz ›Fördern und Fordern‹ aus der Versicherungslogik heraus die Förderleistung in den Vordergrund und verbindet sie mit Sanktionen bei regelwidrigem Verhalten, so betont ›Eigenaktivitäten auslösen – Sicherheit einlösen‹ in erster Linie die eigene Integrationsleistung des Arbeitslosen, die durch das Dienstleistungs- und Förderangebot gestützt und abgesichert ist.«[117]

Nach der Bundestagswahl greift die rot-grüne Regierung Vorschläge der Kommission in vier Gesetzen zur Reform des Arbeitsmarktes auf. Hartz I, Hartz II, Hartz III und Hartz IV treten ab 2003 nach und nach in Kraft. Als Erstes erhöht die Regierung die Barrieren für den Bezug von Arbeitslosenhilfe. Neue Personal-Service-Agenturen sollen Brücken in den ersten Arbeitsmarkt bauen, indem sie Erwerbslose als Arbeitskräfte an Firmen verleihen, die sie später in Festanstellung übernehmen sollten – was aufgrund fehlender Stellen nicht funktioniert. Auch das Programm »Kapital für Arbeit«, bei dem Unternehmen für die Einstellung von Langzeitarbeitslosen zinsgünstige Kredite bekommen, ist kein Erfolg. Ich-AGs und Minijobs erblicken das Licht der Welt. Die Arbeitsämter werden zu »Agenturen für Arbeit«, die Arbeitslosen werden jetzt »Kunden« genannt, auch wenn sie weiterhin nicht als solche behandelt werden. Auch bekommt nicht jeder »Kunde« die gleiche Aufmerksamkeit. Die nun vermeintlich modernen Managementkonzepten folgende Behörde unterscheidet zwischen dem »Marktkunden«, dem »Beratungskunden« und dem langzeitarbeitslosen »Betreuungskunden«. Dem Ersten wird so gut es geht geholfen, dem Zweiten ein bisschen, und der Dritte wird verwahrt.

Die vagen Vorschläge der Kommission für einen Klassiker der Förderung, die Weiterbildung, setzt die Regierung nur mit großen Abweichungen und enormen Reibungsverlusten um. Viele Institute, die auf diesem Feld bislang tätig waren, können Arbeitslose jetzt nicht mehr qualifizieren. Zwischen 2002 und 2004 werden die Mittel für Weiterbildung der Bundesagentur für Arbeit halbiert. Das geht zu Lasten derer, die es besonders nötig haben. Denn die Träger fördern jetzt vor allem die, bei denen sie eine Weiterbildung für erfolgversprechend halten. Wer den Entscheidern aufgrund formaler Voraussetzungen, persönlicher Abneigung oder einfach, weil er zu renitent ist, als ungeeignet erscheint, hat Pech gehabt.

2005 tritt das »Vierte Gesetz für moderne Dienstleistungen am Arbeitsmarkt« in Kraft, allgemein als Hartz IV bekannt. Schon im Vorfeld entfacht es Wellen von Protesten. Vielerorts organisieren Gegner der Reform in Anlehnung an die großen Protestkundgebungen in der Endphase der DDR »Montagsdemonstrationen«. Die Empörung richtet sich dagegen, dass viele Arbeitslose bei anhaltender Erwerbslosigkeit sehr viel geringere staatliche Transferleistungen erhalten als vorher. Etliche bekommen nichts mehr. Früher bezogen Erwerbslose nach dem Auslaufen des Arbeitslosengeldes, das Beschäftigte und Unternehmen mit ihren Beiträgen zur Arbeitslosenversicherung finanzieren, die niedrigere Arbeitslosenhilfe, die der Staat zahlte. Die Höhe beider Leistungen orientierte sich am zuvor Verdienten. Mit der Hartz-IV-Reform ist das vorbei. Arbeitslosenhilfe und Sozialhilfe werden zusammengelegt zum Arbeitslosengeld II. Gleichzeitig wird die maximale Dauer von Bezügen aus der Arbeitslosenversicherung reduziert. Wer kein Geld von der Sozialversicherung bekommt, erhält Arbeitslosengeld II – aber nur unter bestimmten Voraussetzungen. Gerhard Schröder hat Wort gehalten: Er hat seine Drohung wahr gemacht, die Zumutbarkeitskriterien für die Annahme einer Arbeit massiv zu senken. Qualifikation und Verdienst spielen jetzt quasi keine Rolle mehr, Empfänger von Arbeitslosengeld II müssen nahezu jeden Job annehmen. Wer Vermögen hat, muss es bis auf »Schonbeträge« aufzehren, bevor er einen Cent vom Staat erhält. Die Sozialdemokraten sind nicht dazu bereit, den extrem eng gesteckten Rahmen weiter zu fassen, damit Langzeitarbeitslose wenigstens ihr Häuschen oder fest für den Lebensabend angelegtes Geld behalten können. Das holt erst viel später ansatzweise die schwarz-gelbe Regierung nach.

Vor allem die Regelsätze für die Empfänger von Hartz IV werden immer wieder von Betroffenen-Initiativen, Wohlfahrtsverbänden und Sozialpolitikern harsch kritisiert. Dass das gewährte Geld bei vielen nicht ausreicht, ist ein großes Problem. Die Sätze aufzustocken löst es aber nicht allein. Hinter den Hartz-Reformen steckt eine neue Haltung gegenüber dem Phänomen Massenarbeitslosigkeit. Die Regierenden erklären die Opfer von Wirtschaftswandel und verfehlter Arbeitsmarktpolitik für die eigene Misere selbst verantwortlich, sie machen sie zu Schuldigen. Diejenigen, die Geld vom Staat bekommen, sollen sich schlecht fühlen und so die Bereitschaft entwickeln, sich unter allen Umständen aus dieser schlimmen Lage zu befreien. Und für diejenigen, für die der Staat nicht zahlen muss, für die interessiert er sich auch nicht. Denen hilft er auch nicht mit anderen Leistungen. Langzeitarbeitslose, die wegen eigenen bescheidenen Vermögens oder verdienenden Partners kein Arbeitslosengeld II beziehen, müssen sich zum Beispiel selbst krankenversichern. Früher war der Staat über seine Sozialversicherungssysteme selbstverständlich Anlaufpunkt für Erwerbslose, und ebenso selbstverständlich hat er für ihr Existenzminimum gesorgt. Jetzt ist Arbeitslosigkeit ein Problem, das zuerst individuell gelöst werden muss. Erst wenn gar nichts mehr geht, erst wenn Langzeitarbeitslosen das Wasser bis zum Hals steht, wirft der Staat den Rettungsring. Nur wenn die Betroffenen Wohlverhalten zeigen, sich Beine machen lassen und Vater Staat brav gehorchen, sichern sie sich staatliche Leistungen. Statt gehorchen sagt der Staat allerdings »fordern«, und Beine machen heißt offiziell »fördern«. Das ist die Konsequenz einer über Jahrzehnte von Politikern betriebenen Entsorgung des Problems Arbeitslosigkeit.

Von der Vollbeschäftigung zur Massenarbeitslosigkeit

Es ist noch gar nicht so lange her, dass in Deutschland Vollbeschäftigung herrschte. Im Osten, der damaligen DDR, sorgte bis zu deren Untergang die staatliche Arbeitsmarktpolitik für genügend – wenn auch nicht immer effektive – Stellen. Arbeit war dort in erster Linie eine Pflicht, kein Recht, auch wenn die offizielle Propaganda das Gegenteil behauptete. Entzogen sich Bürger dort dem Arbeitsmarkt ohne sehr guten Grund wie der Pflege eines Kindes, mussten sie bis zuletzt mit Repressalien rechnen. Im Westen, in der Wirtschaftswunderzeit der Bundesrepublik, war die Nachkriegsarbeitslosigkeit schnell beseitigt. Rasch gab es einen größeren Bedarf an Personal, als verfügbar war. Die Lücken wurden zunächst mit Flüchtlingen aus den ehemaligen deutschen Ostgebieten und bis zum Mauerbau 1961 mit Arbeitskräften aus der DDR gedeckt, ab Mitte der fünfziger Jahre zunehmend mit Beschäftigten aus Süd-, später vor allem Südosteuropa. Abgesehen von der kurzen Konjunkturkrise 1966/67 war Vollbeschäftigung für die ersten Nachkriegsjahrzehnte für die Bürger selbstverständlich. Nach dem Ölschock von 1973 und dem folgenden Konjunkturtief änderte sich das. Auch in der wirtschaftlichen Erholung blieben nun viele ohne Job. Die »Sockelarbeitslosigkeit« entstand in einer Gesellschaft, in der bis dahin Arbeitslosigkeit als beseitigte Katastrophe gegolten hatte.

Hohe Erwerbslosenzahlen sind in Deutschland untrennbar mit der Angst vor Massenverelendung und politischer Instabilität verbunden. »Folglich wird die Arbeitslosigkeit Mitte der 70er bis Mitte der 80er Jahre zu *dem* innenpolitischen Thema. Massenarbeitslosigkeit erscheint als gefährlicher *Fremdkörper* in einer Gesellschaft, die sich immer noch als Vollbeschäftigungsgesellschaft begreift, was darin zum Ausdruck kommt, dass alle Parteien und gesellschaftlichen Gruppen als Ziel ihrer wirtschaftspolitischen Bemühungen die Wiederherstellung der Vollbeschäftigung angeben«, kommentiert der Duisburger Sozialwissenschaftler Hans Uske.[118] Die SPD verliert nach dem Scheitern der sozial-liberalen Koalition die Wahlen von 1983 auch deshalb so deutlich, weil die Wähler ihr nicht zutrauen, die Massenarbeitslosigkeit in den Griff zu bekommen. Die schwarz-gelbe Regierung Kohl verspricht den Aufschwung und stellt das Entstehen vieler neuer Arbeitsplätze in Aussicht. »Am Anfang werden Aufschwung und Abbau der Arbeitslosigkeit noch als gleichzeitig stattfindende Prozesse dargestellt. Später wird behauptet, erst müsse der Aufschwung erreicht sein, dann könne man mit dem Abbau der Arbeitslosigkeit beginnen. Diese Dehnung des Aufschwungs wird immer länger. Schließlich behaupten die Politiker der konservativ-liberalen Koalition in der 2. Hälfte der 80er Jahre, dass ein Teil der Arbeitslosen gar nicht mehr vom Aufschwung beseitigt werden könne, weil diese Arbeitslosen nur scheinbar arbeitslos seien oder weil die Wirtschaft sie trotz Aufschwung nicht brauchen könne«, beschreibt Uske die Lage in den Achtzigern, die erstaunliche Parallelen zur Gegenwart aufweist.[119] Das gilt übrigens auch für die Ankündigung der Regierung Kohl, die »soziale Marktwirtschaft zu erneuern«. Genau das hat die 2009 gewählte schwarzgelbe Koalition auch angekündigt.

Helmut Kohl hat die Massenarbeitslosigkeit nicht beseitigt, ebenso wenig wie die regierenden Politiker in den meisten anderen westlichen Industriestaaten. Kohl hatte in seiner Amtszeit gleich zweimal die Möglichkeit, dem öffentlichen Druck aufgrund der anhaltend hohen Arbeitslosenquote durch den Verweis auf eine »Erblast« standzuhalten: 1982 auf die Folgen der sozial-liberalen Koalition Helmut Schmidts, nach 1990 auf die Auswirkungen der SED-Herrschaft.

Die berühmte Hängematte

In dem Maße, in dem Massenarbeitslosigkeit in der Bundesrepublik zu einem normalen, alltäglichen Phänomen wird, ändert sich das öffentliche Bild der Arbeitslosen. Aus den bedauernswerten Menschen, die ihre Stelle verloren haben, werden Drückeberger oder Angehörige von Problemgruppen, die wegen ihrer geringen Qualifikation oder anderweitiger Verpflichtungen wie der Erziehung von Kindern im Prinzip selbst an ihrem Schicksal schuld sind. Vorangetrieben wurde diese Uminterpretation auch und gerade von jenen, die sich wie Norbert Blüm heute als soziales Gewissen der CDU betrachten. Der Arbeitsminister der konservativ-liberalen Koalition in den achtziger und neunziger Jahren beschwor das Bild derjenigen herauf, die sich auf Kosten der anderen ein schönes Leben machen: »Wer unter dem Schutzdach der deutschen Sozialversicherung unter den Palmen von Bali in der Hängematte liegt, der betreibt Ausbeutung.«[120]

Die Blümschen Arbeitslosen unter den Palmen Balis waren Vorläufer von »Florida-Rolf«, der zu Zeiten der Regierung Schröder durch die Medien gereicht wurde. Der von der *Bild*-Zeitung mit diesem Spottnamen bedachte Mann geriet im August 2003 in die Schlagzeilen, weil seine Wohnung in Miami Beach von einem deutschen Sozialamt finanziert wurde. Der 65-Jährige war aufgrund einer Erkrankung erwerbsunfähig, außerdem hatten ihm Ärzte bescheinigt, bei einer Rückkehr nach Deutschland suizidgefährdet zu sein. Das Schicksal des Sozialhilfeempfängers war nicht Thema der von dem Boulevardblatt angeführten Kampagne, sondern dessen angebliches Schnorrer-Dasein: Da sitzt einer auf Kosten des deutschen Steuerzahlers in Florida und macht sich einen schönen Lenz, so der Tenor. Die unappetitliche Kampagne fiel in die Zeit der Agenda 2010. Sie flankierte die Pläne von Rot-Grün zur Reform des Sozialwesens. Denn mit »Florida-Rolf« gerieten alle Empfänger staatlicher Sozialleistungen unter Generalverdacht. Die rot-grüne Regierung reagierte umgehend und verschärfte die Regelungen für die Gewährung von Sozialhilfe außerhalb des Landes drastisch. Dabei lebten zu diesem Zeitpunkt nicht einmal tausend Deutsche im Ausland von Sozialhilfe aus der Bundesrepublik.

Auch Gerhard Schröder hetzte im Vorfeld der Hartz-Reformen massiv gegen Arbeitslose. »Wer arbeiten kann, aber nicht will, der kann nicht mit Solidarität rechnen«, sagte er Anfang April 2001 der *Bild*-Zeitung. »Es gibt kein Recht auf Faulheit in unserer Gesellschaft.«[121] Er erntete damit einen Sturm der Entrüstung, aber in den eigenen Reihen auch große Zustimmung. Der damalige SPD-Generalsekretär Franz Müntefering nutzte die Gelegenheit, erstmals die Floskel vom »Fördern und Fordern« öffentlichkeitswirksam anzubringen. Sie stammte ursprünglich aus dem Reform-Kanon der britischen

Labour-Partei, die unter Premierminister Tony Blair den strikten Anti-Sozialstaats-Kurs der Konservativen Margaret Thatcher weiterverfolgte. 1999 hatten Blair und Schröder ein gemeinsames Papier zur Zukunft der Sozialdemokratie herausgegeben. Auch hier findet sich die Formel vom »Fördern und Fordern«. Als Fortsetzung von Schröders Angriffen forderte sein parteiloser Wirtschaftsminister Werner Müller frank und frei, Kürzungen dürften nicht nur angekündigt, sondern müssten auch durchgesetzt werden.[122] Das ist mit den Hartz-Gesetzen geschehen.

Viele Details der Reform mussten seit der Verabschiedung verändert werden. Kaum ein Element der Arbeitsmarktreform bedurfte nicht der Nachjustierung, entweder weil es sich als nicht zweckmäßig herausstellte – oder von Gerichten kassiert wurde. Von den Hartz-IV-Arbeitsgemeinschaften der Bundesagentur für Arbeit und der kommunalen Sozialämter, die das Bundesverfassungsgericht im Dezember 2007 in der bestehenden Form für unzulässig erklärte, bis zur Berechnung der ALG-II-Regelsätze, die die Karlsruher Richter im Februar 2010 als verfassungswidrig einstuften: stets von neuem müssen sich Deutschlands oberste Richter als Reparaturdienst betätigen. Aber auch wenn es immer wieder Änderungen an Einzelheiten geben wird, in ihren großen Zügen wird die Reform in absehbarer Zeit nicht zurückgenommen werden.

Arbeiten zu Dumpinglöhnen

Etwa 6,8 Millionen Menschen in der Bundesrepublik sind auf staatliche Transferleistungen in Form von Hartz IV angewiesen.[123] Sie leben in mehr als 3,6 Millionen sogenannten Bedarfsgemeinschaften, zu denen rund 1,8 Millionen Kinder und Jugendliche gehören. Unter den Hartz-IV-Empfängern befinden sich auch Hunderttausende »Aufstocker«: sozialversicherungspflichtig Beschäftigte, deren Einkommen allein nicht zum Leben reicht. Bevor Bedürftige einen einzigen Cent bekommen, müssen sie sich der Bürokratie mit Haut und Haaren ausliefern. Sie müssen nachweisen, dass sie zu wenig Geld haben, um ihren alltäglichen Bedarf zu decken. Können sie das, bekommen sie den Regelsatz und festgelegte Beträge für Miete und Heizen. Der für die Lebenshaltungskosten vorgesehene Regelsatz wird jedes Jahr zum 1. Juli entsprechend der Rentenerhöhung angepasst – eine Nullrunde für die Rentner bedeutet also auch eine Nullrunde für die Hartz-IV-Empfänger.

Die Hartz-Kommission hatte keine Angaben zur Höhe des Arbeitslosengeldes II gemacht. Die Politik allein hat entschieden, dass die alte Arbeitslosenhilfe auf das Niveau der Sozialhilfe abgesenkt wird – so wie Schröder es in seiner Regierungserklärung im März 2003 angekündigt hatte. Wer Hartz IV bezieht, gilt in den eigenen und den Augen der Gesellschaft als arm. Aus gutem Grund: 2010 lagen die Regelsätze für alleinstehende Erwachsene bei 359 Euro, Personen in einer Ehe oder Partnerschaft bekommen 323 Euro, Jugendliche und junge Erwachsene zwischen 14 und 24 Jahren 287 Euro, Kinder zwischen 6 und 13 Jahren 251 Euro und jüngere Kinder 215 Euro. Ist der Nachwuchs über 25 Jahre alt und lebt im Haushalt der Eltern, bekommt er den Regelsatz für Alleinstehende in Höhe von 359 Euro. Wollen Söhne oder Töchter unter 25 Jahren aus der Wohnung der Eltern ausziehen, brauchen sie eine Genehmigung der Behörde, wenn sie den Regelsatz für Erwachsene beziehen wollen. Ohne die Erlaubnis von Vater Staat bekommen sie auch in der eigenen Wohnung nur 287 Euro.

Wollen Hartz-IV-Empfänger ihren Regelleistungsanspruch nicht teilweise oder ganz gefährden, müssen sie angebotene Jobs auch dann annehmen, wenn die nicht ihrer Qualifikation entsprechen und wenn die Bezahlung weder dem Tarif entsprechend noch ortsüblich ist. Nur Sittenwidrigkeit ist ein akzeptierter Ablehnungsgrund. »Die teils ausgesprochen drastischen Leistungskürzungen sowie erneut verschärfte Zumutbarkeitsklauseln zwingen Langzeitarbeitslose, ihre Arbeitskraft zu Dumpingpreisen zu verkaufen«, kritisiert der Kölner Professor Butterwegge. Als Förderinstrument gedacht waren die sogenannten Ein-Euro-Jobs für Tätigkeiten im öffentlichen Interesse. Hier bekommen Hartz-IV-Empfänger für ihre Arbeit einen oder zwei Euro pro Stunde zusätzlich zu ihrem Regelsatz. Die Idee ist, Erwerbslose auf diese Weise an regelmäßige Arbeit heranzuführen, so dass sie zum Beispiel die Fähigkeit (wieder) erwerben, pünktlich zu sein. Es gibt sicher Arbeitslose, die es begrüßen, auf diese Weise überhaupt einer Tätigkeit nachgehen zu können. Doch »Ein-Euro-Jobber« werden längst nicht mehr zusätzlich eingesetzt, sondern ersetzen Arbeitskräfte. Ihr Einsatz löst einen schärferen Verdrängungswettbewerb aus, der zu sinkenden Einkommen in Niedriglohnbereichen führt. Eine fatale Entwicklung. Wer in der Bundesrepublik mit einem Vollzeitjob sein Brot verdienen will, »sieht sich einem Arbeitsmarkt ausgesetzt, in dessen unterer Etage es mitunter zugeht wie im Frühkapitalismus, Gewerkschaften kaum etwas zu sagen haben und es nicht einmal allgemeine Mindestlöhne gibt«, konstatiert *Spiegel*-Wirtschaftsredakteur Michael Sauga.[124] »Er muss erleben, wie immer mehr Arbeitsplätze in Minijobs aufgeteilt werden, die der Staat auf vielfältige Weise begünstigt.« Immer mehr Branchen stellten nur noch Teilzeitstellen bereit, die in aller Regel keinen auskömmlichen Verdienst bieten, so Sauga. »Den Beschäftigten bleibt dann nur der Weg zur Arbeitsagentur, wo sie als sogenannte Aufstocker das Heer der Hartz-IV-Empfänger verstärken. So produziert der Staat jene Unterschicht, deren Anwachsen er anschließend beklagt.« Ein Absenken der Hartz-IV-Leistungen würde mitnichten zu einer geringeren Zahl von Empfängern führen. Kürzungen würden nur weiteren Druck auf den Niedriglohnsektor ausüben.

Verfassungswidrige Rechentricks

Fintenreich rechnete der Gesetzgeber die Kosten und den Bedarf der Leistungsempfänger klein. Zuerst stand der Satz fest, der ihnen zugestanden werden sollte. Er sollte sich in etwa auf der Höhe der bisherigen Sozialhilfe bewegen. Dann suchte man sich zur Legitimation die passende Bemessungsmethode, um auf den entsprechenden Betrag zu kommen. Herausgekommen ist eine komplizierte und trickreiche Rechnung: Grundlage für die Bemessung der Regelsätze des Arbeitslosengeldes II (ALG II) ist eine Sonderauswertung der Einkommens- und Verbrauchsstichprobe, die vom Statistischen Bundesamt alle fünf Jahre erhoben wird. Für die Bestimmung des Regelsatzes sind die Ausgaben der untersten zwanzig Prozent der nach ihrem Nettoeinkommen geschichteten Einpersonenhaushalte nach Herausnahme der Empfänger von Sozialhilfe maßgeblich. Diese – rein statistischen – Ausgaben des untersten Quintils gehen allerdings nicht vollständig, sondern nur zu bestimmten Prozentanteilen in die Bemessung des Regelsatzes ein: Herausgerechnet wird alles, was nicht zum »regelsatzrelevanten Verbrauch« zählt. Da die Beschaffung von Gebrauchtwaren für zumutbar erachtet wird, werden beispielsweise die Kosten für Rundfunk- und Fernsehgeräte nur zur Hälfte einberechnet. Nicht berücksichtigt wird der Bedarf für Kraftfahrzeuge, auch Motorräder, sowie deren Reparatur. Und noch vieles andere mehr. Auf diese Weise kam man auf eine Regelleistung für alleinstehende Hartz-IV-Empfänger in Höhe von 345 Euro, die später auf 359 Euro erhöht wurde. Verheiratete und Partner in einer eheähnlichen Gemeinschaft mussten sich zunächst mit jeweils rund 311 Euro begnügen.

Um das Existenzminimum von Kindern und Heranwachsenden zu berechnen, nahm der Staat einfach die Erwachsenenpauschale und zog willkürlich einen Kindermalus von bis zu 40 Prozent ab. Die groteske Folge war, dass die Stütze für einen Fünfjährigen rechnerisch zwar 3,80 Euro für Zigaretten und gut fünf Euro für Alkohol enthielt – aber keinen einzigen Cent für Bildung. Ebenfalls nicht zum »regelsatzrelevanten Verbrauch« gehörte nach Ansicht der Bundesregierung die Mittagsverpflegung in Ganztagsschulen oder der außerschulische Unterricht in Sport und musischen Fächern.

Anfang Februar 2010 erklärte der Erste Senat des Bundesverfassungsgerichts die Berechnung der Hartz-IV-Sätze für verfassungswidrig. Die obersten deutschen Richter entschieden, dass die diesbezüglichen Regelungen im Sozialgesetzbuch Zweites Buch (SGB II) »mit Artikel 1 Absatz 1 Grundgesetz in Verbindung mit dem Sozialstaatsprinzip des Artikels 20 Absatz 1 Grundgesetz unvereinbar« sind.[125] Denn sie entsprächen nicht dem verfassungsrechtlichen Anspruch auf Gewährleistung eines menschenwürdigen Existenzminimums. Das Grundgesetz verpflichte dazu, jedem Hilfebedürftigen diejenigen materiellen Voraussetzungen zuzugestehen, »die für seine physische Existenz und für ein Mindestmaß an Teilhabe am gesellschaftlichen, kulturellen und politischen Leben unerlässlich sind«. Bis Ende 2010 gaben die Richter dem Gesetzgeber Zeit, für eine verfassungskonforme Neuregelung zu sorgen.

Vom statistisch ermittelten Bedarf seien zu viele schlecht oder gar nicht begründete Abzüge gemacht worden, erläuterten die Verfassungsrichter ihre Entscheidung. So seien ursprüngliche Abschläge für Luxusausgaben wie Pelze, Maßkleidung, Kunstgegenstände, Sportboote, Segelflugzeuge oder Steuerberaterkosten vorgenommen worden, »ohne dass feststand, ob das unterste Quintil der Einpersonenhaushalte überhaupt solche Ausgaben getätigt hat«. Denn der Auswertung der Einkommens- und Verbrauchsstichprobe hätte das gar nicht entnommen werden können, »da derartige Ausgaben nicht gesondert erfasst wurden«. Damit habe die Regierung »einen Anteil angeblich nicht der Sicherung des Existenzminimums dienender Ausgaben ohne hinreichende Tatsachengrundlage ›ins Blaue hinein‹ geschätzt und abgezogen, so dass von einer schlüssigen Ermittlung des regelleistungsrelevanten Verbrauchs insoweit keine Rede sein kann«. Pauschale Kürzungen für Strom und Privatfahrzeuge seien ebenfalls mangels empirischer Angaben »nicht tragfähig begründet« worden. Nachbesserungen des Bundes im Jahr 2007 seien unzureichend geblieben: So lasse der Abschlag bei den Ausgaben für ein Kraftfahrzeug »weiterhin außer Acht, dass dadurch Mehrkosten für die Nutzung des öffentlichen Personenverkehrs entstehen, die in der Verbrauchsstichprobe nicht enthalten und damit nicht berücksichtigt sind«. Und schließlich sei nicht ersichtlich, warum die Ausgaben des untersten Bevölkerungsfünftels im Bereich Bildungswesen bei der Ermittlung des regelleistungsrelevanten Verbrauchs für ALG-II-Empfänger »vollständig unberücksichtigt blieben«.

Eine besonders heftige Ohrfeige setzte es für die Bemessung der Regelleistung für Kinder. Sie basiere »auf keiner vertretbaren Methode zur Bestimmung des Existenzminimums eines Kindes«, befanden die Karlsruher Richter. Die Vorschrift, dass das Sozialgeld für Kinder bis zur Vollendung des 14. Lebensjahres nur 60 Prozent der Regelleistung für einen alleinstehenden Erwachsenen beträgt, sei rein willkürlich. Der vorgenommene Abschlag beruhe »auf einer freihändigen Setzung ohne irgendeine empirische und methodische Fundierung«. Der Bundesregierung schrieb das Verfassungsgericht ins Stammbuch: »Kinder sind keine kleinen Erwachsenen.« Ihr Bedarf habe sich »an kindlichen Entwicklungsphasen auszurichten und an dem, was für die Persönlichkeitsentfaltung eines Kindes erforderlich ist«. Der Gesetzgeber habe jedoch »jegliche Ermittlungen hierzu unterlassen«. Vor allem müsse der besondere Bedarf für Schulkinder berücksichtigt werden. Denn notwendige Aufwendungen zur Erfüllung schulischer Pflichten gehörten zu ihrem existenziellen Bedarf: »Ohne Deckung dieser Kosten droht hilfebedürftigen Kindern der Ausschluss von Lebenschancen, weil sie ohne den Erwerb der notwendigen Schulmaterialien, wie Schulbücher, Schulhefte oder Taschenrechner, die Schule nicht erfolgreich besuchen können.«

Westerwelles Philippika

Wer geglaubt hat, die Karlsruher Klatsche würde zu einem Innehalten und Umdenken führen, den brachte Vizekanzler Guido Westerwelle schnell auf den Boden der Tatsachen zurück. Nur zwei Tage nach dem Verfassungsgerichtsurteil zog der FDP-Chef in einem Gastkommentar in der *Welt* blank.[126] Die Diskussion über Hartz IV trage »sozialistische Züge«, ätzte Westerwelle. Debattiert werde immer nur die Frage, wer mehr bekommen solle. Das sei »wie in einem Pawlowschen Reflex«. Die Empfänger staatlicher Transferleistungen seien »in aller Munde, doch die, die alles bezahlen, finden kaum Beachtung«, behauptete er. Zu lange hätten »wir in Deutschland die Verteilung optimiert und darüber vergessen, wo Wohlstand herkommt«. Diese »Leichtfertigkeit im Umgang mit dem Leistungsgedanken« sei jedoch »brandgefährlich«. Denn: »Wer dem Volk anstrengungslosen Wohlstand verspricht, lädt zu spätrömischer Dekadenz ein.«

Zynisch fragt Westerwelle: »Was sagt eigentlich die Kellnerin mit zwei Kindern zu Forderungen, jetzt rasch mehr für Hartz IV auszugeben?« Seine Empörung darüber, dass es Menschen gibt, »die für ihre Arbeit weniger bekommen als wenn sie Hartz IV bezögen«, ist bigott. Würde Westerwelle wirklich das Schicksal derjenigen berühren, denen ein 40-Stunden-Job nicht einmal die Sicherung der Existenz auf niedrigstem Niveau einbringt, müsste er kämpferisch den immer weiter ausufernden Niedriglohnsektor anprangern und für die Einführung menschenwürdiger Mindestlöhne streiten, statt Hartz-IV-Kürzungen zu propagieren. Die Zahlen sind alarmierend: Bei »nur« 6,7 Millionen Hartz-IV-Empfängern lebten laut einer Erhebung des Deutschen Instituts für Wirtschaftsforschung (DIW) im Jahr 2008 insgesamt 11,5 Millionen Bundesbürger in Armut. Das entspricht gut 14 Prozent der Gesamtbevölkerung – und damit rund einem Drittel mehr als vor zehn Jahren. Davon, dass andere noch weniger Geld zum Leben bekommen sollen, hat weder die von Westerwelle beschworene Kellnerin noch sonst ein Billigjobber etwas. »Es ist Zeit, der Neidgesellschaft eine neue Anerkennungskultur entgegenzusetzen«, lautet ein Lieblingssatz Guido Westerwelles. Für Hartz-IV-Empfänger gilt er nicht.

Sonst müsste er schließlich auch konsequenterweise dagegen sein, dass jene Klientel, der sich die FDP verpflichtet fühlt, andere zu Hungerlöhnen ausbeutet. Doch diese anderen wählen seine Partei ohnehin nicht. Wie könnte er das also tun? Lieber propagiert Westerwelle niedrige Steuersätze als den Schlüssel zu Wohlstand und Fortschritt. Als »Prätorianergarde beleidigter Banker, Großunternehmer und Spekulanten« (Franz Walter) bedient die FDP nun mal genau jene Bevölkerungsgruppe, die nicht gerne Steuern zahlt und der üppige Gewinne wichtig, sozialstaatliche Leistungen aber zuwider sind. Zutreffend bezeichnete der SPD-Vorsitzende Sigmar Gabriel Westerwelle als den »Dienstboten derjenigen, die sich den Staat zur Beute machen wollen«.[127] Westerwelle rufe »Neidreflexe« hervor, »um für seine Klientel daraus Vorteile zu ziehen«, erkannte auch die bayerische Sozialministerin Christine Haderthauer (CSU) ganz richtig.[128]

Guido Westerwelles Vorstellungen vom Prekariat speisen sich vor allem aus einem Kurzbesuch im »Big-Brother«-Container vor zehn Jahren. Materielle Not ist ihm kein Begriff – sie gehörte in seiner Familie nicht zu den brennenden Problemen: Die Eltern waren Rechtsanwälte mit eigener Kanzlei und Pferdezucht. Stets großzügig alimentiert von Papa, Partei und Parlament, hat er es nie nötig gehabt, seine Arbeitskraft auf dem vielgepriesenen freien Markt zum Kauf feilzubieten. Nach seinem Studium verbrachte Westerwelle die kurze Zeit, bis er sich auch offiziell als Berufspolitiker bezeichnen konnte, in der väterlichen Kanzlei.

Seit Mitte der neunziger Jahre lebt Westerwelle als Bundestagsabgeordneter von staatlichen Transferleistungen, die weit über dem Regelsatz für einen Hartz-IV-Empfänger oder dem Einkommen einer Kellnerin mit zwei Kindern liegen. Mit den für Leistungsempfänger seiner Kategorie üblichen Hinzuverdienstmöglichkeiten und Minijobs – Vorträge, Aufsichts- und Beiratsmitgliedschaften – verdiente er sich nach eigenen Angaben in der vergangenen Legislaturperiode mindestens 270 000 Euro hinzu.

»Die spätrömische Dekadenz bestand darin, dass die Reichen nach ihren Freßgelagen sich in Eselsmilch gebadet haben und der Kaiser Caligula einen Esel zum Konsul ernannt hat«, kommentierte der frühere CDU-Generalsekretär Heiner Geißler Westerwelles *Welt*-Philippika. Insofern stimme dessen Vergleich: In Deutschland sei nach der Bundestagswahl »ein Esel Bundesaußenminister geworden.«[129] Geißler irrt. Caligula hatte ein Pferd zum Konsul machen wollen.

Verachten statt mitfühlen

Die Politik erhöhte und erhöht den Druck auf Erwerbslose, ohne ihnen echte Aussichten auf eine Integration in den Arbeitsmarkt zu bieten. Sie unterstützt damit die Hetze in den Massenmedien gegen Bedürftige und erzeugt diese Stimmung gleichzeitig. »Dadurch zementierte man die Überzeugung großer Teile der Öffentlichkeit, wonach fast jede Inanspruchnahme sozialer Leistungen – ganz gleich, ob gesetzlich zulässig oder nicht – einen Akt des Missbrauchs darstellt«, empört sich Wissenschaftler Butterwegge.[130] Aber die Botschaft kommt an. Der Begriff Hartz IV hat einen schlechten Beigeschmack. Er schmeckt nach Armut, Demütigung und Repression. Auch die Assoziationen bei den Nicht-Betroffenen sind nicht schön. Sie denken an Alkoholschwaden, Nikotinwolken, schlechtes Essen und flimmernde Bildschirme. »Florida-Rolf« und die Kollegen aus der »sozialen Hängematte« wurden in der Öffentlichkeit geradezu respektvoll behandelt im Vergleich zu den Hartz-IV-Empfängern. Das gängige Bild: Leistungsbezieher sind übergewichtig, sitzen den ganzen Tag rauchend und saufend vor dem Fernseher, stopfen ungesunde Sachen in sich hinein und vererben all ihre schlechten Angewohnten an ihre Kinder, die wie ihre Ahnen und künftigen Nachfahren von Sozialtransfers leben werden.

Ausgerechnet Sozialdemokraten lassen ihrer Verachtung immer wieder freien Lauf. Der SPD-Bezirksbürgermeister aus Berlin-Neukölln, Heinz Buschkowsky, verkündete im Herbst 2009 zum Thema Betreuungsgeld für Eltern, die ihren Nachwuchs nicht in den Kindergarten schicken: »In der deutschen Unterschicht wird es versoffen und in der migrantischen Unterschicht kommt die Oma aus der Heimat zum Erziehen, wenn überhaupt.«[131] Nordrhein-Westfalens damaliger Integrationsminister Armin Laschet (CDU) wies die Beleidigungen des Genossen via *Westdeutscher Allgemeiner Zeitung* scharf zurück. »Es trägt nicht zur Problemlösung bei, wenn man Hartz-IV-Empfänger pauschal als Säufer beschimpft. Das stimmt schlicht nicht«, sagte er.[132] Gegen diese Äußerung zog

Buschkowsky vor Gericht. Weil er sich in seinen Persönlichkeitsrechten verletzt und in seinen Äußerungen falsch wiedergegeben fühlte, forderte er eine Unterlassungserklärung. Die Richter des Kammergerichts Berlin gaben ihm recht. Die Begründung: Buschkowsky hatte von Unterschicht gesprochen, der Minister von Hartz-IV-Empfängern. Die von Laschet vorgenommene Vermengung sei für den Leser nicht ersichtlich, urteilten die Richter. Er werde sich natürlich an den Beschluss des Kammergerichts halten, erklärte Laschet dem Berliner *Tagesspiegel*. An seiner grundsätzlichen Kritik hält er aber fest: »Mir geht dieses pauschale Beschimpfen von Menschen auf die Nerven.« Nicht jeder in der Unterschicht saufe, und auch in der Mittelschicht würden Kinder vernachlässigt. »Ich weiß nicht, warum Sozialdemokraten bei diesen Themen immer so ausfallend werden müssen«, sagte der Christdemokrat.[133]

Tatsächlich ist Buschkowsky kein Einzelfall. Ende 2006 sorgte der rheinland-pfälzische Ministerpräsident und damalige SPD-Vorsitzende Kurt Beck für Schlagzeilen, als er bei einem Besuch des Wiesbadener Sternschnuppenmarktes dem Erwerbslosen Henrico Frank zurief: »Wenn Sie sich waschen und rasieren, dann haben Sie in drei Wochen einen Job.«[134] Frank hatte seinen Unmut erzeugt, weil er lautstark gegen Hartz IV protestiert hatte. Mit Henrico Frank begann ein zynisches Spiel. Rasch avancierte er zum bekanntesten Arbeitslosen der Republik. Reporter durchleuchteten seine Lebensgeschichte, ermittelten seinen Alkoholkonsum und schleppten ihn zu Friseur, damit er sich unter den Augen der Presse die Haare schneiden ließ. Die Sozialdemokraten machten sich das skrupellos zunutze. Der Parteivorsitzende habe einem Arbeitslosen einen freundschaftlichen Rat erteilt, kommentierte der SPD-Arbeitsmarktexperte Klaus Brandner zynisch das Geschehen. »Die SPD-Strategen im Willy-Brandt-Haus können ihr Glück kaum fassen. Seit seinem Gefühlsausbruch auf dem Wiesbadener Weihnachtsmarkt wird ihr Chef von einer Welle der Zustimmung getragen«, schrieb der *Spiegel*.[135]

Immerhin: Für Henrico Frank hatte die Geschichte ein Happy-End.

Im Februar 2007 bekam er einen Job bei einem kleinen Frankfurter Musiksender. Dort arbeitet er bis heute. »An mein Leben mit Hartz IV kann und will ich mich kaum noch erinnern«, schrieb Frank im März 2010 in einem Gastbeitrag für die *Financial Times Deutschland*.[136] »Mit Hartz IV bist du nichts wert, mit Job weißt du, was du machst.«

Zu wenig Jobs

Die Parole vom Fördern und Fordern ist etwas für Sonntagsreden. Die hauptamtlichen Hartz-IV-Vollstrecker gestehen ihre Ohnmacht unumwunden ein. Frank-Jürgen Weise, Chef der Bundesagentur für Arbeit, sprach bei einem Besuch in der Bundestagsfraktion der Linkspartei im Mai 2006 offen von »klaren Fehlentwicklungen« bei der Weiterbildung der Arbeitslosen. Am Ende räumte er sogar ein: »Unser Hauptproblem ist, dass wir nichts im Angebot haben.« Denn es gebe einfach nicht genug Arbeitsplätze. »Wir können nur mit äußerster Mühe den Mangel verwalten.«[137]

Um die Qualität der Arbeit in den Arbeitsagenturen ist es nicht gut bestellt. Die Vermittler beraten schlecht und sind häufig nicht qualifiziert. Nachdem sie die Regierung verlassen haben, kritisieren auch die Grünen die ausbleibende Förderung. An den Grundzügen der Reform halten sie aber fest. Hartz IV sei richtig, werde aber falsch umgesetzt, so der Grünen-Politiker Fritz Kuhn. Das »zentrale Versprechen wird überhaupt nicht eingelöst«, denn es werde nicht gefördert. Kuhn macht das fest am Zahlenverhältnis von Vermittlern und »Kunden«: Der Betreuungsschlüssel für unter 25-Jährige liegt nicht wie vorgesehen bei 1:75, sondern bei 1:169. Das heißt: Ein Betreuer ist für 169 Klienten zuständig. Bei einer wöchentlichen Arbeitszeit von 40 Stunden bleibt im Monat – ohne Krankzeiten und Urlaub – für jeden einzelnen nicht einmal eine Stunde Zeit. In weniger als einer Stunde im Monat müssen die Mitarbeiter nicht nur die umfangreichen bürokratischen Aufgaben erledigen, sondern sollen ihre Kunden auch noch »fördern«.[138] Das könnten sie nicht einmal, wenn sie wirklich dafür qualifiziert wären.

Für den SPD-Politiker Stephan Hilsberg ist die Hartz-Reform schlicht eine »Lebenslüge«. Man habe den Menschen »vorgegaukelt, dass mit Fördern und Fordern jeder den ersten Arbeitsmarkt erreichen kann«.[139] Doch seine Parteifreunde halten an ihrer Parole fest. »Wir machen ernst mit ›Fördern und Fordern‹. Wir schaffen neue Chancen und holen Arbeitssuchende wieder ins Erwerbsleben. Wir Sozialdemokraten schreiben niemanden ab«, erklärte der damalige SPD-Generalsekretär Hubertus Heil im Juni 2007.[140] Betroffene reagieren auf solche Sprüche mit Spott. »Hartz IV – Fördern durch Kürzen« betitelt das Rhein-Main-Bündnis gegen Sozialabbau und Billiglöhne eine Broschüre.

Die Hartz-Reformen schlagen unterschiedlich zu. Zum Teil bekommen alleinstehende Erwerbslose sogar ein bisschen mehr Geld als zu Zeiten der alten Sozialhilfe. Schlechter dagegen geht es heute bedürftigen Familien mit Kindern, deren Mehrbedarf in den pauschalen Regelsätzen nicht berücksichtigt wird. Mit Hartz IV sind wiederkehrende Einzelleistungen weggefallen, die Bedürftige früher bei den Sozialämtern beantragen und meistens auch bewilligt bekommen haben, etwa für die Anschaffung von Schulbüchern oder zur Reparatur der Waschmaschine. Die Zusammenlegung von Arbeitslosen- und Sozialhilfe trifft vor allem ältere Erwerbslose hart, die keinen Arbeitsplatz mehr finden und die früher mit der Arbeitslosenhilfe bis zur Rente kommen konnten. Immer wieder forderten Politiker, auch aus den Reihen der Union, Nachbesserungen für sie.

Ob die Hartz-Reformen einen Einfluss auf den Rückgang der Arbeitslosenzahlen in den Jahren nach 2005 hatten oder ob dafür eher die auf Hochtouren laufende Weltwirtschaft verantwortlich war – das ist letztlich eine Glaubensfrage. Auf jeden Fall hat sich inzwischen der Trend umgedreht: Die Arbeitslosigkeit steigt wieder. Auch die gewünschten großartigen Einsparungen und die Entlastung der Sozialkassen konnten nicht erreicht werden. Doch selbst wenn das langfristig noch gelingen sollte, der Preis ist ungeheuer hoch. Nicht nur die Opfer der Hartz-Reformen müssen ihn zahlen – auch die Partei, die für sie verantwortlich zeichnet.

Gewinner und Verlierer

In seiner ersten Regierungserklärung hatte der frischgebackene Bundeskanzler Gerhard Schröder am 10. November 1998 versprochen: »Wir wollen den Begriff der Reform wieder in sein Recht setzen. Reform – das Wort war einmal klar definiert als Programm oder Projekt, das die Lebensverhältnisse der Menschen verbessert.« Er hat sein Versprechen nicht gehalten. Im Gegenteil: Unter seiner Regierung verschlechterten sich die Lebensverhältnisse vieler Menschen. In der langen Geschichte der SPD war die Diskrepanz zwischen programmatisch formulierten Ansprüchen und wirklichem Tun immer schon groß. Nichts drückt das besser aus als jene Zielprojektion des »Demokratischen Sozialismus«, die die SPD bis zu ihrem derzeit gültigen Hamburger Programm als sinnentleerte Phrase immer noch mit sich herumschleppt.

Als Club der Kümmerer bemühten sich die Genossen aber früher wenigstens um die in der »Internationalen« besungenen »Verdammten dieser Erde«. So verbesserte die sozial-liberale Koalition Ende der Sechziger- bis Anfang der achtziger Jahre die Lebensbedingungen vieler Arbeiter, ermöglichte einigen von ihnen den sozialen Aufstieg und öffnete nicht zuletzt ihren Kindern die Hochschulen. Die bundesdeutsche Klassengesellschaft wurde etwas durchlässiger. Vor allem jedoch galten die Sozialdemokraten als der Garant des Vermögens der »kleinen Leute«: der sozialen Sicherheit. Genau dieses Pfund verspielte die SPD während der Schröder-Ära. Wie Trendsetter Tony Blair, der das euphemistisch als »Dritten Weg« proklamierte, machten auch die deutschen Sozialdemokraten Zug um Zug die Sache der Marktradikalen zu ihrer eigenen, erklärten das für alternativlos und setzten es gegen die eigenen Wahlversprechen sowie alle Widerstände der eigenen Basis in Regierungspolitik um. Die rot-grüne Koalition Schröders unterstützte die Deregulierung der Finanzmärkte, senkte Steuern auf hohe Einkommen und Vermögen, flexibilisierte den Arbeitsmarkt – und sie betrieb einen aggressiven Sozialabbau, wofür die Chiffren Agenda 2010 und Hartz IV stehen. »Die Regierungssozialdemokraten stellten den unteren Schichten nicht mehr Arbeit mit Würde und Aufstiegsmöglichkeiten in Aussicht, nicht mehr das Recht auf höhere Löhne in ökonomisch prosperierenden Branchen, nicht mehr zusätzliche Wohlfahrt und weitere Beteiligungsrechte«, stellt der Göttinger Politikwissenschaftler Franz Walter fest, selbst Sozialdemokrat.[141] Stattdessen verordneten sie »den Zwang zu Erwerbstätigkeiten bei Löhnen, die für den Unterhalt der Familien häufig nicht ausreichten, oft demütigende Subalternität befestigten, Selbstbewusstsein und Berufsstolz – geradezu die Charakteristika der alten sozialdemokratischen Facharbeiterbewegung – regelrecht brachen. Und mit Hartz IV, mit der Zusammenführung von Sozialhilfe und Arbeitslosenhilfe auf dem Niveau der Ersteren, hat die sozialdemokratisch geführte Bundesregierung die massivste Leistungsreduktion in der bundesdeutschen Sozialgeschichte vollzogen.« Walters Resümee: »Als Schröder das Kanzleramt verließ, war die Arbeitnehmerschaft hierzulande materiell und rechtlich deutlich schlechter gestellt als im Jahr seines Einzugs in die Regierungszentrale.« Die Regierungspolitik Schröders führte zu heftigen, bis heute anhaltenden Verwerfungen innerhalb der eigenen, von Abstiegsängsten ergriffenen sozialdemokratischen Kernwählerschaft.

Zu den Gewinnern der Hartz-Gesetze gehört denn auch die ärgste Konkurrenz der SPD, die Ostpartei PDS. Ohne die Reformen wäre ihr nicht die Transformation zur Partei »Die Linke« gelungen, durch die sie eine Perspektive im Westen bekommen hat. Viele Mitglieder haben der SPD den Rücken gekehrt und engagieren sich nun dort ebenso wie der ehemalige SPD-Vorsitzende Oskar Lafontaine. Herber als die Verluste an politischem Personal sind für die SPD die an den Urnen. Seit dem rot-grünen Wahlerfolg von 1998 hat die SPD über zehn Millionen Stimmen eingebüßt. Ihre Wählerschaft hat sich mehr als halbiert. Bei der Bundestagswahl 2009 reichte es gerade noch zu einem Stimmenanteil von 23 Prozent. Noch nie schnitt die Partei in der Bundesrepublik schlechter ab.

Kapitel 5

DIE STEUERLÜGEN

Und warum die Mittelschicht immer kleiner wird

Das Vorhaben der CDU-Kanzlerkandidatin Angela Merkel, die Mehrwertsteuer um zwei Prozentpunkte anzuheben, erzürnte die Genossen. Von der Spitze bis zu den Fußtruppen ereiferten sich die Sozialdemokraten im Wahlkampf 2005 heftig gegen die »Merkelsteuer«. Nach der Wahl die Kehrtwende: Gemeinsam mit der Union erhöhte die SPD die Mehrwertsteuer – und zwar gleich um drei Prozentpunkte. Die Empörung über die Sozialdemokraten konnte deren damaliger Anführer Franz Müntefering nicht nachvollziehen. Die Regierung zu messen »an dem, was im Wahlkampf gesagt worden ist, ist unfair«, entgegnete er Kritikern kühl – und wollte das keineswegs als Scherz verstanden wissen.[142] Am 1. Januar 2007 stieg die Mehrwertsteuer auf 19 Prozent, der ermäßigte Mehrwertsteuersatz blieb bei sieben Prozent.

Die Anhebung dieser Abgabe hat für die Regierung einen enormen Vorteil: Sie spült schnell viel Geld in die Kassen. Für die Bürger hat sie den Nachteil, dass alles, worauf der volle Mehrwertsteuersatz fällig ist, teurer wird – und das sind die allermeisten Waren und Dienstleistungen. Durch die Erhöhung um drei Prozentpunkte nimmt der Staat Verbrauchern jährlich 23 Milliarden Euro mehr ab.

Gerade weil die Erhöhung der Mehrwertsteuer jeden trifft, ist sie seit ihrer Einführung ein beliebtes Thema in Wahlkämpfen. Politiker greifen die Konkurrenz gerne an, weil diese die Abgabe tatsächlich oder vermeintlich erhöhen will – und tun genau das später selbst. Schon die Einführung der Mehrwertsteuer beginnt mit einer Halbwahrheit. Im Wahlkampf 1965 kündigen die Parteien eine Abgabe an, die die Umsatzsteuer ersetzen soll – kostenneutral. Die

Mehrwertsteuer wird mit einem Satz von zehn Prozent eingeführt. Für bestimmte Waren und einige Dienstleistungen ist weniger fällig. Diese Zweiteilung gibt es bis heute: Die lange, gesetzlich festgeschriebene »Liste der dem ermäßigten Steuersatz unterliegenden Gegenstände« reicht von 1 a) »Pferde, einschließlich reinrassiger Zuchttiere, ausgenommen Wildpferde«, bis 54 cc) »Münzen und Medaillen aus Edelmetallen, wenn die Bemessungsgrundlage für die Umsätze dieser Gegenstände mehr als 250 Prozent des unter Zugrundelegung des Feingewichts berechneten Metallwerts ohne Umsatzsteuer beträgt«.[143] Schon kurz nach der Einführung schraubt die Regierung den regulären Mehrwertsteuersatz auf elf Prozent hoch. Davon war vor der Wahl keine Rede gewesen.

Ähnlich geht die sozial-liberale Koalition Mitte der siebziger Jahre vor. Sie kündigt vor den Wahlen 1976 eine Anhebung auf zwölf Prozent an. Diese wird zum 1. Januar 1978 wirksam. Dabei bleibt es nicht. Bereits zum 1. Juli 1979 folgt die zweite, vor der Wahl nicht angekündigte Erhöhung auf 13 Prozent. Sozialdemokraten und Freidemokraten wollen die Mehrwertsteuer später auf 14 Prozent erhöhen, doch die oppositionelle Union leistet dagegen erbittert Widerstand – um nach dem Regierungswechsel 1982 den Satz selbst auf 14 Prozent zu setzen. Nach der deutsch-deutschen Vereinigung, die Bundeskanzler Helmut Kohl ursprünglich ohne Steuererhöhungen realisieren wollte, steigen die Sätze 1993 auf 15 Prozent und zum 1. April 1998 auf 16 Prozent. Fast neun Jahre bleibt der Satz konstant. Bis die SPD ihr vor der Bundestagswahl 2005 gegebenes Versprechen bricht und gemeinsam mit der Union zum 1. Januar 2007 die Mehrwertsteuer auf 19 Prozent erhöht. Im Jahr 2007 zahlten Privatverbraucher und Unternehmen Mehrwertsteuer in Höhe von 127,5 Milliarden Euro an den Staat.

Im Vergleich zu den Abgaben bei den europäischen Nachbarn liegt Deutschland indes nur im Mittelfeld. Eine ganze Reihe von Ländern hat einen höheren Mehrwertsteuersatz: Frankreich 19,6 Prozent, Österreich und Italien je 20 Prozent, Belgien und Irland 21 Prozent, Polen und Finnland 22 Prozent, Dänemark und Schweden sogar

25 Prozent. Weniger als die Bundesrepublik nehmen Zypern und Luxemburg mit 15 Prozent, Spanien mit 16 Prozent, Großbritannien mit 17,5 Prozent sowie Malta und die baltischen Staaten mit 18 Prozent.

Lüge mit Ansage

Nur wenige Politiker sind wie Angela Merkel im Jahr 2005 so mutig und kündigen vor einer Wahl für den Fall ihres Sieges eine Steuererhöhung an. Üblich ist das Gegenteil. Unvergessen ist Helmut Kohls Versprechen vor der Bundestagswahl 1990: »Wenn ich jetzt dem Bürger vor dieser Wahl sage, wir machen keine Steuererhöhung im Zusammenhang mit der deutschen Einheit, dann machen wir keine.«[144] Der Christdemokrat gewinnt die Wahl gegen den SPD-Herausforderer Oskar Lafontaine, der im Gegensatz zu ihm vor den hohen Kosten der Vereinigung warnt. Im Januar 1991 räumt Kohl ein, dass 46 Milliarden Mark fehlen. Der CDU-Kanzler erhöht daraufhin die Steuern auf Benzin, Tabak und Versicherungen, hebt die Lohn- und Einkommenssteuer um satte 7,5 Prozent an und führt den »Solidaritätszuschlag« ein. 1996 behauptet Kohl: »Der Solidaritätszuschlag ist bis Ende 1999 endgültig weg.« Den »Soli« gibt es bis heute.

Im Wahlkampf 2002 verspricht sein Nachfolger Gerhard Schröder: »Steuererhöhungen sind in der jetzigen konjunkturellen Situation ökonomisch unsinnig, und deshalb ziehen wir sie auch nicht in Betracht.«[145] Nach der Wahl müssen die Deutschen 26 Milliarden Euro mehr an Finanzämter und Sozialversicherungen zahlen.

Die von ihr angekündigten Steuererhöhungen kosteten Angela Merkel bei der Bundestagswahl 2005 viele Stimmen. Damit ihr das nicht noch einmal passiert, schloss sie vier Jahre später vor der Wahl eine Erhöhung der Mehrwertsteuer für die nächste Legislaturperiode unter ihrer Führung definitiv aus. »Steuererhöhungen sind jetzt Gift und auch in den nächsten Jahren«, sagte die CDU-Vorsitzende.

»Und deshalb kann man sich darauf verlassen: Wenn ich sage Nein, ist es Nein.«[146] Merkel stehe »vor der nächsten Steuerlüge«, warf ihr der mittlerweile zur Linkspartei gewechselte Lafontaine vor. »Angesichts der höchsten Neuverschuldung in der Geschichte der Bundesrepublik ist eine Kanzlerin unglaubwürdig, die wider besseres Wissen weitere Steuersenkungen verspricht und Steuererhöhungen ausschließt.«[147] Unmittelbar nach der Landtagswahl in Nordrhein-Westfalen im Mai 2010 erhoben die ersten CDU-Politiker die Forderung nach Steuererhöhungen. So schnell kann das gehen.

Steuerpolitik ist mehr als ein Dschungel undurchsichtiger Paragraphen, in dem sogar Steuerberater leicht die Orientierung verlieren. In den Entscheidungen für oder gegen eine Abgabe, ihre Höhe und die Form ihres Eintreibens schwingt immer die Vorstellung eines Gesellschaftsmodells mit. Wer eine Art »Flatrate« will, bei der alle Bürger den gleichen Satz zahlen, will die Steuer nicht als Instrument der Umverteilung einsetzen. Die Gräben zwischen Arm und Reich bleiben bei diesem Modell bestenfalls bestehen, ohne flankierende Maßnahmen werden sie immer größer. Im Wahlkampf 2005 präsentierte die Kanzlerkandidatin Merkel mit dem Heidelberger Professor Paul Kirchhof einen Verfechter des Einheitssteuersatzes – und zog ihn nach vielen Buh-Rufen aus dem Publikum schleunigst zurück. Auch innerhalb der CDU-Klientel wird es als ungerecht empfunden, dass ein Geringverdiener den gleichen Steuersatz zahlen soll wie ein Spitzenverdiener. Trotzdem hat die schwarz-gelbe Regierung genau das, nur in moderaterer Form, auf die Tagesordnung gesetzt. Die neue Flatrate soll mehrere Tarife haben, mit Mengenrabatt für Leute mit hohen Geldströmen.

Steuerpolitik ist Sozial- und Wirtschaftspolitik. Der Staat kann Abgaben auf die Einkünfte der Bürger erheben oder auf ihre Ausgaben. Steuerpflichtige Einkünfte aus Erwerbsarbeit haben allerdings überraschend wenig Menschen in Deutschland. Angemessen bezahlte Arbeit ist zu einem Privileg geworden, das vielen verwehrt wird. Der Niedriglohnsektor ist in den vergangenen Jahren massiv gewachsen. Rund die Hälfte der Haushalte in der Bundesrepublik zahlt keine

Steuer auf ihre Einkünfte, weil sie unterhalb der Steuerpflicht liegen oder weil sie sich über Sozialtransfers finanzieren müssen. Von einer Senkung der Einkommenssteuer hat diese Gruppe nichts. Aber sie bezahlt die Senkung für die anderen, wenn diese Minderung mit der Erhöhung von Gebühren oder Konsumsteuern finanziert wird.

Jede Steuerentlastung geht auf Kosten anderer. Entweder schichtet der Staat seine Einnahmen um, senkt etwa die Einkommenssteuer und hebt Verbrauchssteuern wie die Tabak- oder die Mineralölsteuer an. Oder er kürzt die Ausgaben, etwa die Sozialtransfers. Die Richtung der schwarz-gelben Regierung ist klar. Sie will die Steuern senken und das mit der Kürzung von Ausgaben finanzieren, damit der Staatshaushalt nicht vollends aus den Fugen gerät. Wirtschaftsminister Rainer Brüderle (FDP) hat sich zu Ausgabenkürzungen bekannt. »Das wird natürlich noch Heulen und Zähneklappern geben. Dennoch kommen wir darum nicht herum. Schließlich senken wir die Steuern, weil wir einen schlankeren Staat wollen. In der Konsequenz müssen also die Staatsausgaben runter«, kündigte er an.[148] Die Steuergeschenke, die CDU, CSU und FDP mit ihrem ersten Projekt, dem »Wachstumsbeschleunigungsgesetz« von Ende 2009, an einkommensstarke Familien, Unternehmen, Erben und Hoteliers verteilen, muss der Bund selbst nur zum Teil gegenfinanzieren. Länder und Gemeinden treffen die Einnahmeausfälle hart. Sie können sie nur über schmerzhafte Kürzungen auch im Sozial- und Bildungswesen kompensieren. So kritisierte der Hamburger Bürgermeister Ole von Beust (CDU) das Gesetz: »Wovon ich nichts halte, sind Verträge zu Lasten Dritter, das heißt Wohltaten, die andere, in diesem Fall die Länder, finanzieren.«[149] Von den bis zu 8,5 Milliarden Euro Steuermindereinnahmen entfallen rund 2,28 Milliarden Euro auf die Länder; 1,57 Milliarden Euro müssen die Kommunen und Gemeinden schultern. Viel Geld in Zeiten knapper Kassen.

Bundeswirtschaftsminister Brüderle schert das nicht. Unmittelbar nachdem das »Wachstumsbeschleunigungsgesetz« den Bundesrat passiert hatte, kündigte er weitere Steuerentlastungen an: »2011 kommt die weitere Steuerreform mit einem Stufentarif, der gerade die kleineren und mittleren Einkommen um weitere 20 Milliarden Euro entlasten wird«, versprach der Liberale. Allerdings konnte er dieses Versprechen nicht einhalten, die FDP musste klein beigeben.

Die Freidemokraten wollten eine umfassende Steuerreform zum Markenzeichen der schwarz-gelben Koalition machen. Tatsächlich fließt eine Menge Geld in die staatlichen Kassen. 2007 nahmen die öffentlichen Haushalte in den Gemeinden, den Ländern und auf Bundesebene einschließlich Sozialversicherungen über Steuern, Gebühren, Beiträge und den Verkauf von Vermögen insgesamt 1027 Milliarden Euro ein. 375 Milliarden Euro davon, also mehr als ein Drittel, zahlten Arbeitnehmer und Arbeitgeber als Beiträge zur Sozialversicherung. 538 Milliarden Euro stammten aus Steuern. Am meisten bringen dem Staat die Umsatzsteuer mit einem Anteil von 23,7 Prozent und die Lohnsteuer mit 24,5 Prozent. Die Milliardenzahlungen der Bürger scheinen eine deutliche Sprache zu sprechen, die Schlussfolgerungen auf der Hand zu liegen: »Gebt den Bürgern mehr von dem, was sie sich selbst erarbeitet haben. Das ist das beste Konjunkturprogramm«, glaubt FDP-Chef Guido Westerwelle. »Faire Steuern sind Voraussetzung für solide Staatsfinanzen.« Die Ansprüche des Fiskus sind für ihn »Abkassiererei« und »staatliche Piraterie«.[150] CSU-Chef Horst Seehofer machte die Zusage von Steuersenkungen zur Bedingung für das Unterzeichnen der Koalitionsvereinbarung.

Aber dieses Getöse steht in keinem Verhältnis zu den wirklichen Belastungen. Im Vergleich zu den 30 Industriestaaten, die in der Organisation für wirtschaftliche Zusammenarbeit und Entwicklung (OECD) zusammengeschlossen sind, ist das Steueraufkommen in der Bundesrepublik keineswegs besonders hoch. Das gilt selbst für die wirtschaftlich sehr guten Jahre des Konjunkturaufschwungs 2005 bis 2007, die Phase vor der großen Krise. »Trotz der zuletzt stark gestiegenen Steuereinnahmen ist in Deutschland das Steueraufkommen gemessen am Bruttoinlandsprodukt deutlich geringer als in den wirtschaftlichen Boomphasen der vergangen Jahrzehnte und liegt weit unter dem Durchschnitt der OECD-Länder«, stellt die OECD fest.[151] Selbst wenn man die Sozialabgaben hinzurechnet, reicht die Gesamtabgabenquote nur knapp an den OECD-Schnitt heran. Die Gesamtbelastung durch Steuern und Sozialabgaben ist in der BRD damit geringer als in allen großen europäischen Volkswirtschaften einschließlich Großbritanniens, so die OECD.

Mehr verdienen, weniger zahlen

Die Steuerschraube haben die deutschen Politiker seit 1998 ordentlich gelockert. Die rot-grüne Regierung entlastete gerade die Top-Verdiener massiv. Sie senkte den Spitzensteuersatz von 53 auf 42 Prozent, für sehr hohe Einkommen von einer halben Million Euro für ein Ehepaar etwa liegt er bei 45 Prozent. Aber: Selbst den gesenkten Spitzensteuersatz zahlt faktisch kaum jemand. Nach Angaben des Statistischen Bundesamts können die Höchstverdiener aufgrund verschiedener Freibeträge und Abzugsmöglichkeiten ihren realen Steuersatz auf durchschnittlich 36 Prozent drücken. Die 450 reichsten Deutschen haben im Jahr 2002 gerade mal 34 Prozent an Einkommenssteuer gezahlt, bei einem Einkommen von im Schnitt 22 Millionen Euro. Das klingt nicht nach Piraterie. Vor allem angesichts der Tatsache, dass Arbeitnehmer mit kleinem Einkommen einen Satz von rund 25 Prozent zu tragen hatten. In der Bundesrepublik gilt die sogenannte Steuerprogression: Je höher das Einkommen, desto höher der Steuersatz. Gutverdienende sollen dieser Idee nach nicht nur absolut, sondern auch relativ mehr Steuern zahlen.
Die FDP gibt vor, gerade die Bezieher von kleineren und mittleren Einkommen entlasten zu wollen. Doch die leiden nicht in erster Linie unter zu hohen Steuern. Die OECD sieht nicht die Höhe der Steuern, sondern der Beiträge zur Sozialversicherung als Problem an. »Aufgrund ihres linearen Verlaufs und der in Deutschland bestehenden Beitragsbemessungsgrenzen werden die Bezieher von geringeren und durchschnittlichen Einkommen durch Sozialbei-

träge stärker belastet als durch die progressive Einkommenssteuer«, so die OECD.[152] Die Beitragsbemessungsgrenze bezieht sich auf den Punkt des Einkommens, bis zu dem Beschäftigte Beiträge zur Sozialversicherung zahlen müssen. Beschäftigte mit geringen oder durchschnittlichen Einkünften müssen auf ihr gesamtes Einkommen ab 800 Euro im Monat Beiträge zahlen. Gutverdiener nicht. Sie müssen 2010 nur bis zu einer Grenze von 66 000 Jahresgehalt im Westen und 55 800 Euro im Osten Sozialabgaben in die gesetzliche Renten- und Arbeitslosenversicherung entrichten. In der gesetzlichen Krankenversicherung liegt die Grenze bei 45 000 Euro. Von dem Einkommen, das darüber liegt, fließt kein Cent in die Sozialkassen. Die Wohlhabenden beteiligen sich also relativ gesehen viel weniger an der sozialen Sicherung als die weniger Verdienenden. Dabei werden sie älter, bekommen länger Rente und brauchen länger medizinische Versorgung. Sie kosten mehr und zahlen weniger.

Die Steuerprogression bedeutet keineswegs, dass die Abgabenlast der Gutverdiener immer weiter steigt. Denn das Steigen des Steuersatzes wird kompensiert durch die Obergrenze bei den Sozialabgaben, wie die OECD vorrechnet. »Anders als die progressive Einkommenssteuer vermuten lässt, sinkt in Deutschland die Belastung der Arbeitseinkommen ab einem bestimmten Punkt wieder. Abgesehen von Österreich und Spanien, gibt es einen solchen Verlauf der Steuer- und Abgabenbelastung im vergleichbaren Einkommenssegment in keinem anderen OECD-Land. Selbst in der Slowakei, die mit ihrer Flat-Tax kein progressives Einkommensteuersystem hat, steigt die Durchschnittsbelastung mit Steuern und Abgaben mit steigendem Einkommen, wenn auch auf einem niedrigeren Niveau als in Deutschland«, konstatiert die OECD. So fallen in der BRD bei einem Single mit einem Jahresgehalt von rund 63 000 Euro mit 53,7 Prozent die höchsten Abzüge durch Steuern und Sozialbeiträge an. Bei 110 000 Euro Jahresgehalt müssen dagegen nur noch 50 Prozent der Arbeitskosten (Bruttoverdienst plus Sozialbeiträge Arbeitgeber) an die Sozialkassen und den Staat abgeführt werden. Die

Steuer- und Sozialabgabenquote liegt damit wieder auf dem Niveau eines Arbeitnehmers mit 36 500 Euro Jahresgehalt. »Würde man auch die Pendlerpauschale und andere an besondere Voraussetzungen geknüpfte Steuerfreibeträge berücksichtigen, wäre die Entlastung am oberen Ende der Einkommensskala noch deutlicher«, stellt die OECD fest.[153]

Deutschland heizt den Steuerwettbewerb an

Im Vergleich zu anderen Staaten lässt der deutsche Fiskus Wohlhabende auch an anderer Stelle günstig wegkommen. Die Einnahmen aus Grund-, Vermögens, Schenkungs- und Erbschaftssteuer lagen hierzulande im Jahr 2008 bei 0,9 Prozent des BIP. Das ist weniger als die Hälfte des OECD-Schnitts von 1,9 Prozent. Nur Mexiko, Tschechien, Ungarn, die Slowakei und Österreich erzielen weniger Einnahmen aus dieser Steuer.

Forderungen nach Steuersenkungen für Unternehmen sind populär. Durch sie soll der Standort attraktiver werden, heißt es gebetsmühlenartig. »Doch entgegen weitverbreiteten und bewusst gepflegten Vorurteilen schont der deutsche Fiskus die Unternehmens- und Vermögenseinkommen«, schreibt der Sozialwissenschaftler Wolfgang Müller.[154] Manchmal hat der Fiskus sogar etwas zu verschenken. Nach der rot-grünen Steuerreform nahm der Staat 2001 keine Körperschaftssteuer ein, sondern gab den Unternehmen rund 400 Millionen Euro zurück. Das empörte selbst ausgewiesene Wirtschaftsfreunde wie den damaligen CDU-Spitzenpolitiker Friedrich Merz: »Dieses Land leistet sich allen Ernstes den Luxus, mehr Körperschaftssteuer auszuzahlen als einzunehmen.«[155] Körperschaftssteuer müssen juristische Personen in Form von Kapitalgesellschaften wie Aktiengesellschaften oder GmbHs auf ihr Einkommen zahlen. Im Jahr 2000 hatte der Staat damit noch 23,6 Milliarden Euro eingenommen.

Auch in anderen Jahren bittet der deutsche Staat Unternehmen nicht über Gebühr zur Kasse. Im Gegenteil. Ob Rot-Grün, Große Koalition oder Schwarz-Gelb – die Regierungen haben den Ehrgeiz, andere Staaten zu unterbieten. Deutschland ist kein Opfer des internationalen Wettbewerbs um niedrige Unternehmensbesteuerung. Deutschland heizt diesen Konkurrenzkampf an. Durch die starke Verflechtung der internationalen Märkte, vor allem der Kapitalmärkte, und ihre Liberalisierung sind Unternehmen viel flexibler als früher. Sie können dahin gehen, wo sie die geringsten Abgaben zahlen müssen. »Das ist die Ursache des heute stattfindenden ruinösen Steuerwettbewerbs um das Wohlwollen internationaler Konzerne und großer Kapitaleigner durch eine weiter andauernde Absenkung der Steuersätze für Kapitaleinkommen«, konstatieren die Professoren Lorenz Jarass und Gustav Obermair.[156] Vor allem in den größeren EU-Ländern trägt das wesentlich zu »drastischen Steuerausfällen bei, die nur dadurch wettgemacht werden können, dass die regional gebundenen, meist kleineren inländischen Unternehmen und die Arbeitnehmer noch stärker zur Kasse gebeten werden und gleichzeitig der Sozialstaat drastisch rückgebaut wird. Dies führt zum Ruin vieler dieser Unternehmen, zu enorm hohen Lohnkosten und zu einer Verringerung der Massenkaufkraft – eine der Ursachen für die heutige Massenarbeitslosigkeit in vielen Ländern.«[157]

Die Legende vom »Hochsteuerland Deutschland« ist nicht totzukriegen. Dabei zahlten Unternehmen aufgrund möglicher Ausweichstrategien schon zu Beginn des Jahrtausends nicht die vorgesehenen Sätze. »Hartnäckig wird von den Unternehmerverbänden und ihrer mächtigen Lobby in Wissenschaft, Medien und Politik das Märchen von der hohen Steuerlast in Deutschland und von dem dramatischen Einbruch der Gewinne weitererzählt«, monieren die Steuerexperten Jarass und Obermair. Volkswirtschaftliche Daten, Steuerstatistik und Bilanzen zeigen, dass die tatsächliche Steuerzahlung bei steigenden Gewinnen jedoch fast nichts mehr mit dem nominalen Steuersatz zu tun hat. »Beträgt der nominale Steuersatz nach der Unternehmenssteuerreform 2001 ohnedies etwa für Kapitalgesellschaften (AG und GmbH) nur noch ca. 38 Prozent, so fielen deren tatsächlich bezahlte Steuern von knapp 20 Prozent der Gewinne in 2000 auf nur noch etwa 10 Prozent in den Jahren 2001 bis 2003.«[158] Die Europäische Kommission kam 2004 zu dem Ergebnis, dass in der EU die Besteuerung von Unternehmenseinkommen und Vermögen nur noch in Griechenland niedriger war. Als Steuer-Dumping-Land der EU gilt gemeinhin die Slowakei, die einen einheitlichen Steuersatz von 19 Prozent hat. »Hätten wir in Deutschland den so vielfach gepriesenen einheitlichen Unternehmenssteuersatz von 19 Prozent wie in der Slowakei und wären nur drei Viertel der Gewinne der Kapitalgesellschaften (221 Mrd. Euro in 2002) laut volkswirtschaftlicher Gesamtrechnung tatsächlich mit diesen 19 Prozent besteuert worden, so wären dem deutschen Fiskus in 2002 allein aus dieser Quelle gut 31 Milliarden Euro statt 19 Milliarden Euro zugeflossen«, rechnen Jarass und Obermair vor.[159]

Das klingt nicht nach Hochsteuerland. Die nominalen Steuersätze aber schon. Hier lag die BRD in der Europäischen Union tatsächlich an der Spitze. Die Körperschaftssteuern der neuen Mitglieder der EU, die 2005 der Gemeinschaft beitraten, lagen demgegenüber weit unter dem Durchschnitt. Darauf reagierten die deutschen Politiker mit einer weiteren Reform. Nachdem die Große Koalition die Mehrwertsteuer für alle angehoben hatte, entlastete sie die Firmen und Konzerne mit der »Unternehmenssteuerreform 2008«. »Auch die jüngste Unternehmenssteuerreform von 2008 mit der Senkung der Körperschaftssteuer von 25 auf 15 Prozent ist nicht die längst überfällige Reaktion auf den in Europa zweifellos stattfindenden Steuerwettlauf nach unten. Vielmehr heizt Deutschland diesen Wettlauf weiter an«, kritisiert der Sozialwissenschaftler Wolfgang Müller.[160] Das Bundesfinanzministerium gibt die Netto-Entlastung der Unternehmen mit rund 5 Milliarden Euro im Jahr an. Steuerfachmann Lorenz Jarass geht davon aus, dass die Reform 10 Milliarden Euro im Jahr kostet. Müller wirft der Großen Koalition denn auch Irreführung vor: »Die Vereinfachung des Steuersystems und die Schließung von Steuer-Schlupflöchern hatte die Regierungskoalition 2005 großspurig als Ziel der Unternehmenssteuerreform verkündet. Alles

Lüge! Wie sonst ist zu erklären, dass die Bundesregierung nicht einmal den allergröbsten Steuerfehler von Rot-Grün, die Steuerbefreiung der Gewinne aus Beteiligungsverkäufen, rückgängig gemacht hat?«[161]

Die attraktive Mittelschicht

Die FDP präsentiert sich als Steuersenkungspartei, die im Interesse der gesellschaftlichen Mitte unterwegs ist. Diese Zielgruppe ist für alle Parteien attraktiv und wird mit Abstrichen bei der Linkspartei von allen heftig umworben, weil es hier die meisten Wähler zu holen gibt. Viele Menschen möchten zur Mitte gehören. An diesem Wunsch hat sich in den vergangenen Jahrzehnten nicht viel geändert. Die Theorie der »nivellierten Mittelstandsgesellschaft« des Soziologen Helmut Schelsky von 1953 traf das Lebensgefühl der überwiegenden Mehrzahl der Menschen in Westdeutschland, vor allem im letzten Drittel des 20. Jahrhunderts. Die Idee der Klassengesellschaft war obsolet, aus Arbeitern waren im Laufe der sechziger und siebziger Jahre Arbeitnehmer geworden. Nicht wenige hatten viel und viele wenig, sondern der gesellschaftliche Reichtum war mehr oder weniger gerecht verteilt, sagte zumindest das Gefühl. Und Ludwig Erhards Credo vom »Wohlstand für alle« unterlegte dieses Empfinden programmatisch. »Wir sind Mittelstand«, sagten viele Bürger voller Stolz, die sich einiges leisten konnten und subjektiv sozial aufgestiegen waren – wobei sie häufig neue Konsummöglichkeiten mit sozialem Aufstieg verwechselten. Den richtigeren Begriff »Mittelschicht« vermied man im Alltagsgebrauch außerhalb der soziologischen Fachbereiche an den Universitäten gerne, denn er wies auf die nach wie vor bestehende gesellschaftliche Schichtung und Hierarchisierung hin.

Der Mittelstand begriff sich als eigenständig gegenüber der beneideten, aber auch verhöhnten Oberschicht, die dem Vorurteil nach nicht von der eigenen Arbeit lebte. Vor allem grenzte er sich scharf ab von der Unterschicht. Denn nach Auffassung der Angehörigen der Mittelschicht war selbst schuld, wer sich am unteren Ende der Gesellschaft befand und nicht aufstieg – dem kleinbürgerlichen Ressentiment zufolge war die Unterschicht faul, dumm und ungehobelt. Das Selbstverständnis der Mittelschicht änderte sich auch nicht mit den ersten krassen Krisenerscheinungen ab den siebziger Jahren. Soziologen und Sozialisten sprachen jetzt gerne von der »Zwei-Drittel-Gesellschaft«. Aber kein Bürger wäre auf die Idee gekommen, zu sagen: »Ich gehöre zu den oberen zwei Dritteln der Gesellschaft.« In den Köpfen der Mehrzahl der Bürger war der Mittelstand als selbstvergewissernde, den gesellschaftlichen Platz definierende Kategorie weiter präsent. Massiv erschüttert wurde dieses Bewusstsein bei vielen Bürgern erst zu Beginn des neuen Jahrtausends durch die Sozialreformen der rot-grünen Regierung. Da mutet es fast wie ein Menetekel an, was mit dem Sohn des Erfinders der »nivellierten Mittelstandsgesellschaft« geschehen ist. Ende 2008 wurde er wegen Betrugs, Steuerhinterziehung und Beihilfe zur Untreue zu viereinhalb Jahren Haft verurteilt, allerdings ist das Urteil noch nicht rechtskräftig. Er hatte zwischen 1991 und 2006 vom Siemens-Konzern viele Millionen Euro erhalten, um die Arbeitnehmervertretung AUB auf einen unternehmensfreundlichen Kurs zu bringen und die Gewerkschaft IG Metall zu schwächen – ein Verrat an der Idee der Sozialpartnerschaft, ohne die die bundesrepublikanische Mittelstandsgesellschaft über viele Jahrzehnte nicht denkbar war.

Die FDP ist eigentlich eine ständische Partei für gutverdienende Freiberufler wie Ärzte, Anwälte und Architekten, Unternehmer, Hoteliers und höhere Beamte. Das ist die obere Mittelschicht, nicht die Mitte. Nur diese Zielgruppe anzusprechen reicht erst recht nicht mehr, seit die CDU massiv Stimmen verloren hat und bei Bundestagswahlen unter der 40-Prozent-Marke bleibt. Die FDP muss einen Teil dieser Verluste ausgleichen. Sie betreibt in der Substanz weiterhin die alte Klientelpolitik, hat propagandistisch ihre Reichweite aber ausgedehnt. In ihrem »Deutschlandprogramm« für die Bundestagswahl 2009 reklamiert sie für sich, die »Mitte stärken« zu wollen: »Es gilt: mehr FDP – mehr Mitte – mehr Mut«.[162] Parteichef Guido Westwelle geriert sich als Sachwalter der Menschen, die sich irgendwo in der Gesellschaft zwischen oben und unten verorten. »Wenn die Mittelschicht schrumpft, dann wächst die Ungerechtigkeit, und die Mittelschicht schrumpft deshalb, weil der Staat mit immer höheren Steuern und Abgaben bei der Mittelschicht sich satt macht«, behauptet er.[163] Tatsächlich leidet diese Gruppe unter fehlenden Einkommenszuwächsen.

Die schrumpfende Mitte

Die Wirtschaftsaufschwünge der vergangenen zwanzig Jahre gingen an der Mitte der Gesellschaft schlicht vorbei, stellt der Wissenschaftler Karl Brenke vom Deutschen Institut für Wirtschaftsforschung Berlin (DIW) fest. »Die Netto-Reallöhne sind in Deutschland seit Anfang der 90er Jahre kaum gestiegen. Von 2004 bis 2008 gingen sie sogar zurück, eine in der Geschichte der Bundesrepublik einmalige Entwicklung, denn nie zuvor ging ein durchaus kräftiges Wirtschaftswachstum mit einer Senkung der realen Nettolöhne über mehrere Jahre einher«, erklärt er.[164] Verantwortlich dafür sind nicht höhere Steuern oder Sozialabgaben, sondern die schwache Steigung der Zahlungen der Arbeitgeber. »Dieser Befund ist umso bemerkenswerter, als sich die Qualifikation der beschäftigten Arbeitnehmer im Durchschnitt erhöht hat, was für sich genommen einen deutlichen Anstieg der Verdienste hätte erwarten lassen.«[165] Unter Berücksichtigung der Preissteigerung sind die Einkommen der Arbeitnehmer gefallen: Seit dem Jahr 2000 sanken die realen Arbeitnehmerentgelte in der Bundesrepublik nach Angaben des statistischen Amtes der EU um neun Prozent. In Spanien, Italien und Österreich haben sie zwar ebenfalls abgenommen, aber nicht in dem Maße. »So schlecht war die Entwicklung in keinem anderen Land der alten EU«, betont Brenke.[166] In anderen Staaten wie Großbritannien, Irland oder Finnland gab es sogar kräftige Zuwächse.

Die Mittelschicht in Deutschland schrumpft. Nach einer Ui.
chung des DIW hat die Mittelschicht in der Bundesrepublik, g
messen am Einkommen zwischen 2000 und 2006, fünf Millionen
Menschen verloren. Dabei stiegen mehr Personen ab als in die Oberschicht auf. Im Jahr 2000 gehörten 62 Prozent der Mittelschicht an,
2006 waren es noch 54 Prozent oder rund 44 Millionen Personen.
Innerhalb der Mittelschicht haben die Durchschnittsverdiener die
meisten Einkommensverluste hinnehmen müssen, und zwar fünf
Prozentpunkte. »Etwa 14 Prozent der Mittelschicht des Jahres 2002
befanden sich 2006 im Bereich der Armutsgefährdung. Dieser Anteil ist um mehr als drei Prozentpunkte höher als für den Zeitraum
1996–2000«, berichten die DIW-Forscher Markus M. Grabka und
Joachim R. Frick.[167] Gründe dafür sind das höhere Risiko, im Ab-
schwung arbeitslos zu werden, und die geringere Zahlung von Er-
satzleistungen durch die Einführung von Hartz IV. Langfristig zum
Schrumpfen der Mittelschicht tragen die Abnahme von Vollzeit-
arbeitsplätzen und die Zunahme von Alleinerziehenden bei, die ein
hohes Armutsrisiko haben.

Bei den Arbeitskosten je geleisteter Stunde bildete die BRD im
europäischen Vergleich das Schlusslicht. Ein wichtiger Indikator
für die Arbeitnehmereinkommen ist die Lohnquote. Sie bezeichnet
den Anteil der gesamten Lohnkosten der Arbeitgeber am gesamten
Volkseinkommen und gibt Auskunft über das Verhältnis der Löhne
auf der einen Seite und der Einkünfte aus selbständiger Tätigkeit
und Kapitalerträgen auf der anderen Seite. Im Jahr 2007 war sie mit
61 Prozent so gering wie nie zuvor. Die Lohnquote verhält sich
antizyklisch. In konjunkturschwachen Zeiten nimmt sie oft zu,
weil Kapitaleinkünfte und Einkommen aus selbständiger Tätigkeit
noch stärker unter Druck geraten als die Löhne. Brechen die Gewinne ein, steigt die Lohnquote – auch wenn die Beschäftigten nicht
mehr Geld bekommen. »Die schwache Lohnentwicklung hat ohne
Zweifel die Wettbewerbsfähigkeit deutscher Unternehmen auf dem
Weltmarkt gestärkt und dem Export Impulse gegeben«, resümiert
Brenke. Dabei sind nicht nur die Einkommen der Unqualifizierten

eraten. Vielmehr gab es für die Arbeitnehmer insge-
tzten Jahren Reallohnverluste, obwohl sich im Schnitt
kationsstruktur verbessert hatte. »Eher scheint es so zu
e besonders großen Beschäftigungsprobleme der Un-
ᴎ immer wieder herangezogen werden, um Forderungen
nach höheren Löhnen generell im Zaum zu halten«, vermutet er.

Mister Mittelstand Brüderle

Die Erwartungen der Unternehmen an die konservativ-liberale
Bundesregierung sind hoch. »Traumpaar des Mittelstands« titelte
Der Mittelstand, die Zeitschrift des Bundesverbands mittelständi-
sche Wirtschaft (BVMW) nach der Bundestagswahl 2009. »Das Ergebnis der Bundestagswahl entspricht den Erwartungen der großen
Mehrheit der Mittelständler in unserem Lande. Bei einer repräsentativen Umfrage des BVMW vor der Wahl hatten rund 70 Prozent der
Unternehmerinnen und Unternehmer auf die Frage, von welcher politischen Konstellation sie persönlich eine mittelstandsfreundliche(re)
Politik erwarten, für Schwarz-Gelb votiert«, erklärt BVMW-Präsi-
dent Mario Ohoven und legt eine Wunschliste vor: Vereinfachung
des Steuersystems durch Einführung eines dreistufigen Modells,
steuerliche Freistellung aller im Betrieb verbleibenden Gewinne,
Senkung der Mehrwertsteuer um drei Prozentpunkte, schrittweiser
Abbau des Solidaritätszuschlags bis 2013, Streichung aller gewinn-
unabhängigen Elemente bei der Gewerbesteuer sowie »Abschaffung
der Erbschaftssteuer ohne Wenn und Aber«.[168] Bei aller Liebe werden die Regierungsparteien den Unternehmen diese Wünsche nicht
alle erfüllen.

Mit dem FDP-Politiker Brüderle hat das »Traumpaar des Mittelstands« aber immerhin einen Wirtschaftsminister ausgewählt, der
sich einschlägige Titel verdient hat. »Mister Mittelstand« oder »Botschafter für Wein und Mittelstand« wird der FDP-Vize gerne genannt. »Wenn der Mittelstand das ›Herz der Sozialen Marktwirt-

schaft ist‹, wie es so poetisch im Koalitionsvertrag heißt, dann ist Brüderle gewissermaßen der Kopf des Mittelstands. Wann immer er über Wirtschaft spricht: Diesen Begriff lässt er niemals aus«, lobte die *FAZ*.[169]

Auch in den eigenen Reihen gilt der Diplomvolkswirt und FDP-Vizechef als Anwalt kleiner und mittlerer Unternehmen. Der Verfechter des freien Marktes lehnt Subventionen ab – im Prinzip. Geht es um die eigene Klientel, sieht die Sache anders aus. »Dass Brüderle, der Marktliberale, der in seinen Reden stets für weniger Staat und mehr unternehmerische Freiheit kämpft, die Subventionen für den Weinanbau an Steilhängen in Rheinland-Pfalz um mehr als 200 Prozent erhöhte, klebt an ihm wie seine Bekenntnisse zum deutschen Wein«, lästerte die *Süddeutsche Zeitung*.[170]

Mittelstand klingt freundlich, ein bisschen nach Familienbetrieb und der schützenden Hand des paternalistischen Chefs. Der Mittelstand ist das freundliche Gesicht der Wirtschaft, der vermeintliche Gegensatz zur bösen Fratze des anonymen Turbokapitalismus und zur gefräßigen Heuschrecke. Ist von Mittelstandsförderung die Rede, glauben viele, dass es um Gewerbetreibende, Freiberufler, Handwerksbetriebe oder kleine Firmen geht. Dabei ist mit Mittelstand fast die gesamte Wirtschaft gemeint. Dem Institut für Mittelstandsforschung Bonn zufolge gehören sage und schreibe 99,7 Prozent aller umsatzsteuerpflichtigen Unternehmen zum Mittelstand – also fast alle. Zu den fehlenden 0,3 Prozent gehören die ganz Großen, von der Allianz-Versicherung über den Siemens-Konzern bis zur ZF-Friedrichshafen AG, einem Automobilzulieferer mit einem Umsatz von 12,5 Milliarden Euro und rund 61 000 Beschäftigten. Auch das Bundeswirtschaftsministerium arbeitet mit der Definition der Bonner Mittelstandsforscher. Alles, was die Bundesregierung für den Mittelstand tut, kommt also bis auf jene 0,3 Prozent an Großkonzernen allen Unternehmen zugute.

Mächtige Großkonzerne

Von den 30,01 Millionen Beschäftigten arbeiteten 21,15 Millionen in kleineren und mittleren Firmen. Das zeigt die große wirtschaftliche Bedeutung der Großunternehmen, die immerhin fast neun Millionen Arbeitsplätze stellen. Die Großen bilden aber nicht diesem Anteil nach aus. 83,1 Prozent des Nachwuchses werden im Mittelstand qualifiziert. Die Ausbildungsplatzabgabe, die vor Jahren zur Minderung des Lehrstellenmangels in der Diskussion war, hätte also vor allem die Großen getroffen. Die hätten sich die Abgabe wohl leisten können – aber waren eben auch stark genug, sie zu verhindern. Vom gesamten Umsatz aller umsatzsteuerpflichtigen Unternehmen in Deutschland in Höhe von 5148 Milliarden Euro im Jahr 2008 entfallen auf die Großkonzerne 62,5 Prozent und auf die übrigen nur 37,5 Prozent.

Angesichts der hohen Zahl mittelständischer Unternehmen wäre jede Regierung schlecht beraten, die nicht auf den Mittelstand setzen würde. Von »Mittelstandsförderung« ist denn auch in Ansprachen und Regierungserklärungen oft die Rede. Zu den beliebtesten Phrasen deutscher Politiker gehören die vom Mittelstand als »Rückgrat der deutschen Wirtschaft« oder als »Herz der sozialen Marktwirtschaft«. Was die Verwendung der Etikette »Mittelstand« angeht, wird die Zielgruppe gut versorgt. Angela Merkel hat einen »Mittelstandsbeauftragten«, es gibt eine »Mittelstandsinitiative« zur Verbesserung der Rahmenbedingungen, das »Zentrale Innovationsprogramm Mittelstand«, um Wachstum zu beschleunigen, und spezielle »Mittelstands-Entlastungsgesetze« zum Bürokratieabbau.[171]

Lippenbekenntnisse, die Etikette »Mittelstandspolitik« für verschiedene Fördermaßnahmen und selbst Steuererleichterungen können nicht kompensieren, dass der Staat an anderer Stelle versagt. Etwas macht den Firmen Sorgen: die Bildungspolitik. Schon jetzt zeichnet sich ein großer Facharbeitermangel ab, auch Hochqualifizierte wird es in Zukunft zu wenig geben. »Wir haben heute in allen Branchen mehr denn je Bedarf an bestens qualifizierten Hochschulabsolventen, um international wettbewerbsfähig zu bleiben«, so der Präsident der Ingenieurkammer-Bau Nordrhein-Westfalen, Heinrich Bökamp: »Bildungspolitik ist die neue Wirtschaftspolitik! Die Sanierung maroder Banken und die Unterstützung alter Industriezweige bringt unser Land nicht voran – wir brauchen mehr Mittel für Schulen und Hochschulen.«[172]

Kapitel 6

DIE BILDUNGSLÜGE

Warum der akademische Adel gerne unter sich bleibt

Die offizielle Kulturpolitik in der Bundesrepublik ist fest in der Hand der selbsternannten Bildungselite. Wer etwas auf sich hält, den schmückt mindestens ein Doktortitel, wenn er nicht gleich den »Prof.« seinem Namen voranstellen kann. Ob Michael Naumann, Julian Nida-Rümelin oder Christina Weiss: Die ersten drei vom damaligen Kanzler Gerhard Schröder ernannten Kulturstaatsminister haben allesamt promoviert und sich habilitiert. Hans-Georg Bögner hingegen ist nicht akademisch geadelt. Dabei ist der Kölner Kommunalpolitiker als Geschäftsführer der Kulturstiftung der Sparkasse Köln-Bonn schon von Berufs wegen ein kultivierter Mann. Wohl deshalb konnte Bögner nicht widerstehen, als ein Unbekannter ihm 1999 anbot, alles Erforderliche für eine Promotion in die Wege zu leiten. Der Sozialdemokrat gab dem Mann 5000 Mark, verfasste nach eigenen Angaben eine 200 Seiten starke »Dissertationsschrift« und traf sich 2001 mit angeblichen Prüfern in Räumen der Universität Hamburg. Danach führte er den ersehnten Doktortitel. So etwas macht sich gut, vor allem bei offiziellen Anlässen. Zum 50. Geburtstag des »Dr. rer. pol.« würdigte ihn 2005 Kölns damaliger Oberbürgermeister Fritz Schramma (CDU): »All die Jahre blieben Sie der Domstadt erhalten! Dabei ist es kein Zufall, dass Sie nicht eine Karriere als Theaterwissenschaftler oder Regisseur eingeschlagen haben, sondern eine wirtschaftswissenschaftliche Dissertation geschrieben haben.«[173] Vier Jahre später flog der Schwindel auf. Die Blamage war groß. Bögner, bis dahin kulturpolitischer Sprecher der Kölner SPD-Fraktion, musste sein Stadtratsmandat niederlegen. »Der Vorgang ist zweifellos peinlich«, räumte er ein.

»Mir war der Doktortitel wichtig. Das mögen andere anders sehen und vielleicht sogar zutreffend als Eitelkeit empfinden. Ich bin womöglich gerade deshalb auf einen Betrüger hereingefallen, weil ich dem akademischen Titel so viel Gewicht beigemessen habe«, erklärte Bögner mit erstaunlicher Offenheit.[174] Um dann hinterherzuschieben: »Ich habe zwischenzeitlich in Köln den – überprüfbar echten – Titel eines Honorarprofessors verliehen bekommen.«

Mit weniger als 40 Prozent eines Jahrgangs nehmen in Deutschland vergleichsweise wenige junge Menschen ein Hochschulstudium auf, andernorts sind es über 50 Prozent. Bis zur Promotion schaffen es noch gerade 2,3 Prozent. Der akademische Doktorgrad gilt als krönender Abschluss der Hochschulausbildung für jene, die nicht an der Universität Karriere machen wollen – die das anstreben, wollen meist eine Professur. Mit dem Doktortitel in der Tasche gibt es in vielen Branchen mehr Geld als ohne. Aber das ist nicht das Entscheidende. Der Doktortitel signalisiert die Zugehörigkeit zur Bildungsaristokratie, deshalb ist er so begehrt. Der akademische Grad hat in seiner Bedeutung die alten Adelstitel abgelöst, die früher Macht signalisierten und heute eher folkloristisch wirken. Anders als der Adelstitel wird der akademische zwar nicht qua Geburt vererbt. Aber Politiker sorgen für die soziale Vererbung von Bildung. Sie machen Politik für ihresgleichen und dessen Nachwuchs – auf Kosten der Kinder der Nichtakademiker.

Herr Dr. Politiker

Wer sich als Politiker zu Höherem berufen fühlt, schmückt sich gerne mit einem Doktortitel. Konrad Adenauer ist von der Universität Köln gleich fünfmal promoviert worden – immer ehrenhalber, also immer ohne eine wirkliche akademische Leistung. Bereits zu seiner Zeit als Kölner Kommunalpolitiker wurde Adenauer 1919 zum Dr. h.c. rer. pol. und zum Dr. h.c. med. ernannt. Im Jahr 1922 folgte der Dr. h.c. jur., 1923 der Dr. h.c. phil, und zuletzt bekam er noch

1956 als Bundeskanzler den Dr. h.c. rer. nat. dazu. Seine christdemokratischen Amtsnachfolger Ludwig Erhard, Kurt Georg Kiesinger, Helmut Kohl und Angela Merkel führten und führen ihre Titel hingegen aufgrund einer selbst verfassten Doktorarbeit. Alle Bundeskanzler haben eine Reihe von Ehrendoktorhüten verliehen bekommen, auch die drei sozialdemokratischen: Willy Brandt, Helmut Schmidt und Gerhard Schröder.

Im Kabinett der von Angela Merkel geführten schwarz-gelben Koalition führen 11 von 16 Ministern einen Doktortitel. Die junge Familienministerin Kristina Schröder hat während ihrer Zeit als Abgeordnete gerade noch rechtzeitig zum Amtsantritt promoviert – bei dem durch Funk und Fernsehen bekannten Mainzer Politikwissenschaftler Jürgen Falter. In ihrer Dissertation unter dem Titel »Gerechtigkeit als Gleichheit? Eine empirische Analyse der objektiven und subjektiven Responsivität von Bundestagsabgeordneten« geht Schröder der Frage nach, inwieweit die Wertvorstellungen von CDU-Parlamentariern mit denen der CDU-Mitglieder übereinstimmen. Das überraschende Ergebnis ihrer wissenschaftlichen Forschung: Die Wertvorstellungen ähneln sich. »Ohne ihr Netzwerk aus Uni, Politik und privatem Umfeld wäre die Ministerin aber nicht Frau Doktor«, mäkelte die *Süddeutsche*.[175] Tatsächlich wusste die CDU-Abgeordnete ihre Privilegien durchaus zu nutzen, um sich einiger Mühen einer Dissertation zu entledigen. Die CDU-Bundesgeschäftsstelle half bei der Befragung von Kollegen und Mitgliedern mittels Fragebogen. Als die *Bild*-Zeitung herausfinden wollte, wie weit die Hilfestellungen für Schröder reichten, flatterte dem Blatt am 27. Dezember 2009 ein Anwaltsschreiben ins Haus. »Sollten Sie – aus welchen Gründen auch immer – über das nicht zu beanstandende Verhalten unserer Mandantin berichten, so werden wir im Auftrag unserer Mandantin den Inhalt dieses Berichts sehr genau auf seine rechtliche Zulässigkeit überprüfen«, heißt es darin.[176] *Bild*-Chefredakteur Kai Diekmann kommentierte den Vorgang süffisant in seinem Internetblog: »Nun gut, Frau Ministerin. Wenn das so ist, eine kleine Bitte: einfach beim nächsten Mal nicht mich, sondern gleich die Rechtsabteilung anrufen. Und zum nächsten Interview schicken wir dann lieber Juristen statt Journalisten. Einverstanden?«[177]

Von den 622 Abgeordneten des Deutschen Bundestags haben 121 einen Doktortitel – also fast jeder fünfte. Ursprünglich war es noch einer mehr. Doch CDU-Mann Dieter Jasper hatte seinen Doktor der Wirtschaftswissenschaften an der »Freien Universität Teufen« in der Schweiz erworben. Die allerdings ist keine richtige Hochschule, sondern ein Unternehmen nach Schweizer Recht. Ihre gegen gutes Geld vergebenen »Abschlüsse« sind nicht einmal in der Alpenrepublik, geschweige denn in Deutschland anerkannt. Daher dürfen die von ihr »verliehenen« akademischen Grade auch nicht in der BRD geführt werden. Inzwischen hat das auch Jasper gemerkt und dem Bundestagspräsidium mitgeteilt, dass er doch kein Doktor ist. »Der Fehler war, dass ich zu leichtgläubig war und nicht genug nachgefragt habe«, räumte er ein.[178] Ob Jasper wirklich so naiv war? Eigentlich hätte er gewarnt sein müssen. Bereits 2006 war sein Berliner Parteifreund Mario Czaja aufgeflogen: Auch der Landespolitiker verdankte seinen Abschluss als »Diplom-Ökonom« der »Freien Universität Teufen«.

Jenseits des Parlaments sind Titelträger nicht allzu häufig anzutreffen: Nur gut ein Prozent der in Deutschland lebenden Menschen hat promoviert. Insgesamt liegt der Akademikeranteil im Bundestag bei über zwei Dritteln – und damit ebenfalls weit höher als im Durchschnitt der Bevölkerung: 434 Parlamentarier verfügen über einen Universitätsabschluss, hinzu kommen noch 77 Politiker, die an einer Pädagogischen oder einer Fachhochschule studiert haben. Nur über einen Hauptschulabschluss verfügen gerade mal 12 Abgeordnete. Handwerker oder Arbeiter sind ebenfalls selten: Genau sieben gibt es. In den Landesparlamenten sieht es nicht viel anders aus. Das ist auch nicht erstaunlich. Denn politische Teilhabe ist von der Elternpflegschaft bis zum Bundestag generell gekoppelt an besondere Voraussetzungen: Artikulationsvermögen, Kompetenz, Selbstbewusstsein, Wissen. Besitz- und Bildungsbürger sind hier eindeutig im

Vorteil. »Partizipation prämiert den privilegierten Zugang zu Bildungsgütern«, erklärt der Politikwissenschaftler Franz Walter.[179] Der Weg von den bildungsfernen Souterrains der Gesellschaft in die Beletage des politischen Establishments ist unendlich weit.

Die Zusammensetzung der Parlamente und Regierungen hat Auswirkungen auf die Bildungspolitik. In Sonntagsreden und Schönwetterpapieren bezeichnen es Politiker aller Parteien als ihr Ziel, jedem Kind die bestmögliche Bildung angedeihen zu lassen. »Wir brauchen eine Bildungsoffensive für soziale Gerechtigkeit«, verkündete der SPD-Kanzlerkandidat Frank-Walter Steinmeier vor der Bundestagswahl 2009. »Wir müssen gezielt denjenigen helfen, die in der Vergangenheit nicht die nötige Förderung erhalten haben und die in der Schule zu scheitern drohen«, heißt es in seinem »Deutschlandplan«.[180] Nicht weniger als »mehr Chancengerechtigkeit am Start, Durchlässigkeit und faire Aufstiegschancen für alle«, versprachen CDU, CSU und FDP in ihrem Koalitionsvertrag vom Oktober 2009. Die konservativ-liberale Regierung würde »der Bildungsarmut den Kampf« ansagen und wolle »Deutschland zur Bildungsrepublik machen, mit den besten Schulen und Berufsschulen sowie den besten Hochschulen und Forschungseinrichtungen«. Hohle Phrasen, leere Versprechen. Die Realität sieht anders aus. Tatsächlich konserviert die Politik seit Jahrzehnten ein Bildungssystem, das zwar den Kindern der Privilegierten große Chancen bietet, die Kinder aus armen Familien aber chancenlos lässt. Das System ist perfekt zugeschnitten auf den eigenen Nachwuchs der Politiker und für die Kinder von Eltern, die ihre Söhne und Töchter früh und gezielt fördern und die mit dem Bildungskanon an Schulen und Hochschulen bestens vertraut sind. Das deutsche Bildungswesen ist vom Kindergarten bis zur Universität geprägt von sozialer Auslese, die nur wenige aus den unteren Etagen der Gesellschaft aufrücken lässt.

Schlimm genug, dass Bildungschancen am Beginn des 21. Jahrhunderts in einem demokratischen Rechtsstaat abhängig sind vom gesellschaftlichen Standort der Eltern. Noch schlimmer ist, dass Politiker das zwar immer wieder wortreich beklagen, dass jedoch nichts geschieht, um Abhilfe zu schaffen. Niemand bestreitet ernsthaft die offensichtliche Ungerechtigkeit des deutschen Bildungssystems, niemand stellt in Abrede, dass die Armen wenig und die Reichen viel von ihm profitieren. Auch dass Bildungsabschluss und Elternhaus in einem engen Zusammenhang stehen, ist für jedermann völlig klar. Nur grundlegend ändern wollen die vorgeblichen Kritiker nichts. Eisern hält die Politik am gegliederten Schulsystem fest, jenem fatalen Überbleibsel der Ständegesellschaft früherer Jahrhunderte.

Ständig werden nationale und internationale Erhebungen, Rankings und Untersuchungen veröffentlicht. Das Ergebnis ist immer das gleiche: Das deutsche Bildungssystem ist ungerecht. Doch die Politiker zeigen sich stets von Neuem völlig überrascht und schockiert. »Wir wähnten uns weit weg von der feudalen Gesellschaft und ihren durch Herkunft und Geburt bestimmten Lebenswegen – jetzt haben wir es dank PISA-Studien schwarz auf weiß, dass es bei uns auch heute noch ererbte Privilegien gibt«, gab sich der damalige Bundespräsident Horst Köhler 2007 bass erstaunt. »Denn anders kann man es doch nicht nennen, wenn vier von fünf Akademikerkindern studieren, aber nur eines von fünf Kindern mit Eltern ohne akademischen Grad.« Bedurfte es wirklich erst des »PISA-Schocks«, um zu dieser Erkenntnis zu gelangen? Aber PISA war eben mal wieder ein guter Anlass, Betroffenheit zur Schau zu tragen. »Wir müssen zur Kenntnis nehmen, dass wir in puncto frühkindlicher Bildung den Status eines Entwicklungslandes haben, dass unser Schulsystem Begabungen verkümmern lässt«, sagte Köhler.[181] Und welche Schlussfolgerungen zog er daraus? Forderte er womöglich eine Veränderung des Schulsystems? Selbstverständlich nicht.

»Auslese und Scheitern gehören zur deutschen Schule wie das Pult zum Klassenzimmer«, sagt der Bildungsexperte Christian Füller.[182] Jeder fünfte Fünfzehnjährige gilt als Risikoschüler. Das heißt, er kann gerade einmal auf Grundschulniveau rechnen und lesen. Rund 76 000 junge Menschen verlassen pro Jahr die Schule ohne einen Abschluss. Viele Jugendliche gelten aufgrund ihrer Bildungsdefizite als nicht ausbildungsfähig. Sie drehen Warteschleifen in Berufs-vorbereitungsjahren und Qualifizierungsmaßnahmen. Diese jungen Menschen bringen nicht die Fähigkeiten mit, die sie für ein aktives und selbstbestimmtes Leben brauchen.

Die soziale Ausgrenzung

Es ist längst bekannt, dass Schulsysteme mit geringerer Auslese eine höhere Chancengleichheit erreichen. Auch der Mythos, dass eine spätere Trennung der vermeintlich Schlauen und Dummen auf Kosten des Leistungsniveaus gehe, ist widerlegt. Das gemeinsame Lernen hat keinen nennenswerten Einfluss auf das Leistungsniveau. Wenn es überhaupt Effekte gibt, dann geht das längere Zusammen-bleiben mit einem höheren Niveau einher, belegt die Studie des ifo-Bildungsexperten Ludger Wößmann.[183] Trotzdem trennt Deutsch-land seine Schüler bereits im Alter von zehn Jahren. Abgesehen von Österreich gibt es kein Land, in dem die Chancen so früh und rigide verteilt werden. Ob Lehrkräfte ein Kind am Ende der Grundschule für geeignet für das Gymnasium oder nur für die Hauptschule hal-ten, hat wenig mit seinen wirklichen Fähigkeiten zu tun. Kinder aus der Unterschicht werden bereits in der Grundschule identifiziert und von den Lehrkräften systematisch in die Bildungssackgasse geführt. Nach einer Studie von Forschern der Universität Mainz bekommen 81 Prozent der Kinder aus der Oberschicht eine Gymnasialempfeh-lung, aber nur 14 Prozent der Kinder aus der Unterschicht. Als Ober-schicht gelten Familien mit einem Pro-Kopf-Einkommen von mehr als 1250 Euro und mindestens einem Elternteil mit Gymnasialab-schluss, zur Unterschicht werden Familien mit einem monatlichen Pro-Kopf-Einkommen bis 500 Euro und Eltern mit geringem Bil-dungsabschluss gezählt.

Nicht einmal gute Noten sind für Schüler aus Unterschichtsfamilien der Garant, um eine Empfehlung für die höhere Schule zu erhalten. Bei einem Notendurchschnitt von 2,0 bekommen fast alle Kinder aus einkommensstarken Familien die Gymnasialempfehlung, aber nur 76 Prozent der Kinder von Armen. »Lehrerinnen und Lehrer an Grundschulen entscheiden offenbar nicht nur aufgrund von Schulleistungen über die Empfehlung, die sie für die weiterführende Schule nach der vierten Klasse abgeben, sondern auch aufgrund der sozialen Herkunft der Kinder«, konstatiert Stefan Hradil vom Institut für Soziologie der Johannes-Gutenberg-Universität Mainz. »Wir haben festgestellt, dass vor allem die Zugehörigkeit zu einer bestimmten Schicht Auswirkungen auf die Schulnoten der Kinder und auf den Bildungswunsch der Eltern hat«, erklärt Hradil. Das Einkommen der Eltern spielt zwar auch eine Rolle für die Gymnasialempfehlung, noch bedeutender ist aber ihr Bildungsniveau.[184]

Die Noten von Kindern der Unterschicht in Mathematik und Deutsch sind durchschnittlich um mindestens eine Note schlechter als die der Nachkommen aus der Oberschicht. Selbst wenn die Kinder gesellschaftlich Benachteiligter tatsächlich leistungsschwächer wären, müsste es Aufgabe der Schule sein, die Defizite aufzufangen und ihnen entgegenzuwirken. Wahrscheinlicher als die systematisch schlechtere Leistung ist aber, dass Vorurteile der Lehrkräfte großen Einfluss auf die Beurteilung haben. Offensichtlich lassen sich Lehrkräfte in ihrer Entscheidungsfindung von Merkmalen stark beeinflussen, die auf die sozioökonomische Herkunft der Kinder schließen lassen: Kleidung, Beruf und Sprache der Eltern oder Wohnort. Immer wieder erklären Bildungspolitiker aller Couleur, dass sie die soziale Auslese im Schulsystem bannen wollen. »Ein genauerer Blick aber lässt zweifeln: Bildungsstandards sind an die hierarchisch gegliederten Schulformen gebunden, und sie sind als Regelstandards formuliert«, kritisiert der Münsteraner Bildungsexperte Wolfgang Böttcher. »Sie differenzieren also, statt ein Pensum für alle zu beschreiben, und sie unterstellen in ihrer Grundkonzeption, dass nicht alle Schülerinnen und Schüler die Standards erreichen können, denn die ›Regel‹ legitimiert die Ausnahme: Es gilt als natürlich, dass mehr oder weniger viele Kinder nur ein mangelhaftes oder ungenügendes Wissen und Können erwerben und deshalb Vorgaben verfehlen müssen.«[185]

Als der UN-Sonderberichterstatter für das Recht auf Bildung, Vernor Muñoz Villalobos, im März 2007 seinen Bericht zum deutschen Bildungssystem vorlegte, stellte er der Bundesrepublik ein verheerendes Zeugnis aus.[186] Es sei »offenkundig, dass die frühe Einstufung Auswirkungen für weniger begünstigte Kinder und Jugendliche hat, also für Schüler aus armen Verhältnissen sowie Schüler mit Migrationshintergrund oder Behinderungen«. Dies werde durch die Tatsache untermauert, dass arme und Migrantenkinder in der Hauptschule überrepräsentiert und am Gymnasium unterrepräsentiert sind. »Das System scheint folglich einen negativen Effekt zu haben, denn die Benachteiligten werden zu doppelt Benachteiligten.« Es sei somit ebenso offenkundig, »dass hinter den Ungleichheiten im Bildungsbereich eine soziale Ungleichheit steht, die über diese hinausgeht und sie determiniert«. Muñoz forderte den »Wandel von einem selektiven Bildungssystem zu einem System, bei dem das Individuum unterstützt wird und dessen spezifische Lernfähigkeiten im Mittelpunkt stehen«. Die Chancen, Gehör zu finden, schätze er allerdings skeptisch ein. Denn er habe feststellen müssen, dass trotz erfolgreicher ausländischer Beispiele die Diskussion über eine Abschaffung des gegliederten Systems in Deutschland »große Angst und Widerstand auszulösen scheint, insbesondere Besorgnis über den Verlust von Privilegien für diejenigen, die am meisten vom aktuellen System profitieren«.

Die Abwehrreaktion der deutschen Politik folgte prompt. »Herr Muñoz ist ein Handlungsreisender der Gewerkschaft Erziehung und Wissenschaft«, giftete Niedersachsens Kultusminister Bernd Busemann (CDU).[187] Der damalige Präsident der Kultusministerkonferenz, Berlins Bildungssenator Jürgen Zöllner (SPD), warnte eindringlich vor einer neuerlichen Diskussion über die Schulformen, die zweitrangig seien. Die alte Leier.

Dabei führen die Kultusminister intensiv die Diskussion über die Schulformen – nur nicht um eine: das Gymnasium. Das darf auf keinen Fall angetastet werden. Nur noch Baden-Württemberg und Niedersachsen halten stur am altbekannten dreigliedrigen Schulsystem fest und werben unverdrossen für die Hauptschule. Aber auch in diesen Ländern ist es nur eine Frage der Zeit, bis sie aufgrund der stark zurückgehenden Schülerzahlen das Auslaufmodell aus dem Sortiment nehmen werden. Der Trend ist eindeutig: Dem Beispiel der ostdeutschen Bundesländer folgend, wird in Westdeutschland das dreigliedrige durch ein zweigliedriges Schulsystem ersetzt. Die alten Haupt- und Realschulen verschwinden. An ihre Stelle tritt eine neue Schulform. Von Bundesland zu Bundesland verschieden heißt sie »Regelschule«, »Mittelschule«, »Gemeinschaftsschule«, »Sekundarschule« oder wie in Rheinland-Pfalz »Realschule plus«. Diese Zweigliedrigkeit ist eine pragmatische Scheinlösung. Das eigentliche Problem wird sie nicht beheben: die Unvereinbarkeit der hohen sozialen Selektivität mit dem Anspruch auf gleichberechtigten Zugang zu guter Bildung für alle in einer demokratischen Gesellschaft.

Welche furchtbaren Folgen jenseits der sozialen Frage auch ein zweigliedriges Schulsystem haben kann, zeigt das Beispiel Thüringen. Die CDU-geführte Landesregierung hatte für eine geradezu groteske Abschottung der Schulformen gesorgt. Schüler, die auf dem Gymnasium das Abitur nicht schafften oder bereits vorzeitig in der Oberstufe scheiterten, hatten in Thüringen bis vor wenigen Jahren überhaupt keinen Abschluss. Damit wollte das Land verhindern, dass Schüler das Gymnasium einfach ausprobierten. Waren sich Eltern nicht völlig sicher, dass sie ihr Kind durchs Abitur bringen, sollten sie sich für die Regelschule entscheiden. Geändert wurde das erst nach dem Amoklauf des ehemaligen Schülers Robert Steinhäuser am Erfurter Gutenberg-Gymnasium. Der 19-Jährige hatte die Schule ohne Abschluss verlassen müssen. Auch weil er offenbar für sich keine Perspektive mehr sah, brach er am 26. April 2002 zu einem Amoklauf an seiner alten Schule auf, bei dem er 17 Menschen und schließlich sich selbst tötete. Danach wurde neben dem Jugendschutz- und Waffengesetz auch das Thüringer

Schulgesetz geändert. Jetzt machen die Gymnasiasten im zehnten Schuljahr eine Prüfung. Bestehen sie die, haben sie zumindest die Mittlere Reife, wenn sie anschließend das Abitur nicht packen.

Von der Bildungseuphorie zur Ernüchterung

Innerhalb von 40 Jahren hat sich in der Bundesrepublik der Umgang mit Wissensaneignung radikal gewandelt. In den sechziger und den frühen siebziger Jahren war Bildung ein verheißungsvolles Versprechen: das Versprechen von Glück und Wohlstand, es hoch hinaus zu schaffen und es einmal besser zu haben als die Vorgängergeneration. Der Staat machte attraktive Angebote. In den sechziger Jahren konnten zum ersten Mal in einem nennenswerten Umfang Kinder von Arbeitern und Handwerkern die Gymnasien besuchen. Nach und nach fiel das Schulgeld weg, die Lehrmittelfreiheit kam. Die Bildungseuphorie steckte die Menschen an, Eltern besuchten die Volkshochschule, um ihren Kindern bei den Hausaufgaben helfen zu können. Erwachsenenbildung wurde nicht als lästige Pflicht, sondern als vielversprechender Weg in neue Welten angesehen. Auch damals gab es zwar keine echte Chancengleichheit zwischen Arm und Reich, bildungsnahem und bildungsfernem Elternhaus. Aber es gab einen breiten Konsens darüber, dass Staat und Gesellschaft die Aufgabe haben, diese Ungleichheiten auszugleichen.

Das ist lange her. Die vormals angestrebte Chancengleichheit ist abgelöst worden von dem Postulat der »Chancengerechtigkeit«, was zwar ähnlich klingt, jedoch nicht dasselbe will. Beschwörungsformeln haben den einstigen Reformwillen ersetzt. »Wir dürfen kein Kind zurücklassen« oder »Bildungschancen dürfen nicht vom Elternhaus abhängen«, heißt es immer wieder. Aber genau den Eltern, von denen die Bildungschancen der Kinder unabhängig sein sollen, schieben Politiker die Verantwortung für das Schulversagen in die Schuhe. Eltern müssen sich mehr engagieren, heißt es. Aber wie sollen Mütter und Väter, die sich selbst als Verlierer des Schulsystems erlebt und entwürdigende Erfahrungen im Lehrbetrieb gemacht haben, ihrem Nachwuchs Hilfestellungen geben und ihn motivieren?

Die von den Parteien propagierte Parole »Chancen durch Bildung« löst denn auch in der Unterschicht keine hoffnungsfrohen Jubelstürme aus, »sondern ausschließlich pure Versagensängste«, konstatiert der Politikwissenschaftler Franz Walter. »Das Bildungspostulat der postindustriellen Gesellschaft wird in dieser Schicht mit lebenslanger Chancenlosigkeit für sie selbst übersetzt. Denn wann immer sie Erfahrung mit Bildungsinstitutionen gemacht haben, standen sie am Ende stets als diejenigen da, welche die Ziele nicht erreichen, den kognitiven Anforderungen nicht gerecht werden konnten.«[188] Obwohl in der öffentlichen Debatte der Zusammenhang zwischen ökonomischer und kultureller Situation im Elternhaus und schulischem Erfolg unbestritten ist, gilt Schulversagen als individuelles Versagen. Wer es nicht schafft, ist selbst schuld – oder eben die Eltern, ist die Botschaft. Dabei ist genau das nicht der Fall.

Verlierer geben sich selbst die Schuld

Die Verlierer des deutschen Bildungssystems sind die Kinder, deren Eltern auch schon die Verlierer waren. Die Erfahrung, in der Schule aussortiert worden zu sein, führt bei vielen zur Akzeptanz der Ungerechtigkeit und bei vergleichsweise wenigen zur Renitenz. Viele, die als dumm abgestempelt werden, machen sich diese Einschätzung zu eigen. Sie kommen aus ihrer Bildungssackgasse nicht heraus, weil sie systematisch entmutigt werden. Der Soziologe Pierre Bourdieu bezeichnete das Denken, das hinter der Auslese in der Schule steht, als Rassismus: »Die Klassifizierung durch die Schule ist eine euphemisierte, also naturalisierte und verabsolutierte soziale Klassifizierung, eine soziale Klassifizierung, die bereits eine Zensur durchlaufen hat, eine Alchemie, eine Umwandlung, die auf die Umwandlung von Klassenunterschieden in ›Intelligenz-‹ oder ›Begabungsunterschiede‹ hinausläuft, also in Unterschiede der Natur. Nicht einmal die Religionen haben es so weit getrieben.«[189]

Wer die Definitionsgewalt über die Kriterien für Intelligenz und Kompetenz hat, sorgt dafür, dass sie den Fähigkeiten seines Milieus entsprechen. Und damit ist es auch ein Einfaches, die eigene Macht zu legitimieren. So wie Könige und Kaiser früher ihre Untertanen glauben machten, ihre Macht sei durch Gottes Gnaden bestimmt, agiert heute die akademische und politische Elite. Der Bildungsadel ist davon überzeugt, aufgrund seiner eigenen Leistung seine Stellung erworben zu haben und vor allem: sie zu verdienen. Bildungsverlierer wiederum geben sich selbst und nicht denen da oben die Schuld für ihr schulisches Versagen. »Die Erfolgreichen und die Gescheiterten glauben gleichermaßen an natürliche Fähigkeiten und individuelle Leistung: Die Ausgeschlossenen halten ihren Ausschluss für legitim, denn sie haben es halt nicht ›gepackt‹, den Privilegierten hilft das Bildungssystem, nicht als Privilegierte zu erscheinen, sondern als solche, die sich den Erfolg selbst verdient haben«, beobachtet der Münsteraner Bildungsforscher Böttcher.[190]

Die Schere öffnet sich immer weiter. Die vermeintlich Schlauen und die angeblich Dummen nehmen die ihnen zugewiesenen Rollen früh an. Die Kinder und Jugendlichen auf den Gymnasien fühlen sich als künftige Elite, die jungen Leute auf den Hauptschulen als Ausschuss.

Der verlorene Mut zur Veränderung

Von der Bildungseuphorie früherer Jahrzehnte ist nichts geblieben. Während sich in der Mitte der Gesellschaft im Kampf um »Chancen durch Bildung« eine gnadenlose Rivalität entwickelt hat, haben die unteren Schichten resigniert angesichts eines Systems, das ihnen viel versprach, aber wenig hielt. Denn die SPD, an deren Versprechungen sie geglaubt hatten, kapitulierte bereits Mitte der siebziger Jahre vor der Lobby der konservativen Besitzstandswahrer.

Die Sozialdemokraten gelten als Verfechter der Gesamtschule. In vielen Landesregierungen hätten sie die Möglichkeit gehabt, das gegliederte durch ein integriertes Schulsystem abzulösen. Sie taten es nicht. Das Ende ihrer Reformbemühungen markiert das Jahr 1978, als die sozial-liberale Landesregierung in Nordrhein-Westfalen das Volksbegehren gegen die von ihr geplante Einführung der sogenannten Koop-Schule verlor. Der damalige SPD-Kultusminister Jürgen Girgensohn wollte die Regelung einführen, dass nach einer vierjährigen Grundschulzeit die Schüler zunächst eine zweijährige Orientierungsstufe besuchen. Während dieser Phase sollten Eltern und Lehrer ohne Zeitdruck über die künftige Schullaufbahn ihrer Kinder oder Schüler entscheiden. Erst danach sollten die Schüler auf Hauptschule, Realschule und Gymnasium verteilt werden, wobei alle drei Schulzweige unter dem Dach der Koop-Schule organisatorisch zusammengefasst werden sollten.

Nachdem Girgensohn im Landtag angekündigt hatte, die Koop-Schule sei ein »Zwischenstadium zur integrierten Gesamtschule« als alleiniger Schulform, brach an Rhein und Ruhr ein Sturm der Entrüstung los. Die Koop-Schule sei »ein gefühlloses Instrument zur Zerstörung unserer Schulsysteme«, geiferte die oppositionelle CDU. Von der Kanzel predigten Pfarrer demagogisch gegen die »Einheitsschule, die auf dem sozialistischen Mistbeet gewachsen ist«. Der erbittert geführte Streit mündete in ein von konservativen Lehrer- und Elternverbänden initiiertes und von der CDU unterstütztes Volksbegehren unter dem Motto »Stoppt das Schulchaos«. Es wurde zum einzigen erfolgreichen Volksbegehren in der Landesgeschichte. Danach erlahmte für Jahrzehnte nicht nur jeder sozialdemokratische Reformeifer in der Bildungspolitik.

Immer noch sitzt die Angst vor der Gymnasiallobby tief. Der sicherste Bestandsschutz für das Gymnasium ist der Glaube vieler Politiker, dass sie abgewählt werden, wenn sie das Gymnasium abschaffen wollen. Ganz falsch liegen sie damit nicht, wie der wütende Protest gegen die vom schwarz-grünen Senat in Hamburg vereinbarte sechsjährige Primarschule anschaulich demonstriert.

Nichts bringt gutsituierte Eltern so sehr in Rage wie die Ankündigung, ihr heiliges Gymnasium anzutasten. Nicht einmal die Tatsache, dass das deutsche Gymnasium trotz seiner leistungsbezogenen und sozialen Auslese nur mäßige Leistungsergebnisse im Vergleich zu den Gesamtschulsystemen in Finnland oder Kanada hervorbringt, irritiert die Anhänger.

Reformplacebos

Weniger riskant als der notwendige grundlegende Umbau des Bildungssystems sind schöne Worte und kleinere Reparaturen. So gaukelt die Politik den Bürgern vor, die allseits eingestandene Bildungsmisere beheben zu wollen, und unterlässt genau das, was dazu nötig wäre. Wer mehr will, der wird eindringlich gewarnt: Lehrer, Eltern und Schüler, droht die hessische CDU, »wollen keinen ideologisch motivierten Schulkampf«. Das Land brauche »Stabilität, Kompetenz und Vertrauen«.[191] Also formulieren die Mitglieder der Kultusministerkonferenz nette Bildungsstandards. Bundesbildungsministerin Annette Schavan (CDU) bringt hier ein Exzellenzprogramm und dort ein Stipendienprogramm auf den Weg. Landes- und Bundespolitiker ringen darum, ob bis zu einem bestimmten Zeitpunkt 8,9 Prozent oder 9,5 oder doch 10 Prozent des Bruttoinlandsprodukts in die Bildung gesteckt werden sollten. Vielleicht gibt es neue Mikroskope für den Biologieunterricht in der Oberstufe, vielleicht eine neue Sportanlage in der Realschule. Für die Hauptschule gibt es vielleicht ein besseres Sicherheitssystem. Ruhe und Ordnung ist das oberste Gebot. Die schwarz-gelbe Landesregierung in Nordrhein-Westfalen führte als eine ihrer ersten Maßnahmen nach Amtsantritt 2005 ein schulpolitisches Relikt aus grauer Vorzeit wieder ein: die sogenannten Kopfnoten, mit denen Lehrer gute Führung, Fleiß und andere persönliche Eigenschaften der Schüler bewerten. Wie andernorts auch waren die Kopfnoten Mitte der siebziger Jahre von den Zeugnissen verschwunden. Verschrien als autoritäres Disziplinierungsinstrument gegen aufsässige Schüler, passten sie nicht zur Reformstimmung der damaligen Zeit. Nur in Baden-Württemberg hielt man ohne Unterbrechung an ihnen fest. Und in der DDR. Jetzt gab es sie auch wieder an Rhein und Ruhr.

Selbst sinnvolle Vorhaben werden bei solch einem Verständnis von »Reformpolitik« schnell zur Farce. Ein Mittel, der sozialen Benachteiligung in den Schulen entgegenzuarbeiten, ist die Ganztagsschule. Sie bietet die Chance einer neuen Lernkultur. Außerdem kann sie Schülern die Möglichkeit eröffnen, ihre Bildungseinrichtung als Lebensraum zu erleben. Sie sind dadurch für pädagogische Programme besser erreichbar. Werden Kinder und Jugendliche den ganzen Tag über qualifiziert betreut, ist der Bildungshintergrund des Elternhauses weniger wichtig. Gleichzeitig bietet die Ganztagsschule den Müttern und Vätern Entlastung. Umfragen zufolge sind denn auch 58 Prozent der Eltern für den Ausbau der Schulen zu Ganztagseinrichtungen – wie sie für all die anderen Eltern in der europäischen Nachbarschaft längst selbstverständlich sind.

Als die damalige rot-grüne Bundesregierung als Reaktion auf den PISA-Schock ein Programm zum Ausbau der Ganztagsschule auflegte, reagierten die Bundesländer skeptisch und ablehnend. Aber sie korrigierten ihre Haltung, schließlich ging es um eine ganze Menge Geld: Stolze vier Milliarden Euro versprach der Bund zu investieren. Das lobenswerte Ziel war der Ausbau von einem Viertel der deutschen Schulen zu Ganztagsschulen bis 2010. »Dennoch steht das Ganztagsschulprogramm für alles, was man an föderal organisierter Politik nicht mag«, stellt der Bildungsexperte Füller fest. »Es wurde vom ersten Augenblick an getäuscht und getarnt. Während die Länder und ihre Minister zum Beispiel noch öffentlich gegen den Ausbau der Nachmittagsbetreuung stänkerten, änderten sie zur selben Zeit still und heimlich die Definition der Ganztagsschule.« Eigentlich gelten Einrichtungen als Ganztagsschulen, die fünfmal pro Woche bis 16.30 Uhr oder länger Angebote vorhalten. Doch auf einmal fielen auch andere unter diese Kategorie, kritisiert Füller: »Man musste den Schülern nur ein Angebot zur Verfügung stellen, das an drei Tagen mindestens sieben Zeitstunden vorsieht und ein Mittagessen beinhaltet. Das bedeutet, schon ein halbwegs fleißiger Schüler, der gerne Nachmittags-AGs besuchte, war nun Ganztagsschüler.« Entsprechend rasant wuchs die Zahl der Ganztagsschulen: »Bayern hatte plötzlich nicht mehr nur 16, sondern 416 Ganztagsschulen, Sachsen wurde von null auf 1328 Ganztagsschulen katapultiert – ohne einen einzigen Umbau vorzunehmen.«[192]

Gesamtschule – warum nicht?

Lange Jahre wurden Vorstellungen, die auf eine Überwindung des bestehenden Schulsystems zielten, als Spinnereien einiger unverbesserlicher linker Pädagogen abgetan und in die Mottenkiste gepackt. Aber die Forderung, die bestehende Dreiteilung in Hauptschule, Realschule und Gymnasium abzuschaffen, kommt inzwischen nicht mehr nur von den üblichen Verdächtigen. Das deutsche Schulsystem »reflektiert die Drei-Klassen-Gesellschaft des neunzehnten Jahrhunderts«, kritisiert beispielsweise Hans-Werner Sinn, der Präsident des Instituts für Wirtschaftsforschung (ifo).[193] Früher habe man ehrlicherweise von der Volksschule, der Mittelschule und der Oberschule gesprochen und damit implizit zugegeben, dass für das Volk, die Mittelschicht und die Oberschicht drei verschiedene Schulen vorgesehen sind. Heute spreche man verschämt von der Hauptschule, der Realschule und dem Gymnasium. »Die Verwendung der neuen Namen ändert aber kaum etwas daran, dass mit dem deutschen Schulsystem die bestehende Ungleichheit der Gesellschaft zementiert wird.« Es sei offenkundig, dass unter den bestehenden Verhältnissen »Begabungsreserven bei den Arbeiterkindern nicht ausgeschöpft werden«. Deshalb passe es »nicht mehr in die heutige Zeit« und gehöre »in den Abfalleimer der Geschichte«, ist der Münchner Professor überzeugt. Es sei an der Zeit, die alten Ideologien zu vergessen und das deutsche Schulsystem an internationale Standards anzupassen, fordert Sinn. Seine Alternative:

»Deutschland muss die Diskussion um die Gesamtschule noch einmal führen.«

Es ist keine Reminiszenz an seine jungen Jahre bei der Sozialistischen Jugend Deutschlands – Die Falken, die ausgerechnet den eingefleischten Marktradikalen Sinn zu dieser Überzeugung gebracht hat. Sein Beispiel zeigt vielmehr, dass es längst keine klassische Rechts-Links-Frage mehr ist, ob jemand für oder gegen die Gesamtschule ist. Auch manche Konservative und Liberale treten für ein einheitliches Schulsystem ein. »Weil wir durch unser Schulsystem die Chancengleichheit mit den Füßen treten, brauchen wir einen exzessiven Sozialstaat, um das wünschenswerte Maß an Gleichheit wenigstens im Nachhinein herzustellen«, kritisiert Sinn. »Wie viel besser wäre es doch, verringerten wir die Ungleichheit im Vorhinein bei der Ausbildung unserer Schüler. Dann könnte sich der Staat einen Teil der hohen Umverteilungslasten ersparen, die Privatinitiative und Leistungsbereitschaft erdrücken.« Und noch einen weiteren Vorteil sieht er für sich und seinesgleichen darin, den bisher Ausgegrenzten eine faire Chance zum Aufstieg zu geben: »Der Arbeiter, der hofft, dass seine Kinder Millionäre werden, wird keine Neidsteuer für die Millionäre mehr fordern.« Es gibt viele andere gute Gründe für die Wiederbelebung des »Schulkampfs«. Und ob das einheitliche integrative Schulsystem, für das es sich zu streiten lohnt, nun Gesamtschule, Gemeinschaftsschule oder »Schule für alle« genannt wird, ist egal. Es wird Zeit, dass es kommt.

Kapitel 7

DIE GESUNDHEITSLÜGE

*Warum es nicht stimmt, dass Patienten in Deutschland
alles bekommen, was sie medizinisch brauchen*

Nur ganz selten gelingt es einem Politiker, mit nur einem einzigen Zeitungsinterview in Erinnerung zu bleiben. Philipp Mißfelder hat das geschafft. »Ich halte nichts davon, wenn 85-Jährige noch künstliche Hüftgelenke auf Kosten der Solidargemeinschaft bekommen«, verkündete der Bundesvorsitzende der christdemokratischen Jugendorganisation Junge Union im August 2003 in einem Interview mit dem Berliner *Tagesspiegel*. Die Sozialsysteme seien »nicht dafür zuständig«, dass jeder Senior »fit für einen Rentner-Adventure-Urlaub« sei. Früher seien »die Leute auch auf Krücken gelaufen«, erklärte der damals 23-Jährige unumwunden.[194]

Der CDU-Nachwuchspolitiker entfachte einen Sturm der Entrüstung. In Tausenden von Briefen, Postkarten und E-Mails entlud sich der Volkszorn. »Für solche Volksverstümmler bleibt nur noch die Todesstrafe!«, hieß es da. Auch vor Morddrohungen schreckten die Absender nicht zurück: »Mißfelder! Bereiten Sie sich auf Ihren Tod vor. Die Pistole liegt bereit.« An die Tür seiner Berliner Wohnung klebten Unbekannte einen Zeitungsausschnitt, illustriert mit einem riesigen Foto Mißfelders, und schrieben darauf in großen Lettern: »Da wohnt der Kerl«. Seine Eltern legten sich für ihr Telefon eine Geheimnummer zu, in ihrem Wohnquartier fuhr die Polizei Sonderstreifen. »Deutschlands Alte schäumen vor Wut«, schrieb die *Bild*-Zeitung.[195]

Quer durch alle Lager gingen Politiker umgehend auf Distanz zu dem »CDU-Milchbubi, über den alle schimpfen« *(Bild)*. Die damalige Bundesfamilienministerin Renate Schmidt (SPD) bezeichnete die Äußerungen Mißfelders als »inhuman« und warnte vor einem »Krieg der Generationen«. Als »zynisch und menschenverachtend« wertete sie der Juso-Vorsitzende Niels Annen. Politiker der Grünen und der damaligen PDS kritisierten die Aussagen Mißfelders ebenfalls harsch. »Solches Gerede spaltet unsere Gesellschaft«, wetterte die FDP-Politikerin Cornelia Pieper. Auch in den eigenen Reihen ging man hart mit dem jungen Talent ins Gericht. »Das ist unter aller Sau«, polterte der bayerische Ministerpräsident Edmund Stoiber. »Wer sich so unmenschlich und mit einer solchen Wortwahl gegenüber der älteren Generation einlässt, sollte sich schämen.« Stoibers deftiges Fazit: »Nichts gegen 23-Jährige – aber der soll erst mal was in seinen Kopf kriegen.« CDU-Generalsekretär Laurenz Meyer sah sich zu einer eindeutigen Klarstellung genötigt: »Die Führung der CDU hält die Einlassungen Mißfelders für gänzlich unangebracht, vor allem auch in ethischer Hinsicht.« Kleinlaut bat der Jungpolitiker Mißfelder schließlich um Entschuldigung: »Wenn ich die Gefühle älterer Menschen verletzt habe, dann ist das nicht das Ziel, das ich erreichen wollte.«

Der offenherzige Einsatz des JU-Chefs und heutigen Bundestagsabgeordneten für Krücken und gegen neue Hüften für Hochbetagte liegt einige Jahre zurück. Aber die krude Forderung hat sich tief ins kollektive Gedächtnis gegraben. Mißfelder hatte ein Tabu gebrochen. Er forderte öffentlich, einer klar umrissenen Gruppe die Finanzierung eines medizinisch notwendigen Eingriffs zu verweigern – in Deutschland ein Sakrileg. Noch. Noch versprechen Politiker, dass die Bürger alle medizinisch notwendigen Therapien bekommen. Doch so abwegig sie auf den ersten Blick erscheint, ist die Verweigerung medizinisch notwendiger Behandlungen nicht. Das zeigt der Blick nach Großbritannien. Auf der Insel gibt es ein aus Steuermitteln finanziertes Gesundheitssystem, die Bürger zahlen keine Versicherungsbeiträge, und ihre medizinische Versorgung ist kostenlos. Das klingt gut, hat aber einen Haken: Die Patienten werden nicht in jedem Fall medizinisch versorgt. So zahlt der nationale Gesundheitsdienst bereits 75-Jährigen keine neue Hüfte mehr – und nicht erst 85-Jährigen, wie Mißfelder forderte. So etwas scheint in Deutschland bislang undenkbar. Die Sicherheit, im Fall des Falles unabhängig von sozialem Status, Einkommen und Alter Zugang zu einer notwendigen Behandlung zu haben, ist Wählern in der Bundesrepublik extrem wichtig. Das wissen auch Politiker. Keine Regierung wäre bis vor kurzem überhaupt auf die Idee gekommen, Hand daran zu legen. Aber die Verhältnisse haben sich geändert. Zwar ist das Gesundheitswesen immer noch ein vermintes Gelände, auf dem sich ein Politiker sehr vorsichtig bewegen muss. Aber die Pfade werden breiter.

»Ich bin der mit der Hüfte«, sagt Philipp Mißfelder heute manchmal in scherzhaftem Ton zu Beginn von Veranstaltungen insbesondere der Senioren-Union – und erntet freundliches Gelächter statt wütenden Protest. Um die Wogen nach seinen umstrittenen Aussagen wieder zu glätten, hatte er sich intensiv und mit Erfolg um ein gutes Verhältnis zu den Partei-Oldies bemüht. Die haben ihm seinen Fauxpas denn auch längst verziehen – eine lässliche Jugendsünde, über die man heute hinwegsehen oder sogar herzlich lachen kann. Seit 2008 leitet er gemeinsam mit dem Bundesvorsitzenden der Senioren-Union Otto Wulff den Initiativkreis »Zusammenhalt der Generationen« der CDU.

Das furchtbare Wort »Rationierung«

Die Auseinandersetzung um die Einschränkung von Gesundheitsleistungen ist keineswegs beendet, im Gegenteil. Die Debattenbeiträge kommen nur wohltemperierter daher. So fordert inzwischen kein Geringerer als der Präsident der Bundesärztekammer, Professor Jörg-Dietrich Hoppe, Ähnliches wie einst Mißfelder. In seinen akademisch verklausulierten Worten klingt es aber nicht so schlimm. Lange hatte sich Hoppe gegen die Begrenzung medizinischer Leistungen für bestimmte Patienten ausgesprochen, die Experten gerne verschleiernd »Rationierung« nennen. Im Frühling 2008 kam die

Kehrtwende. »Es ist inzwischen so, dass wegen der strikten Ausgabenbegrenzung nicht mehr alles für alle bezahlbar ist. Das heißt, eine Form von Rationierung medizinischer Leistung ist unumgänglich«, sagte er im Mai 2008.[196] Es gebe seit Jahren bereits eine heimliche Rationierung, begründete Hoppe seinen Sinneswandel. »Wir Ärzte haben sie bisher nicht akzeptiert und versucht, sie zu kompensieren«, so der ranghöchste deutsche Ärztefunktionär. Mittlerweile sei jedoch »klar, dass es Rationierung in jedem Land der Welt gibt, eben auch bei uns in Deutschland«. Die Politik und die Krankenkassen dürften deshalb »nicht länger behaupten, die Patienten bekämen die notwendige Versorgung, und in Wirklichkeit wird dieses Notwendige dem Finanzierbaren angepasst«. Stattdessen solle die Rationierung »transparent sein, und sie soll nicht vom behandelnden Arzt getroffen werden müssen«, forderte er.

Auf dem 112. Deutschen Ärztetag ein Jahr später in Mainz bekräftigte Hoppe seine Position: »Manchmal schmerzt die Wahrheit, aber manchmal muss man auch den Mut haben, sie trotzdem auszusprechen.« Er legte sein Konzept der »Priorisierung« vor. Weil die zur Verfügung stehenden Mittel im Gesundheitswesen nicht ausreichen, so die Argumentation, müssen sie nach Notwendigkeit verteilt werden. Ein unabhängiger Gesundheitsrat soll eine Liste mit Krankheiten vorlegen, die vorrangig behandelt werden. Ist der Patient selbst schuld an seinem Leiden, soll er für die Behandlung auch selbst zahlen. Was das konkret bedeutet, ließ Hoppe offen.[197] Er wisse, dass er mit diesen Vorstellungen ein Tabu breche, erklärte er bei der Eröffnung des Ärztetags: »Und zwar das Tabu, das unbegrenzte Leistungsversprechen der Politik nicht in Frage zu stellen.« Wer sich heute »hinstellt und behauptet, die umfassende Gesundheitsversorgung sei sicher, der sagt schlicht und einfach nicht die Wahrheit«, verkündete Hoppe. Er wolle »eine Diskussion provozieren, in der die Politik Farbe bekennen muss«.[198]

Die Politik bekannte keine Farbe, sondern erklärte, dass nicht sein kann, was nicht sein darf. »Ich finde, ›Rationierung‹ ist im Zusammenhang mit Gesundheit wirklich ein furchtbares Wort«, entgegnete der rheinland-pfälzische Ministerpräsident Kurt Beck (SPD) noch auf dem Ärztetag und verwies auf die Möglichkeit, steigende Ausgaben im Gesundheitswesen durch mehr Steuermittel auszugleichen. Die damalige Vorsitzende der Gesundheitsministerkonferenz der Länder, Christine Lieberknecht (CDU), wies Hoppes Forderung ebenfalls scharf zurück. Sie sei »ethisch nicht vertretbar«, sagte die heutige Ministerpräsidentin Thüringens.[199] Auch in der Ärzteschaft gingen viele auf Distanz. Doch die Provokation des Funktionärs sorgte bei weitem nicht für die laute Empörung, wie sie Mißfelder geerntet hatte. Hoppes Ideen entfalteten nicht die Sprengkraft, die der Ärztekammerpräsident selbst ihnen beigemessen hatte.

Gefühlte Zwei-Klassen-Medizin

Zwischen Mißfelders und Hoppes Vorstoß ist in Gesellschaft und Politik etwas geschehen. Dass Patienten nicht immer die medizinische Versorgung erhalten, die für sie sinnvoll und erforderlich ist, scheint vielen inzwischen unvermeidbar zu sein. Auf Kongressen und Tagungen sprechen sich Gesundheitsökonomen und andere Wissenschaftler ganz selbstverständlich dafür aus, dass die Krankenkassen für viel weniger Diagnoseverfahren und Therapien die Kosten übernehmen sollten, als sie es tun. Den Leistungskatalog der Krankenkassen kürzen, heißt das in der Expertensprache. Ebenso wie Mißfelders nicht bezahlte Hüftoperation ist Hoppes Rangordnung kein Modell aus der Welt der Barbaren. Schweden, Großbritannien und Neuseeland hätten die von ihm vorgeschlagene Prioritätenliste längst, hielt Hoppe seinen Kritikern entgegen. Angesichts knapper Kassen und einer alternden Gesellschaft könne eben nicht mehr die Behandlung jeder »Unpässlichkeit« bezahlt werden.

Tatsächlich haben auch in der Bundesrepublik schon jetzt nicht alle den gleichen Zugang zur Gesundheitsversorgung. Das gilt nicht nur für Randgruppen wie Obdachlose, Junkies oder illegalisierte Ausländer. Im Zentrum der Gesellschaft gibt es eine weitverbreitete gefühlte Zwei-Klassen-Medizin. Gesetzlich Krankenversicherte gehen davon aus, dass Privatpatienten besser und schneller behandelt würden – davon lesen sie dauernd in der Zeitung, und darum geht es immer wieder in den Talkshows im Fernsehen. In Kliniken und Praxen machen sie oft die Erfahrung, dass Privatpatienten schneller einen Termin bekommen und nicht so lange warten müssen. Daraus zu schließen, dass auch die medizinische Versorgung besser sei, liegt nahe. Einer repräsentativen Umfrage des Meinungsforschungsinstituts GfK zufolge, die der private Krankenversicherer Allianz in Auftrag gab, hat bereits fast jeder dritte Deutsche das Gefühl, schon mindestens einmal keine ausreichende medizinische Versorgung oder ärztliche Behandlung bekommen zu haben. Die meisten glauben nicht, dass das bisherige Niveau erhalten bleibt. 84 Prozent der Befragten rechnen mit weiteren Einschränkungen in der medizinischen Versorgung.[200]

Auch die Alltagserfahrungen der Ärzte sind beklemmend. Viele Mediziner geben zu, dass sie »rationieren«. Nach einer Studie unter Leitung von Tübinger Medizinethikern berichteten von 1137 Intensivmedizinern und Kardiologen mehr als drei Viertel der antwortenden Ärzte, bereits mindestens einmal aus Kostengründen eine für den Patienten nützliche Maßnahme nicht vorgenommen oder durch eine preiswertere, aber weniger effektive Leistung ersetzt zu haben. 13 Prozent der Mediziner gaben an, mehr als einmal pro Woche Patienten eine nützliche Leistung vorzuenthalten.[201] Der Koalitionsvertrag der schwarz-gelben Bundesregierung spiegelt das nicht wider, im Gegenteil. »Wir wollen, dass auch in Zukunft alle Menschen in Deutschland unabhängig von Einkommen, Alter, sozialer Herkunft und gesundheitlichem Risiko weiterhin die notwendige medizinische Versorgung qualitativ hochwertig und wohnortnah erhalten und alle am medizinischen Fortschritt teilhaben können«, heißt es in dem Papier.[202] Politiker schrecken davor zurück, die Lebenslüge im Medizinbetrieb klar zu benennen. Aber Probleme kann man nicht lösen, wenn man sie leugnet.

Patienten können nicht abschätzen, was für sie die richtige und wichtige Therapie ist. Sie müssen darauf vertrauen, dass Ärzte aus medizinischen Gründen die richtige Entscheidung treffen. Auf intensivmedizinischen Stationen, im Notfall und selbst im ärztlichen Alltag ist es jedoch häufig eine willkürliche Entscheidung, ob Patienten eine sinnvolle Behandlung bekommen oder nicht. Schwierig wird es insbesondere, wenn es zwar Medikamente gibt, die nach Auffassung des Arztes helfen könnten, die aber gerade für diese Erkrankung nicht zugelassen sind, was in der Krebstherapie oft vorkommt. Dann muss der Patient Glück haben, dass seine Krankenkasse trotzdem zahlt. Ärzte mögen ihrem Gewissen oder dem ökonomischen Druck von Seiten ihrer Vorgesetzten oder des Kostenträgers folgen – in den meisten Fällen werden der Kranke und seine Angehörigen das nicht erfahren. Und selbst wenn: Es wird in vielen Fällen gar nicht mehr nachvollziehbar sein, ob der Patient eine Behandlung nicht bekam, weil sie ihm nichts genützt hätte, weil ein anderer sie dringender brauchte oder ob sonstige Gründe den Arzt zu seiner Entscheidung bewogen.

Gesundheit rückt ins Zentrum der Politik

Bis in die achtziger Jahre hinein gab es für die Bürger einen immer besseren Zugang zu Gesundheitsleistungen. Und alle waren sich einig, dass das richtig und wünschenswert ist. Konrad Adenauers Bundesregierungen kamen bis Anfang der sechziger Jahre ohne ein eigenes Gesundheitsministerium aus. Erst 1961 rief Adenauer das »Bundesministerium für Gesundheitswesen« ins Leben. Mit der Bildung der sozial-liberalen Koalition 1969 gliederte Bundeskanzler Willy Brandt das Ressort dem Ministerium für Familie und Jugend ein. 1986 schlug Helmut Kohl den drei Zuständigkeiten noch die für Frauen hinzu. Wie auch immer der Zuschnitt, welche Parteien auch regierten: Der politische Stellenwert des Themas Gesundheit war nie sehr groß – was sich schon daran zeigt, dass in der von Männern dominierten bundesrepublikanischen Nachkriegspolitik zunächst ausschließlich Frauen den Posten bekamen. Elisabeth Schwarzhaupt (CDU) wurde 1961 nicht nur erste Bundesgesundheitsministerin, sondern überhaupt die erste Ministerin einer Bundesregierung. Mit ihrem Parteifreund Heiner Geißler übernahm 1982 erstmalig ein Mann für drei Jahre das Amt.

In den Schlagzeilen war das Ministerium selten. Ende der sechziger Jahre sorgten die Initiativen der damaligen Amtsinhaberin Käte Strobel (SPD) zur sexuellen Aufklärung für einigen Wirbel, Mitte der achtziger Jahre die Präventionskampagnen Rita Süssmuths (CDU) gegen die Immunschwächekrankheit AIDS. Das waren aber auch schon die Höhepunkte der öffentlichen Aufmerksamkeit bis zur Wiedervereinigung. Seit den frühen neunziger Jahren rückt das Gesundheitswesen allerdings mehr und mehr ins Zentrum der Politik. 1992 wurde mit Horst Seehofer (CSU) zum zweiten Mal ein Mann Bundesgesundheitsminister. Ein Jahr zuvor hatte Kanzler Kohl dem Bereich wieder ein eigenständiges Ressort zugebilligt. Kohl musste die Wiedervereinigung finanzieren – über die Sozialkassen. Das Gesundheitswesen wurde zum Ort zunehmender Verteilungskämpfe.

In der sechsjährigen Amtszeit Seehofers gewannen die Auseinandersetzungen um die Gesundheitskosten enorm an Dynamik. Mit dem von ihm verantworteten Gesundheitsstrukturgesetz vom Dezember 1992 sowie dem vier Jahre später folgenden Beitragsentlastungsgesetz und den GKV-Neuordnungsgesetzen von 1997 begann ein heftig umkämpfter Reformprozess, der bis heute nicht abgeschlossen ist.

Dreh- und Angelpunkt ist dabei die gesetzliche Krankenversicherung. Das erklärte Ziel: die Stabilisierung der Beiträge, die früher von Arbeitgebern und Arbeitnehmern je zur Hälfte gezahlt wurden. Mit verschiedenen Varianten von Kostendämpfungspolitik versuchten die jeweiligen Gesundheitsminister, die Ausgaben zu begrenzen. Auf die Patienten kamen immer mehr und höhere Zuzahlungen bei quasi allen medizinischen Leistungen zu, gleichzeitig wurden die Verdienstmöglichkeiten für Ärzte und Kliniken begrenzt. Darin unterscheidet sich die Politik von Andrea Fischer (Grüne), Ulla

Schmidt (SPD) und Philipp Rösler (FDP) nicht substanziell von der ihres Vorgängers Seehofer. Gleich geblieben ist auch, dass Politiker das den Bürgern nicht allzu deutlich unter die Nase reiben wollen, um den Unmut zu begrenzen. Statt von Kürzungen sprechen sie lieber von »mehr Eigenverantwortung«.

Ertönt der Ruf nach »mehr Eigenverantwortung«, müssen bei Patienten alle Alarmglocken schrillen. Denn diese Wörter sind nichts weiter als ein Synonym fürs Selbstbezahlen. In den vergangenen beiden Jahrzehnten hat die Politik die »Eigenverantwortung« sukzessive ausgedehnt. Dabei geht es nicht um Luxusmedizin wie Schönheitsoperationen, sondern zunehmend um sinnvolle Leistungen wie Blutuntersuchungen zur Prävention. Die zu leistenden Zuzahlungen sind enorm: bei Arzneimitteln, Hilfsmitteln wie Hörgeräten oder Rollstühlen, Krankengymnastik, Logopädie, bei Klinikaufenthalten, Kuren und Reha-Maßnahmen. Bei Brillen und Zahnersatz kann ohnehin keine Rede mehr davon sein, dass Patienten das für sie Notwendige bekommen. Sehhilfen müssen gesetzlich Krankenversicherte vollständig selbst zahlen. Die Kosten für Zahnfüllungen übernimmt die Kasse nur dann komplett, wenn sie aus dem umstrittenen Amalgam bestehen. Für Plomben aus anderen Materialien muss der gesetzlich Versicherte teilweise tief in die Tasche greifen. Selbst der erste Arztbesuch im Quartal und jeder in einer Notfallambulanz kosten jeweils zehn Euro.

Zwar ist bislang die Zuzahlung auf zwei Prozent des Bruttogehalts begrenzt, und für chronisch Kranke liegt die Härtefallregelung bei einem Prozent. Aber das gilt nicht für die sogenannten OTC-Medikamente. Die Over-the-Counter-Arzneimittel (das heißt: über den Apothekentresen frei verkäuflich) hat der Gesetzgeber 2004 in großem Umfang aus dem Leistungskatalog der gesetzlichen Krankenkassen gestrichen. Für sie muss der Patient selbst aufkommen. Zu diesen Medikamenten zählt eine ganze Reihe für viele Patienten medizinisch notwendiger Präparate, zum Beispiel gegen die weitverbreiteten Hautkrankheiten Neurodermitis und Psoriasis oder gegen allergische Reaktionen. Für Haushalte, die von einem geringen

Verdienst oder von Hartz IV leben, sind die bisweilen regelmäßigen Ausgaben für Medikamente zur Linderung dieser Krankheiten eine echte Härte. Viele verzichten aus diesem Grund ganz auf Behandlungen. Ärzte versuchen mitunter das Problem zu lösen, indem sie den Patienten weitaus stärkere Arzneimittel verschreiben, weil die Kasse das zahlt. Das aber ist nicht das medizinisch Notwendige, das ist eine unnötige Belastung der Patienten. Außerdem übernehmen auch dann die Kassen immer noch nicht die kompletten Kosten, es bleibt noch die Zuzahlung. Die Befreiung von der Zuzahlung müssen die Betroffenen erst einmal beantragen. Für viele Familien aus einem prekären sozialen Umfeld stellt das eine geradezu unüberwindliche Hürde dar. Auch Menschen, die in Heimen leben und nur ein sehr geringes Taschengeld erhalten, müssen davon für medizinische Leistungen Zuzahlungen leisten. Das ist obszön.

Politik individualisiert Krankheitsrisiko

Das Schlagwort von der »Eigenverantwortung« des Patienten bezieht sich nicht nur auf die Finanzierung dieser Leistungen, sondern auch zunehmend auf die Verhütung von Erkrankungen. Das Krankheitsrisiko soll mehr und mehr individualisiert, die Verantwortung dem Einzelnen zugeschoben werden. Die rot-grüne Regierung wollte Patienten sogar dazu zwingen, an Früherkennungsuntersuchungen teilzunehmen. Wer sich verweigerte, sollte im Krankheitsfall nicht in den Genuss geringerer Zuzahlungen kommen. Doch die Selbstverwaltungsorgane des Gesundheitswesens haben diese Regel aus ethischen Bedenken nicht umgesetzt.[203]
Einerseits sollen die Bürger mehr für ihre Gesundheit tun, andererseits baut der Staat die Infrastruktur für ein gesundheitsförderndes Verhalten der Bürger ab. Die Kommunen schließen Schwimmbäder, Turnhallen sind nur gegen Gebühr nutzbar, Radwege verkümmern, Bolzplätze werden zugebaut. Erwachsene, Jugendliche und Kinder haben kaum die Möglichkeit, ohne Ausgaben Sport zu treiben – zum

Beispiel müssen dafür auch Laufschuhe oder Sportkleidung ange-schafft werden. Wer Prävention betreiben will, muss den privaten Gesundheitsmarkt nutzen, ins Fitness-Studio gehen, beim Arzt eine selbst zu zahlende individuelle Gesundheitsleistung einkaufen, in den medizinischen Wellness-Urlaub fahren oder als vielbeschäftig-ter Berufstätiger den Wochenend-Check-up auf eigene Kosten in Anspruch nehmen. Nicht ohne Grund gilt das Gesundheitswesen als großer Wachstumsmarkt. Die Politik fährt die kostenfreien Leistun-gen zurück, und gesundheitsbewusste Bürger sorgen für schöne Wachstumszahlen auf diesem Markt.

Politiker verteidigen die immer weiter ausgedehnte Selbstverant-wortung mit dem Argument, nur so bleibe das Gesundheitssystem finanzierbar. Für »Bagatellen« müsste eben verstärkt ins eigene Portemonnaie gegriffen werden, damit die Versorgung für die »ernst-haften« Erkrankungen auch künftig gewährleistet werden kann. Doch auch hier sind gehörige Zweifel angebracht. Denn die Politik greift auf Schleichwegen immer stärker in die Therapiefreiheit der Ärzte ein. Den niedergelassenen Medizinern drohen Regresse, wenn sie mehr Medikamente verschreiben, als Krankenkassen und kas-senärztliche Vereinigungen ihnen zubilligen. Außer fürs Handauf-legen haben sie fast für ihr gesamtes ärztliches Instrumentarium enge Budgetvorgaben, seien es Medikamente, Heilmittel wie Kran-kengymnastik oder Sprachtherapie für entwicklungsgestörte Kinder oder auch Röntgenuntersuchungen. Überschreiten sie die Budgets, verdienen sie bestenfalls an einer Leistung weniger, schlimmsten-falls drohen ihnen empfindliche Strafzahlungen. So sollen die Ärzte gezwungen werden, die Ressourcen mit Bedacht einzusetzen. Das erscheint auf den ersten Blick plausibel. Aber letztendlich bedeutet Budgetierung Rationierung. Denn das Vorhandene muss aufgeteilt werden. Brauchen mehr Menschen eine bestimmte Leistung, wer-den einige leer ausgehen. Faktisch schränkt die Politik mit Hilfe des fein abgestuften Systems der Selbstverwaltungsorgane der Medizi-ner die Therapiehoheit der Ärzte ein.

Dramatische Folgen kann das für Patienten mit fortgeschrittenen

Krebserkrankungen haben. In den vergangenen Jahrzehnten hat die Forschung enorme Fortschritte gemacht. Doch nicht alles, was machbar ist, um Leben zu erleichtern oder zu verlängern, können Ärzte auf Kosten der Kassen verschreiben. Ist ein Medikament für die Behandlung einer bestimmten Krebserkrankung zugelassen und sind Ärzte aufgrund ihrer Erfahrungen davon überzeugt, dass es auch bei einer anderen Krebserkrankung helfen wird, können sie trotzdem den Patienten in vielen Fällen das Präparat nicht geben – weil die Kasse die Kosten nicht übernimmt. Statt der medizinischen Entscheidung hat das Plazet von Sachbearbeitern den Vorrang. Die Gesundheitsbürokratie entscheidet über Leben und Tod.

Patienten können Einspruch gegen die Entscheidung des Kostenträgers einlegen, und nicht selten können sie ihre Forderungen auch durchsetzen. Gesetzlich Versicherten steht der Weg zu den Sozialgerichten offen, wenn ihre Kasse etwas verweigert. Für Patienten ist eine Klage sogar kostenlos. Doch wer weiß und wagt das schon, vor allem wenn er schwer krank ist? Dass diesen Weg eher gebildete Patienten beschreiten, liegt auf der Hand.

Versicherungsstatus: der kleine Unterschied

Das deutsche Gesundheitssystem ist eines der besten der Welt – noch. Die immer lauter werdenden Forderungen nach der Begrenzung medizinischer Leistungen für bestimmte Gruppen oder Krankheiten könnten bald gehört werden. Laut einer repräsentativen Umfrage des Meinungsforschungsinstituts Allensbach für den Gesundheitsreport 2009 des Finanzvertriebs MLP fürchten 72 Prozent der Deutschen eine Zwei-Klassen-Medizin. 63 Prozent rechnen mit der Beschränkung der Leistungen der gesetzlichen Krankenkassen auf die reine Grundversorgung.[204] Diese Ängste sind nicht unbegründet. Aber diejenigen, die sie schüren, wollen nicht etwa vor dieser Entwicklung warnen, sondern sie wollen an das Geld der Leute.

Immer wieder geben Finanzvertriebe wie MLP oder Versicherer wie die Allianz solche Umfragen in Auftrag. Sie hoffen, damit Veröffentlichungen zu veranlassen, in denen vor der Unterversorgung der Kassenpatienten gewarnt wird – mit dem beabsichtigten Effekt, dass diejenigen, die es können, von den gesetzlichen Krankenkassen in die private Krankenversicherung wechseln oder wenigstens eine private Zusatzversicherung abschließen. Die privaten Krankenversicherer profitieren direkt vom Misstrauen der gesetzlich Versicherten gegenüber den Krankenkassen. Sie haben rund 21 Millionen Zusatzversicherungen in ihren Beständen. Dazu kommen 8,6 Millionen Menschen, die eine sogenannte Krankenvollversicherung dort haben. Das sind die Privatpatienten.

Dass Privatpatienten alles medizinisch Notwendige und etliches noch weit darüber hinaus erhalten – das versteht sich für viele von selbst. Doch Vorsicht! Auch das ist ein Mythos. Nicht immer ist das Privileg des Privatpatienten ein echtes. Der Wechsel zu einem privaten Anbieter kann enorm ins Geld gehen und trotzdem je nach Gesundheitsstörung dazu führen, dass der Privatversicherte die Kosten für weniger erstattet bekommt, als dem Kassenpatienten zusteht. Über das, worauf der Kassenpatient ein Recht hat, entscheidet die Gesundheitsbürokratie, gegen deren Entscheidungen er allerdings vor Gericht ziehen kann. Das, worauf der Privatpatient Anspruch hat, ist in seinem individuellen Vertrag festgelegt. Hat er den unterschrieben, erklärt er sich damit einverstanden, auch wenn er es nicht so genau versteht.

So mancher sich privilegiert wähnende Privatpatient erschrickt mächtig, wenn er im akuten Krankheitsfall in seinem Vertrag nachliest, was er vor Jahren unterschrieben hat. Häufig haben Privatpatienten zum Beispiel einen geringeren Anspruch auf psychotherapeutische Leistungen als gesetzlich Versicherte. Auch zahlen private Krankenversicherer nur *eine* erfolgreiche künstliche Befruchtung – schließlich ist dann ja der Mangel Kinderlosigkeit beseitigt. Kassenpatienten dürfen auf Kosten der Solidargemeinschaft mehr als ein Kind mit Hilfe der Reproduktionsmedizin bekommen. Modernste

Hilfsmittel muss der private Versicherer ebenfalls nicht finanzieren, entscheidend ist der Stand der Technik bei Vertragsabschluss. Auch hat der über seinen verbeamteten Vater privatversicherte 18-jährige Heroinabhängige keinen Anspruch darauf, dass ihm eine Methadon-Behandlung bezahlt wird – möglicherweise kommt der Privatversicherer aus Kulanz dafür auf, vielleicht aber auch nicht. Abgesehen davon färben Streichungen im gesetzlichen Krankenversicherungssystem regelmäßig auf das private ab. Die privaten Anbieter haben ein noch viel größeres Ausgabenproblem als die Krankenkassen. Der Wettbewerb um Kunden ist hart, der Preis der Policen ist ein entscheidendes Kriterium. Immer wieder kommt es vor, dass ehrgeizige Vertriebsmitarbeiter Kunden Verträge mit scheinbar günstigeren Tarifen verkaufen, ohne deren Leistungsausschlüsse zu erläutern. Zahlt der Versicherer dann im Krankheitsfall nicht, ist der Kunde verbittert. Will er den Anbieter wechseln, wird es richtig teuer. Ob es vorteilhaft ist, privat krankenversichert zu sein, lässt sich also nicht generell sagen. Es hängt vom jeweiligen Bedarf ab. Im Einzelfall kann es ideal sein. Es kann aber auch fatal sein.

Die Qualität der medizinischen Versorgung hängt nicht allein vom Versicherungsstatus ab. Wesentlich entscheidender ist vielmehr, ob ein Patient – oder ein Angehöriger – dazu in der Lage ist, sich die wirklich wichtigen Informationen zu besorgen, daraus die richtigen Forderungen abzuleiten und sie gegenüber Ärzten und Kostenträgern durchzusetzen – seien es private Krankenversicherer oder gesetzliche Kassen. Bringt ein Patient das nicht mit oder hat er niemanden, der sich für ihn einsetzt, ist es eine Frage des Zufalls, ob er bekommt, was er benötigt. Egal, wie er versichert ist.

Von den rund 80 Millionen Einwohnern Deutschlands sind 90 Prozent über eine gesetzliche Krankenkasse versichert, 10 Prozent bei einem privaten Krankenversicherer. Dieses Nebeneinander von solidarischem und privatem System gibt es in keinem anderen Land. Derzeit hängt die Höhe des Beitrags für die gesetzliche Krankenkasse noch vom Verdienst ab. Kinder und nicht erwerbstätige Ehepartner werden kostenlos mitversichert. Solidarisch ist das System, weil die finanziell starken, also die Gutverdiener, für die weniger verdienenden und die Armen mit aufkommen. Der Beitrag ist völlig unabhängig vom Gesundheitszustand und von eventuellen Risikofaktoren der Versicherten. Das ist in der privaten Krankenversicherung anders. Hier sind das individuelle Risiko und der Gesundheitszustand des Kunden entscheidend. Deshalb zahlen Jüngere meist weniger als Ältere, denn sie sind in der Regel bei Vertragsabschluss gesünder. Nicht jeder darf sich privat versichern. Das erlaubt der Staat nur Selbständigen und denen mit hohem Einkommen. Wer einmal die gesetzliche Krankenversicherung verlassen hat, hat kaum Chancen zurückzukehren. Beamte müssen sich privat versichern, erhalten jedoch eine staatliche Beihilfe.

Für Ärzte und Kliniken ist die Behandlung von Privatpatienten wesentlich attraktiver als die von Kassenpatienten, denn sie bringt mehr Geld. Für alle Kassenpatienten zusammen gibt es ein festes Budget. Für privat Versicherte gibt es keinen festen Etat, jede Leistung lässt die Kasse klingeln – auch die möglicherweise unnötige. Mediziner und Gesundheitsmanager von Kliniken erwecken gerne den Eindruck, die begehrte Klientel bevorzugt zu behandeln. Sie stehen im harten Wettbewerb um diese Gruppe. Privatpatienten werden nicht nur vom medizinischen Fachpersonal besonders nett angelächelt, sie müssen auch weniger warten, bekommen öfter einen Kaffee, und Blut nimmt ihnen gerne der Chefarzt persönlich ab. Die Empörung ist groß, wenn in Berichten von niedergelassenen Ärzten die Rede ist, die ein eigenes Wartezimmer und Sprechzeiten für Privatpatienten einrichten.

Dass mit öffentlichen Geldern finanzierte Kliniken noch sehr viel weitgehendere spezielle Dienstleistungen wie separate Stationen mit besonderem Essen und besonders viel Personal für Privatpatienten haben, sorgt dagegen nicht für Unmut. Politiker regen sich laut darüber auf, dass Privat- gegenüber Kassenpatienten üblicherweise in der Praxis eines niedergelassenen Facharztes bei der Terminvergabe bevorzugt werden. Aber bei öffentlichen Einrichtungen macht ihnen das nichts, nicht einmal bei Universitätskliniken. Dabei hätten

Politiker hier weit bessere Einflussmöglichkeiten. Den Kommunen gehören viele Krankenhäuser, die Universitätskliniken werden, abgesehen von der privatisierten Uniklinik Gießen-Marburg, von den Bundesländern getragen. Die Landesregierungen könnten mit guten Erfolgsaussichten der Privilegierung der Privatpatienten entgegenwirken. Auch bei kommunalen Kliniken wäre das möglich. Aber das will kein Politiker. Die staatliche Zwei-Klassen-Medizin finden sie offenbar in Ordnung.

Politik stiehlt sich aus der Verantwortung

Was der Privatpatient bekommt, bestimmt sein Vertrag. Was der Kassenpatient bekommt, bestimmt die Politik. Aber Politiker verschleiern ihre Verantwortung systematisch. Die rot-grüne Koalition hat die Weichen gestellt für eine harte Begrenzung medizinischer Leistungen, indem sie neue Institutionen eingeführt hat, die darüber entscheiden, was Patienten auf Kassenkosten bekommen. Statt die gesellschaftliche Diskussion über diese Frage zu beginnen, hat sie die Beantwortung an die Selbstverwaltung von Ärzten, Kliniken und Krankenkassen in Form des sogenannten Gemeinsamen Bundesausschusses delegiert. »Der Gemeinsame Bundesausschuss beschließt die zur Sicherung der ärztlichen Versorgung erforderlichen Richtlinien über die Gewährung für eine ausreichende, zweckmäßige und wirtschaftliche Versorgung der Versicherten«, heißt es im Sozialgesetzbuch. »Er kann dabei die Erbringung und Verordnung von Leistungen einschließlich Arzneimitteln oder Maßnahmen einschränken oder ausschließen, wenn nach allgemein anerkanntem Stand der medizinischen Erkenntnisse der diagnostische oder therapeutische Nutzen, die medizinische Notwendigkeit oder die Wirtschaftlichkeit nicht nachgewiesen sind sowie wenn insbesondere ein Arzneimittel unzweckmäßig oder eine andere, wirtschaftlichere Behandlungsmöglichkeit mit vergleichbarem diagnostischen oder therapeutischen Nutzen verfügbar ist.«[205] Das ist eine gigantische Aufgabe.

Die Politik hat dem Gemeinsamen Bundesausschuss einen klaren Auftrag zur Begrenzung medizinischer Leistungen erteilt – nichts anderes verbirgt sich hinter dem Gebot der Wirtschaftlichkeit. Immerhin ist das Gremium nicht darauf angewiesen, sich allein auf den eigenen Sachverstand zu verlassen. Der Gesetzgeber hat dem Ausschuss das in Köln ansässige Institut für Qualität und Wirtschaftlichkeit im Gesundheitswesen (IQWIG) zur Seite gestellt. Es hat die Aufgabe, den Nutzen und Schaden medizinischer Maßnahmen für Patienten zu untersuchen. Von seiner Bewertung hängt zu einem großen Teil ab, ob die Krankenkasse das Medikament, die Untersuchung oder die Therapie zahlt. Der Gesetzgeber hat das Institut eingerichtet, damit eine unabhängige wissenschaftliche Instanz darüber entscheidet, ob Kosten und Nutzen von Therapien in einem vertretbaren Verhältnis zueinander stehen. Das Institut hat 92 Mitarbeiter, davon 62 wissenschaftliche. Die Wissenschaftler des Instituts führen aber keine eigenen Studien durch. Sie sichten Untersuchungen und bilden sich auf dieser Grundlage eine Meinung darüber, ob eine Therapie sinnvoll oder wirtschaftlich ist. Diese Kosten-Nutzen-Abwägung bedeutet, dass Patienten all jene Diagnoseverfahren und Therapie vorenthalten werden, die einigen Dutzend Entscheidern als zu teuer erscheinen.

Die Funktionäre aus Ärzteschaft, Klinik- und Sozialversicherungswesen und drei sogenannte Unparteiische im Gemeinsamen Bundesausschuss sind das eigentliche Machtzentrum im Gesundheitswesen. Hier wird von Arzneimitteln über Diagnoseverfahren und künstlicher Ernährung bis zur Schmerztherapie für Sterbende über das Ja oder Nein der Kassenfinanzierung entschieden. Vertreter von Patienten dürfen an Beratungen teilnehmen, haben aber kein Stimmrecht. Die Interessen der Beitragszahlenden – also der Versicherten und der Arbeitgeber – sollen die Kassenfunktionäre vertreten. Aber sie sind nicht wirklich legitimiert, denn die sogenannten Sozialwahlen sind nichts anderes als formaldemokratische Scheinwahlen. Bei den alle fünf Jahre stattfindenden Sozialwahlen können Versicherte und bei manchen Krankenkassen wie den Betriebskrankenkassen

(BKK) auch Arbeitgeber über die Zusammensetzung der Verwaltungsräte befinden. Zur Wahl stehen meistens nur Listen von Gewerkschaften oder Verbänden. Wirklich Einfluss nehmen können Versicherte auf die politischen Entscheidungen ihrer Kasse nicht. Selbst wenn wie bei den Ersatzkassen nur Vertreter von Versicherten in den Verwaltungsräten sitzen.

Der Unterschied zwischen den sogenannten Primärkassen wie AOK oder BKK und den Ersatzkassen wie Barmer oder Techniker ist historisch bedingt. Hier scheint noch mal die Klassengesellschaft der gesetzlichen Kassen auf, die früher zwischen Arbeitern (Primärkassen) und Angestellten (Ersatzkassen) unterschieden. Heute spielt diese Unterscheidung keine Rolle mehr. Früher markierte der mögliche Wechsel in eine Ersatzkasse den gesellschaftlichen Aufstieg.

FDP und Unionsparteien wollen, dass künftig in den Verwaltungsräten aller Krankenkassen auch Vertreter der Arbeitgeberseite sitzen. Das soll die gemeinsame Finanzierung der gesetzlichen Krankenkassen spiegeln. Aber: Aufgrund der vielen Zuzahlungen und Leistungsausschlüsse finanzieren die Arbeitgeber nicht mehr die Hälfte der Gesundheitsausgaben der Versicherten. Untersuchungen zufolge hat sich der Anteil zu einem Drittel Arbeitgeberfinanzierung und zwei Drittel Versichertenfinanzierung verschoben.

Die Belastung der Versicherten steigt

Der Beitragssatz in der gesetzlichen Krankenversicherung entscheidet mit über die Kosten für sozialversicherungspflichtige Beschäftigte. Arbeitgeberverbände und auch Gewerkschaften fordern seit Jahren eine Begrenzung der Lohnnebenkosten. Die einen wollen, dass die Arbeitskosten zumindest nicht steigen, und die anderen, dass den Beschäftigten mehr vom Bruttolohn bleibt. Die schwarzgelbe Regierung will den vom Arbeitgeber direkt zu überweisenden Anteil einfrieren. Ziel ist, die steigenden Kosten für das Gesundheitswesen von den Arbeitskosten abzukoppeln. Perspektivisch will

Schwarz-Gelb die Finanzierung des Systems radikal umstellen. Nach dem Willen von CDU und FDP sollen die gesetzlich Versicherten in Zukunft eine vom individuellen Einkommen unabhängige feste Prämie zahlen, die sogenannte Kopfpauschale. Noch berät eine von der Regierung eingesetzte Kommission über das konkrete Konzept.

Schon die Vorgängerregierungen hatten allerdings mit dem Einstieg in den Ausstieg aus der direkten paritätischen Finanzierung der Krankenkassen begonnen. Mit der Einführung des Gesundheitsfonds 2009 durch die Große Koalition begann eine neue Ära in der Gesundheitspolitik. Damit sicherte sich die Regierung die Hoheit über die Festlegung des Krankenkassenbeitrags. Früher legten die Kassen selbst den Beitrag fest, jetzt liegt das in der Hand der Politik. In den Gesundheitsfonds fließen nicht nur die Beiträge von Arbeitgebern und Beschäftigten, sondern auch gewaltige Steuermittel. Der Fonds verteilt nach einem komplizierten Schlüssel unter Berücksichtigung der Krankheiten, des Alters und anderer Merkmale der Mitglieder das Geld an die einzelnen Krankenkassen. Reicht den Kassen das erhaltene Geld nicht, können sie von den Versicherten einen Zusatzbeitrag verlangen. Dieser Zusatzbeitrag ist unabhängig von der Höhe des Einkommens des Versicherten. Hartz-IV-Empfänger müssen ihn genauso zahlen wie Einkommensstarke. Die Arbeitgeber brauchen sich nicht zu beteiligen. Als Regierungspartei hat die SPD diese Regel verabschiedet, in der Opposition wirft sie FDP und Unionsparteien plakativ die Entlastung der Unternehmen auf Kosten der Beschäftigten vor.

Der Gesundheitsfonds war ein politisches Bravourstück der Großen Koalition: Sie fand einen exzellenten Ausweg aus dem Dilemma, in dem sich die Union und die SPD mit völlig konträren Reformmodellen befanden: Auf der einen Seite stand das Kopfpauschalen-Modell von Angela Merkel. Hier soll jeder unabhängig von seinem Einkommen den gleichen Beitrag zahlen; wer damit überfordert ist, bekommt einen Zuschuss aus Steuergeldern. Auf der anderen Seite propagierten die Sozialdemokraten die sogenannte Bürgerversicherung für alle. Die Bürgerversicherung hat schon aufgrund ihres Namens einen Imagevorteil. Sie klingt nach der großen Gerechtigkeit. Vielen Anhängern ist indes nicht klar, dass sie ebenfalls die Versicherten zusätzlich belasten würde, denn die müssten Beiträge auf alle Einnahmen zahlen, also auch auf Sparzinsen und andere Kapitalerträge. Trotzdem ist die Bürgerversicherung im gesamten linken Lager zur Heilsidee für die Lösung der Probleme im Gesundheitswesen avanciert.

Die Bundestagswahl 2005 wurde zur Abstimmung über beide Modelle stilisiert. Die daraus hervorgegangene Große Koalition traf keine Entscheidung für eines der beiden Modelle. Stattdessen bereiteten die Union und die SPD mit dem Gesundheitsfonds eine Reform vor, die eine Entwicklung in beide Richtungen ermöglichte. Im Bundestagswahlkampf 2009 überlagerte die Wirtschaftskrise alle Themen, Gesundheitspolitik spielte so gut wie keine Rolle. So war nach der Wahl die Überraschung groß, dass nun die FDP und ihr Gesundheitsminister Rösler mit Vehemenz die Einführung der Kopfpauschale auf die Tagesordnung setzte.

Millionen neuer Fürsorgeempfänger

Eine »Abwrackprämie für das Solidarsystem« sieht die grüne Gesundheitspolitikerin Biggi Bender in der Kopfpauschale.[206] Auch im Lager der Union stößt sie auf Widerstand, insbesondere bei der CSU. Ein zentraler Grund: Mit der Pauschale würden Millionen von Menschen zu Empfängern staatlicher Transfers. Nach einer Studie des Instituts für Gesundheitsökonomie und Klinische Epidemiologie an der Universität Köln, deren beurlaubter Leiter der SPD-Bundestagsabgeordnete und vehemente Promotor der Bürgerversicherung Karl Lauterbach ist, wird die Kopfprämie Milliarden an zusätzlichen Steuermitteln kosten. Die Wissenschaftler gehen davon aus, dass die Bürger mit der Pauschale die gleiche Summe für den Gesundheitsfonds aufbringen wie 2009. Müssen nur Versicherte mit eigenem Einkommen die Prämie zahlen, würde sie bei 145 Euro im Monat liegen. Der Staat müsste 36,66 Milliarden Euro zuschießen, denn 36 Millionen Personen hätten Anspruch auf einen Zuschuss. Das sind all jene, die mehr als acht Prozent ihres Einkommens für die Krankenkasse zahlen müssten. Müssten auch die bislang beitragsfrei mitversicherten Erwachsenen die Prämie zahlen, würde sie bei 125 Euro im Monat liegen. Aufgrund der höheren Belastungen der Familien hätten dann sogar 40 Millionen Menschen ein Recht auf den Zuschuss, der Staat müsste 38,66 Milliarden Euro dafür aufbringen.[207]

Philipp Rösler begann seine Amtszeit mit einem Versprechen aus dem Pflichtphrasenschrank: »Gesundheit ist für die Menschen in Deutschland ein enorm hohes Gut. Die Koalition aus CDU/CSU und FDP steht dafür, dass jeder, unabhängig von Einkommen, Alter, sozialer Herkunft und gesundheitlichen Risiken, den Zugang zu unserem Gesundheitssystem erhalten kann und dass unsere Gesundheitssysteme auch zukünftig finanzierbar bleiben.«[208] Erreichen will der Freidemokrat das mit mehr marktwirtschaftlichen Elementen im Gesundheitswesen. »Ein freier und fairer Wettbewerb« bedeute eine Steigerung der Wahlfreiheit für die Patienten. Solidarität und Eigenverantwortung seien im Gesundheitssystem keine Gegensätze, glaubt er. Aber echten Anbietern stehen im Gesundheitswesen keine echten Kunden gegenüber. Versicherte und Patienten haben keine wirkliche Nachfragemacht auf dem Gesundheitsmarkt, solange sie ihn nicht durchschauen und ihre künftigen Bedürfnisse nicht wirklich einschätzen können. Ob 85-Jährige auch in Zukunft noch eine neue Hüfte von der Kasse bezahlt bekommen, wird möglicherweise davon abhängen, ob sie sich beizeiten für den richtigen Wettbewerber und den Tarif entschieden haben. Wenn sie sich den überhaupt leisten können. In den USA hat Barack Obama nach hartem Kampf den Weg für den Aufbau eines Gesundheitssystems für alle gebahnt. Hierzulande stehen die Zeichen auf Abbau.

Kapitel 8

DIE LÜGE, DASS SICH GUTE POLITIKERINNEN STETS GEGEN SCHLECHTE POLITIKER DURCHSETZEN

Warum Frauen immer noch das Nachsehen haben,
obwohl eine Frau Bundeskanzlerin ist

Der Sozialdemokrat Friedhelm Farthmann, einst Frauenbeauftragter der nordrhein-westfälischen Landesregierung und danach Fraktionschef im Düsseldorfer Landtag, verfügt über ein angesichts seiner Laufbahn erstaunliches Vokabular. »Fotzenneid« etwa als Synonym für Konkurrenzkampf unter Parteifreundinnen oder »Piepmäuse« als Bezeichnung für Genossinnen. »Titten-Sozialismus« wäre die Einführung einer Frauenquote, schimpfte er. »Das einzige Kriterium, weshalb Frauen bei der NRW-SPD so weit oben landen, ist das, dass sie zwischen den Beinen anders aussehen als ich«, kommentierte er die Frauenpolitik seiner Partei im Vorfeld der Landtagswahl 1990.[209]

Heute wirkt Farthmann wie einer aus dem sozialdemokratischen Panoptikum. Damals war er aber alles andere als ein krasser Außenseiter. Vielen Männern, nicht nur in seiner Partei, sprach er aus dem Herzen. Die Wortschöpfung »Titten-Sozialismus« sei nicht von ihm gewesen, bekannte er später: »Das hat ein anderer gesagt, aber die Formulierung hat mir imponiert.« Der andere sei ein »alter treuer Genosse« gewesen. Farthmann: »Ich fand seinen Ausdruck derartig treffend, dass ich ihn weitererzählt habe. Ich habe mich dann auch nicht davon distanzieren können und wollen.«[210] Aber entschuldigen musste er sich. Er wurde jedoch nicht dazu gezwungen zurückzutreten und konnte bald darauf in Thüringen als Kandidat für das Amt des Ministerpräsidenten antreten. Und trotzdem: Schon damals war der »genitale Hasardeur«, wie die spätere Entwicklungshilfeministerin Heidemarie Wieczorek-Zeul ihren Parteikollegen nannte, ein Auslaufmodell. Anders als in den frühen achtziger Jahren war einer wie Farthmann am Ende des Jahrzehnts seiner Partei peinlich. Die Zeit des geduldeten derben Anti-Feminismus war vorbei. Mit leichtem Gruseln warteten Freunde und Feinde auf Farthmanns nächste Attacke. »Als wäre er der Entertainer Harald Juhnke, der angesoffen immer wieder mal aus der Rolle fällt, beäugt das Publikum jeden seiner öffentlichen Auftritte«, schrieb der *Spiegel* 1990.[211]

Führungskräfte mit dem fragwürdigen Unterhaltungswert eines Friedhelm Farthmann haben die Sozialdemokraten heute nicht mehr. In der SPD wird wie in allen Organisationen, die etwas auf sich halten, mittlerweile fleißig über *Gender Mainstreaming* diskutiert – über die Auswirkungen aller politischen Entscheidungen auf die Geschlechter. Aber Spuren eines krachenden Anti-Feminismus à la Farthmann scheinen in der Partei immer wieder durch. »Es sind nicht immer die Mädchen mit den besten Figuren, die sich ausziehen«, kommentierte Bundeskanzler Gerhard Schröder die Proteste nackter Jugendlicher gegen ein öffentliches Soldatengelöbnis.[212] Frauenpolitik hielt er schlicht für »Gedöns«. Hinter dieser Abwertung steckt die verbreitete wie falsche Auffassung, dass es eine Frau schon ganz nach oben schaffen könne, wenn sie wirklich das Zeug für die Spitze habe. Trotzdem halten gerade die Genossen Frauen immer wieder mit ganz speziellen Methoden von der Macht fern. Unvergessen ist der »Heide«-Mörder, der Abtrünnige aus den eigenen Reihen, der die schleswig-holsteinische Ministerpräsidentin Heide Simonis bei Probeabstimmungen wählte, bei der geheimen Wahl im Parlament aber nicht – und sie so stürzte. Der damalige SPD-Vorsitzende Franz Müntefering versuchte im Wahlkampf 2005 gegen die CDU-Spitzenkandidatin Angela Merkel mit dem Ressentiment zu punkten: »Die Frau kann das nicht!« Eine demonstrative Frauenfeindlichkeit erlaubte sich der Parteistratege allerdings nicht. So etwas kommt bei den Wählerinnen schlecht an. Frauen offen abzuwerten gehört zu den Todsünden im Wahlkampf – was natürlich nicht bedeutet, dass es nicht subtil geschieht. Angela Merkel weiß so etwas geschickt zu parieren, wenn sie in Wahlkampfspots mit leisem Spott davon spricht, dass sie viel gelernt habe, zum Beispiel wie wichtig eine Frisur sein kann.

Die Konservativen sind durch Angela Merkel frauenpolitisch im Vorteil. Sie gilt als Beweis dafür, dass eine Frau bei ihnen bis ganz nach oben gelangen kann. Merkel ist mitnichten eine Alibifrau, aber sie ist ebenso wenig ein feministisches Aushängeschild, wie es Maggie Thatcher, Golda Meir, Indira Ghandi oder Benazir Bhutto waren. Die CDU ist gewiss nicht frauenfreundlicher als andere Parteien. Das demonstriert schon Frauenministerin Kristina Köhler, die nach ihrer Hochzeit den Namen ihres Mannes annahm und nun Schröder heißt. Gleich in ihrer ersten gleichstellungspolitischen Rede im März 2010 machte sie klar, was sie von Frauenquoten hält. Mit diesem Instrument wird für Frauen zum Beispiel in Vorständen oder bei der Vergabe von Listenplätzen für Parlamentswahlen eine bestimmte Anzahl von Plätzen reserviert. Die junge Christdemokratin verglich Frauenquoten abwertend mit dem aufgrund seiner Nebenwirkungen angstbesetzten Medikament Cortison: »Die Symptome verschwinden – die Ursachen bleiben.«[213] Als die Telekom als erstes deutsches Großunternehmen keine zwei Wochen später die Einführung einer Frauenquote von 30 Prozent für alle Führungsgremien ankündigte, wurde die Ministerin vorsichtiger. Die Quote doktere nur an den Symptomen herum, erklärte sie zwar wieder. Allerdings: »Ich bin skeptisch, lehne sie aber nicht völlig ab.«[214]

Irgendeinen Handlungsbedarf sieht auch Kristina Schröder. Die Ministerin will aber keine gesetzlichen Regeln, um Frauen mehr Teilhabe an politischer und wirtschaftlicher Macht zu ermöglichen. Sie setzt stattdessen auf das, was im Koalitionsvertrag steht: auf »verbindliche Berichtspflichten und transparente Selbstverpflichtungen« seitens der Unternehmen. Wie die Erfahrung zeigt, sind das untaugliche Mittel.

Aber immerhin ein Fortschritt: Lange haben sich die Christdemokraten geweigert, überhaupt fehlende Gleichberechtigung als Problem zu sehen. Auch waren sie vehement gegen die Freiheit von Frauen, selbst darüber zu entscheiden, ob sie eine Schwangerschaft fortsetzen wollen. Noch vor wenigen Jahrzehnten waren Kinder, Küche, Kirche das frauenpolitische Programm der CDU. Angela Merkel hat das schnell vergessen lassen. Sie hat kühl und klug nach der Macht gegriffen, als sich die Gelegenheit dazu bot. Aber dass sie diese Chance bekam, sagt nichts über den Stellenwert von Frauen in der CDU. Merkel konnte in der tiefsten Krise der Christdemokraten im Zuge des Parteispendenskandals um die Jahrtausendwende an ihren Konkurrenten vorbeiziehen. Ohne diese Krise hätten die Herren in den Staatskanzleien der Länder das sicher nicht zugelassen, sondern selbst an die Macht gedrängt. So wie es bei den anderen Parteien auch üblich ist.

Frauen in die Aufsichtsräte

Dass man für Gleichberechtigung und Frauenförderung ist, gehört heutzutage zu den Standard-Lippenbekenntnissen von Politikern aller Couleur. Auch wenn die meisten es mit dem sozialdemokratischen Schröder und mit der christdemokratischen Schröder halten und glauben, dass die guten Frauen keine Förderung brauchen. Frauenförderung ist aus ihrer Sicht nur etwas für die, die sonst gar nicht mitkommen. Aber wer wagt das schon offen zu sagen? Bei den Liberalen ist die Gefechtslage erfrischend übersichtlich: Gute Frauen setzen sich auch ohne Förderung durch, ist ihr unumwundenes Credo, entsprechend dünn die Programmatik in diesem Punkt. Bei den Sozialdemokraten ist das anders. Sie haben sich seit Jahrzehnten die Gleichberechtigung der Geschlechter auf die Fahnen geschrieben, umgarnen Frauen immer wieder mit schönen Ankündigungen und versprechen mehr Gleichberechtigung, bessere Kinderbetreuung oder das, was sie gerade für angebracht halten. Im Wahljahr 2009 war das eine Frauenquote für Aufsichtsräte. Wenn die SPD weiterregiere, werde sie sich für ein Gleichstellungsgesetz stark machen, versprach Müntefering. Dazu sollte die Regelung gehören, dass künftig 40 Prozent aller Aufsichtsratsposten börsennotierter Unternehmen von Frauen besetzt sein müssten. Zehn Tage vorher hatte die SPD im Bundestag gegen einen Antrag der Grünen gestimmt, der die Einführung genau einer solchen Quote vorsah.

Vorbild für diese Initiative ist Norwegen: Seit Anfang 2008 gilt in dem skandinavischen Land für Aufsichtsräte börsennotierter Firmen eine gesetzlich festgeschriebene Frauenquote von mindestens 40 Prozent. Bei Missachtung des Gesetzes droht nicht nur der Verlust der Börsenzulassung, sondern gar die Zwangsauflösung. Das Gesetz zeigte sofort Wirkung: Schon bei der Einführung der Regelung hatten knapp 90 Prozent der 460 betroffenen Unternehmen die Quote erfüllt – selbst in typischen Männerdomänen wie der Ölbranche. Lag der Frauenanteil in den norwegischen Kontrollgremien 2002 noch bei sechs Prozent, beträgt er inzwischen 41 Prozent. Die massiven Proteste der Wirtschaft gegen die Einführung der Regelung sind längst verklungen: Entgegen ihren Drohungen gab es weder Abwanderungen von Betrieben noch anderen Schaden für den Standort Norwegen. Auf den Weg gebracht hatte die Quote 2003 der damalige konservative Wirtschaftsminister Ansgar Gabrielsen. Sein Motiv war nicht feministisch, sondern ökonomisch: Nach der Überzeugung des ehemaligen Unternehmers sind Firmen mit gemischter Führung erfolgreicher als männerdominierte. Zu diesem Ergebnis kommt auch die Unternehmensberatung McKinsey in ihren zwei »Women Matter«-Studien[215] über weibliche Führungskräfte. Die Berater stellten fest, dass Unternehmen mit einem hohen Frauenanteil im Vorstand deutlich höhere Gewinne erwirtschaften als der Branchendurchschnitt. Die Erträge steigen, wenn mindestens drei Frauen zum Vorstand gehören. Diese Mindestzahl ist notwendig, damit sich die Frauen innerhalb der traditionellen Machtstrukturen Geltung verschaffen können. Einzelkämpferinnen können nur wenig verändern. Auch in den Niederlanden gibt es eine gesetzliche Regelung zur Erhöhung des Frauenanteils in den Führungsetagen der Unternehmen. Spanien, Großbritannien und Frankreich ziehen Ähnliches in Betracht. Die Telekom will ihren Frauenanteil im Top-Management bis 2015 von 13 Prozent auf 30 Prozent steigern. Konzern-Chef René Obermann beeilte sich zu erklären, das habe nichts mit Gleichmacherei zu tun. »Mit mehr Frauen an der Spitze werden wir einfach besser«, sagte er.[216] Der Vorstand der Telekom ist davon überzeugt, dass ein höherer Frauenanteil zu einer höheren Rentabilität führe. Und, für ein im Deutschen Aktienindex (DAX) gelistetes Unternehmen nicht unerheblich: Anleger und Fondsmanager achten immer mehr auf sogenanntes nachhaltiges Wirtschaften der Konzerne, in die sie investieren. Für viele ist Frauenförderung ein wichtiges Kriterium. Erfüllt ein Unternehmen das, steigt die Nachfrage nach seinen Aktien, und der Kurs steigt.

Angetäuschtes Gleichstellungsgesetz

Die Aufsichtsratsquote, gegen die die Abgeordneten der SPD im Bundestag gestimmt hatten, fand Eingang in das Wahlkampfprogramm des SPD-Kanzlerkandidaten Frank-Walter Steinmeier. Auch sonst präsentierte sich der Werber um Stimmen von Wählerinnen als großer Frauenfreund. Steinmeier kündigte »verbindliche Regeln, wirksame Instrumente und Anreize« an, mit denen eine tatsächliche Gleichstellung der Geschlechter erreicht werden sollte. Alles alte Versprechen ausgerechnet jenes sozialdemokratischen Kollegen, dem Steinmeier lange Jahre treu gedient hatte: Gerhard Schröder. Gebrochene Versprechen.

Vor seiner Wahl 1998 hatte Gerhard Schröder vollmundig von einem »neuen Aufbruch für die Frauenpolitik« gesprochen. Zunächst schien es, als sollten der Ankündigung tatsächlich Taten folgen. »Die neue Bundesregierung will die Gleichstellung von Mann und Frau wieder zu einem großen gesellschaftlichen Reformprojekt machen«, vereinbarten Grüne und SPD in ihrem Koalitionsvertrag. Dazu sollte ein »effektives Gleichstellungsgesetz« gehören, das auch in der Privatwirtschaft Anwendung finden sollte. Um das Gesetz zu erarbeiten, war als Ministerin für Familie, Senioren, Frauen und Jugend die aus der DDR stammende Christine Bergmann vorgesehen. Misstrauisch hätte allerdings machen können, dass Schröder bereits im Wahlkampf seine Genossin als »zuständig für Frauen und das ganze andere Gedöns« bezeichnet hatte. Im September 2000 legte Bergmann Eckpunkte für das Gleichstellungsgesetz vor. Sie waren äußerst moderat formuliert. Eine feste Frauenquote kam nicht vor. Aber immerhin sollten Unternehmen verpflichtet werden, Regelungen zur Erhöhung des Frauenanteils in Führungspositionen zu treffen und konkrete Vorschläge zur betrieblichen Umsetzung des Lohngleichheitsgebots zu machen. Auch sollte das sogenannte Gender-Mainstreaming-Prinzip als durchgängiges Leitprinzip in den Firmen verankert werden.

Das ging den Wirtschaftsverbänden entschieden zu weit. Sie waren gegen jegliche gesetzliche Regelung zur Frauenförderung. In Rage brachte sie Bergmanns Plan, Firmen bei öffentlichen Aufträgen zu bevorzugen, die Frauen gezielt fördern. Die Präsidenten der Bundesvereinigung der Deutschen Arbeitgeberverbände (BDA) und des Bundesverbands der Deutschen Industrie (BDI), Dieter Hundt und Michael Rogowski, liefen bei Bundeskanzler Schröder Sturm. »Ein solches Gleichstellungsgesetz ist Gleichmacherei statt gleicher Chancen«, wetterte Hundt. »Die damit zwangsläufig verbundenen Quotenregelungen sind Instrumente aus der Mottenkiste.« Gemeinsam mit Rogowski habe er Schröder und Bergmann »deutlich gemacht, dass ich jeden Versuch ablehne, gesellschaftliche Entwicklungen zu erzwingen, die nicht erzwingbar und nur freiwillig zu verwirklichen sind«, berichtete der Arbeitgeberpräsident auf einer Veranstaltung der Vereinigung der Saarländischen Unternehmensverbände (VSU) und des Wirtschaftsrates der CDU Anfang April 2001.[217] Die deutsche Wirtschaft »und vor allem viele Frauen« würden auf das Prinzip der Freiwilligkeit setzen. In zahlreichen Tarifverträgen und betrieblichen Regelungen fänden sich bereits heute flexible, auf die betrieblichen Belange abgestimmte Lösungen. Das war schlicht falsch, um nicht zu sagen: frech gebluft. Den Kanzler scherte es nicht. Schröder beerdigte kurzerhand das Gleichstellungsgesetz. Stattdessen verständigte er sich im Juli 2001 mit Hundt und Rogowski auf die unverbindliche »Vereinbarung zwischen der Bundesregierung und den Spitzenverbänden der deutschen Wirtschaft zur Förderung der Chancengleichheit von Frauen und Männern in der Privatwirtschaft«, bei der von vorneherein klar war, was herauskommen würde: gar nichts.

Der grüne Koalitionspartner war nicht begeistert, und auch in den eigenen Reihen regte sich Unmut. Um die Gemüter zu beruhigen, wurde ein Prüf-Passus in das Papier aufgenommen. Danach sollten Ende 2003 die Umsetzung der Vereinbarung und die Fortschritte in den Unternehmen bilanziert werden, um auf dieser Grundlage »konkrete Vorschläge zur Weiterentwicklung der Maßnahmen zur Förderung von Chancengleichheit und Familienfreundlichkeit« zu erarbeiten. Gestützt auf diese laue Passage, redete sich Frauenministerin Bergmann die Niederlage schön. Falle das Ergebnis der »Kontrolle« nicht positiv aus, »wird gesetzgeberisch gehandelt«, machte sie sich Mut. Das ursprünglich geplante Gesetz bleibe ein »Druckmittel in der Hinterhand«. Auch Schröder tat zunächst so, als wäre das Gleichstellungsgesetz noch nicht vom Tisch. In seiner Regierungserklärung am 18. April 2002 drohte er vermeintlich den »weniger Aufgeschlossenen in den Unternehmen, die immer noch glauben, dass die Gleichheit zwischen Frauen und Männern – auch in den mittleren, gehobenen und höheren Führungspositionen – in der Wirtschaft etwas sei, was man nicht so wichtig nehmen müsse«. Bislang gelte zwar das Gebot der Freiwilligkeit, Schröder aber warnte: »Falls es nicht wie vereinbart klappt, werden wir auch auf diesem Gebiet gesetzlich handeln müssen.« Es klappte nicht. Egal. Für Schröder war das Thema trotzdem erledigt. Von einem Gleichstellungsgesetz wollte er nichts mehr wissen.

Auch für Bergmann hatte er keine Verwendung mehr. Nach der Bundestagwahl im Oktober 2002 wurde sie durch ihre bayerische Parteifreundin Renate Schmidt ersetzt. Die setzte andere Prioritäten und kam den Unternehmen nicht in die Quere. Im Rückblick auf die rot-grüne Regierungszeit lobt Schröder in seiner Autobiographie überschwenglich Renate Schmidts Familienpolitik.[218] Das ursprünglich proklamierte »große gesellschaftliche Reformprojekt« der Gleichstellung von Mann und Frau erwähnt er nicht mit einem Wort.

Das Verfassungsorgan, das ein Gleichstellungsgesetz verabschieden müsste, ist selbst fest in Männerhand. Frauen haben aber im Bundestag in den vergangenen zwei Jahrzehnten enorm an Terrain gewonnen. Sie sind dort zwar immer noch nicht gemäß ihrem Anteil von rund 51 Prozent an der Gesamtbevölkerung vertreten, aber mittlerweile zu fast einem Drittel. Stück für Stück erobern sich Frauen einen Teil der Macht. Drei der im Parlament vertretenen Parteien haben Frauenquoten und mit Hilfe dieses Instruments dafür gesorgt, dass der Anteil der weiblichen Abgeordneten stark gewachsen ist. Vorreiter der Frauenquote waren und sind die Grünen. Ihre Politik war in den achtziger Jahren Ausdruck eines neuen politischen Selbstverständnisses von Frauen, gleichzeitig schärften die Grünen den Blick der Öffentlichkeit für fehlende Geschlechterdemokratie. »Alle Parteigremien, Vorstand, Kommissionen und besonders die Wahllisten sollen möglichst paritätisch von Frauen und Männern besetzt sein«, hieß es in ihrer Gründungssatzung von 1980. Diese unverbindliche Soll-Bestimmung führte noch nicht zu der angestrebten Parität, aber zu einer wesentlich stärkeren Repräsentanz von Frauen.

Bis zum Erscheinen der Grünen war die parlamentarische Politik fest in der Hand von Männern. Die wenigen Frauen, die sich in Parteien engagierten, befanden sich fernab von Einfluss und Macht. Daran hatte sich seit Gründung der Bundesrepublik 1949 nicht allzu viel geändert. Ob im Bundestag, in den Landes- oder den Kommunalparlamenten: Stets lag der Anteil der Mandatsträgerinnen unter zehn Prozent. Erst mit dem Aufkommen grüner und alternativer Listen setzte Ende der siebziger Jahre ein langsamer Wandlungsprozess ein.

Grüne Frauen gegen alte Kameraden

Als die Grünen 1983 mit 5,6 Prozent erstmals den Sprung in den Bundestag schafften, glich das einer Kulturrevolution: Von den 27 grünen Abgeordneten waren zehn weiblich. Nie zuvor war eine Partei auch nur annähernd mit einem derart hohen Frauenanteil in das Hohe Haus eingezogen. »Selbst wenn es noch nicht die von Feministinnen angestrebten 50 Prozent plus x waren, reichte der Auftritt, um der etablierten Männergesellschaft massive Ängste einzujagen«, erinnert sich der langjährige grüne Bundestagsabgeordnete Ludger Volmer. »Anders ist es kaum zu verstehen, wie männliche Bundestagsabgeordnete angesichts der selbstbewusst auftretenden grünen Frauen mit hochroten Gesichtern und Stammtischgegröle sexistische Pöbeleien absonderten. Hier outete ein Milieu von selbstgefälligen Männerbündlern, alten Kameraden und spießigen Vereinsmeiern seine tiefsitzende Frauenfeindlichkeit. Hier offenbarte eine konservative Politikerkaste, dass Gleichberechtigung nur so lange galt, als sie männliche Machtansprüche nicht wirklich gefährdete.«[219] Dank der Grünen stieg der Frauenanteil im Parlament insgesamt auf 9,8 Prozent. Was aus heutiger Sicht wenig erscheint, war ein historischer Meilenstein: Zum ersten Mal lag der Anteil der weiblichen Abgeordneten im Bundestag über dem der Weimarer Nationalversammlung nach der ersten deutschlandweiten Wahl, an der Frauen teilnehmen durften. Das war 1919.

Angefangen mit Petra Kelly, besetzten Frauen bei den Grünen vom Start an zentrale Führungspositionen in Partei und Fraktion. Sie stellten in der Fraktion durchgängig mindestens zwei der drei Mitglieder des Sprecherkreises. Die heute übliche Doppelspitze gibt es erst seit Anfang der neunziger Jahre. 1984 zeigt sich das große Selbstbewusstsein der grünen Frauen in der Wahl eines rein weiblichen Fraktionsvorstands – während in den Vorständen der anderen Bundestagsfraktionen zu dieser Zeit nicht einmal eine Alibifrau saß. Das sechsköpfige »Feminat«, dem Waltraud Schoppe, Antje Vollmer und Annemarie Borgmann als Sprecherinnen sowie Christa Nickels, Erika Hickel und Heidemarie Dann als parlamentarische Geschäftsführerinnen angehörten, war eine politische Sensation. »Spitze entmannt« titelte der *Spiegel*, das *Handelsblatt* sah »die Errichtung der Gynäkokratie«, und der Kommentator der *Mittelbayerischen Zeitung* giftete: »Feminat: das klingt wie Fewamat – ein allen Hausfrauen und Müttern wohlbekanntes Waschmittel.« Die *Augsburger Allgemeine* mutmaßte, der Frauenvorstand sei »ein weiterer Sargnagel« für die Grünen. So kann man sich irren.

Die erste 50-Prozent-Quote

Zwei Jahre später ging die Grün-Alternative Liste (GAL) in Hamburg noch einen Schritt weiter: Nachdem die hanseatischen Sozialdemokraten die Forderung abgelehnt hatten, ihren Genossinnen 30 Prozent der Listenplätze zuzugestehen, trat die GAL bei der Bürgerschaftswahl 1986 mit einer reinen Frauenliste an – ein Novum in der bundesdeutschen Parlamentsgeschichte. An der Wahlurne war das provokative Experiment erfolgreich: Die GAL steigerte ihren Stimmenanteil von 6,8 auf 10,4 Prozent. Im selben Jahr verankerten die Grünen eine verbindliche Quotierung in ihrer Satzung. Denn auch solch spektakuläre Aktionen wie die Hamburger Frauenliste oder das Bonner Feminat konnten nicht überdecken, dass ansonsten der Frauenanteil in den grünen Vorständen und Fraktionen nur durchschnittlich zwischen einem Viertel und einem Drittel lag – das war zwar weit höher als bei den anderen Parteien, aber weit entfernt von den 50 Prozent, zu denen sich die junge Partei selbst verpflichtet hatte. 1986 setzten die grünen Feministinnen formale Absicherungen durch, die von nun an den weiblichen Mitgliedern mindestens die Hälfte aller Parteiämter und Mandate garantierten. »Ohne den mehr oder weniger ›alternativen‹ Politikstil bei den Grünen hätten Feministinnen dort die Quotierung vermutlich niemals durchsetzen können, wäre es Frauen wohl überhaupt nicht möglich gewesen, die dadurch für sie frei werdenden politischen Positionen auch tatsächlich zu besetzen und sich einzumischen«, bilanziert die frühere grüne Bundessprecherin Verena Krieger.[220] Die Quote habe zahlreichen Frauen den politischen Aufstieg ermöglicht, den sie unter »normalen« Bedingungen nicht geschafft hätten. Plötzlich seien die Männer gezwungen gewesen, nach möglichen Kandidatinnen zu suchen, berichtet Krieger.

Im Gegensatz zu anderen grünen Besonderheiten aus den frühen Jahren wie der Rotation oder der Trennung von Amt und Mandat hat die Frauenquote überlebt. Das entsprechende Statut schreibt die paritätische Besetzung aller grünen Gremien ebenso verbindlich fest wie quotierte Redelisten auf den Versammlungen. Außerdem müssen bezahlte Stellen auf allen Qualifikationsebenen mindestens zur Hälfte an Frauen vergeben werden. Ein solches Prinzip der »Mindestparität« gilt auch für die Wahllisten: Grundsätzlich sollen Listen alternierend mit Frauen und Männern besetzt werden, wobei den Frauen die ungeraden Plätze vorbehalten sind. Zusätzlich haben sie das Recht, abweichend von diesem Reißverschlussverfahren auf den geraden Plätzen zu kandidieren, ebenso sind reine Frauenlisten erlaubt. Männern ist es hingegen verwehrt, auf einem Frauenplatz anzutreten. Die grünen Männer ließen sich schnell etwas einfallen, um diese Zurücksetzung auszugleichen: Im nordrhein-westfälischen Landtagswahlkampf 1990 erfand als Erster der heutige Generaldirektor des Deutschen Olympischen Sportbundes Michael Vesper, seinerzeit auf der grünen Landesliste hinter Spitzenkandidatin Bärbel Höhn auf dem zweiten Platz, den »männlichen Spitzenkandidaten«.

Der Erfolg der weitreichenden Quotenpolitik zeigte sich Anfang 1987, als die Grünen bei der Bundestagswahl mit 8,3 Prozent den Wiedereinzug in den Bundestag schafften: Von den 42 Mandaten, die die Partei erringen konnte, gingen 24 an Frauen, was einem Anteil von 57,1 Prozent in der Fraktion entsprach. Insgesamt stieg der Anteil an Parlamentarierinnen auf 15,4 Prozent. Nur in der Unionsfraktion blieb er mit 7,7 Prozent weiterhin auf dem Niveau der fünfziger Jahre. Auf allen Ebenen zogen nun mehr Politikerinnen in die

Parlamente ein. Die Erfolge der grünen Frauen hatten Begehrlichkeiten bei ihren Kolleginnen in den anderen Parteien geweckt. Außerdem geriet das männliche Establishment der politischen Konkurrenz auch von außen mächtig unter Druck.

Die SPD zieht nach

Besonders die SPD kam unter Zugzwang. Sie verlor massenhaft Wählerinnen an die Grünen. Gerade bei Frauen hatten die Sozialdemokraten seit den Zeiten der Kanzlerschaft Willy Brandts über den größten Rückhalt verfügt. Die Partei verdankte ihren Wahlerfolg bei der Bundestagswahl 1972 nicht zuletzt den Wählerinnen zwischen 18 und 25 Jahren, die zu 55 Prozent für die SPD gestimmt hatten. Nirgendwo sonst war der Zuspruch so groß gewesen. Auch 1980 hatte die Unterstützung in dieser Gruppe noch bei mehr als 50 Prozent gelegen. Seitdem schmolz die Gunst dieser Wählerinnen aber dramatisch. Die Führungsriege beobachtete mit Staunen, dass im Wettbewerb mit den Grünen um die Stimmen der jungen Wählerinnen frauenfreundliche Parolen alleine nicht mehr reichten. Die in den siebziger Jahren stark gewordene Frauenbewegung zeigte Wirkung. Mit feinem Gespür für die gesellschaftliche Entwicklung hatte Willy Brandt übrigens schon 1978 für die Einführung einer innerparteilichen Mindestquote für Frauen von 25 Prozent plädiert – vergebens.[221]

Erst zehn Jahre und zwei verlorene Bundestagswahlen später waren die Genossen reif für die Quote. Beim Bundesparteitag 1988 in Münster rangen sie sich dazu durch. In mehreren Stufen sollten bis 1994 allen Parteigremien und bis 1998 auch den Wahllisten zu mindestens 40 Prozent Frauen angehören. »Wir sind für die Quote«, warb Inge Wettig-Danielmeier, damals Chefin der Arbeitsgemeinschaft Sozialdemokratischer Frauen (ASF), »weil wir nicht wollen, dass unsere Töchter die gleichen Niederlagen hinnehmen müssen wie wir.« Auch für die spätere SPD-Bundesschatzmeisterin war es ein Lernprozess, hatte sie sich doch – wie viele andere sozialdemokratische Frauen – lange gegen die Quotierung ausgesprochen. Aber letztlich musste sie erkennen: »Der Versuch, mit dem Appell an unsere Tradition, an unsere ein Jahrhundert alte Programmatik, die Gleichstellung von Mann und Frau auch in den eigenen Reihen aus eigener Kraft durchzusetzen, muss 70 Jahre nach Einführung des Frauenwahlrechts als gescheitert angesehen werden.«[222]

Die SPD-Quote gab der parlamentarischen Repräsentanz der Frauen nochmals einen kräftigen Schub. Im 1990 gewählten ersten gesamtdeutschen Bundestag betrug ihr Anteil bereits 20,5 Prozent, vier Jahre später stieg er auf 26,3 Prozent. Inzwischen hatte der Vorläufer der heutigen Partei »Die Linke«, die Ostpartei PDS, eine 50-prozentige Frauenquote beschlossen. Wirklich konsequent ist die Partei aber nicht. Anders als bei den Grünen können Männer hier bei der Listenaufstellung für Wahlen auch auf dem ersten Platz kandidieren. Auch an der Partei- und Fraktionsspitze kommt die Linkspartei durchaus ohne Frauen aus.

Die CDU führt das »Quorum« ein

Bei der Bundestagswahl 1998 gelang den Frauen zum ersten Mal der Sprung über die 30-Prozent-Hürde. Im 2009 gewählten Bundestag beträgt der Frauenanteil 32,8 Prozent. Seit 1983 hat sich die Zahl der weiblichen Abgeordneten mehr als verdreifacht. Das geht auf die Quotenpolitik von SPD, Grünen und »Die Linke« zurück. Säßen die drei Quotenparteien allein im Bundestag, hätte der einen Frauenanteil von 45,9 Prozent – ohne sie läge er bei mageren 21,4 Prozent. Die Regierungsparteien CDU, CSU und FDP entsenden schon lange weitaus weniger Frauen in den Bundestag als die Konkurrenz.

Dass das Wahlerfolge gefährden könnte, ist den Parteioberen in der CDU bereits in den neunziger Jahren klar. Die Christdemokraten sperren sich jedoch nicht nur gegen den Begriff »Quote«, der nicht in ihre politische Welt zu passen scheint. Vor allem lehnen sie harte Vorgaben für die Besetzung von Posten mit Frauen ab. Aber auch sie müssen etwas tun, das wissen sie. Auf ihrem Bundesparteitag 1996 in Hannover führen sie das sogenannte Quorum ein, das im Gegensatz zur Quote allerdings nicht verbindlich ist. Auch liegt die mit dem Quorum angestrebte Mindestbeteiligung niedriger als die Quotenmargen bei SPD und Grünen. »Frauen sollen an Parteiämtern in der CDU und an öffentlichen Mandaten mindestens zu einem Drittel beteiligt sein«, heißt es in der neuen Bestimmung im CDU-Parteistatut. Konkret bedeutet dieser Satz: Das christdemokratische Frauenquorum ist nur eine Soll- und keine Muss-Bestimmung.

Trotzdem war seine Einführung ein enormer Kraftakt und erfolgte erst nach heftigen innerparteilichen Auseinandersetzungen. Noch auf den CDU-Parteitagen 1994 in Bonn und 1995 in Karlsruhe scheiterte das Quorum am erbitterten Widerstand der überwiegend männlichen Parteibasis. »Warum haben Sie eine solche Angst vor einem Drittel Frauen, wenn Sie immer noch zwei Drittel zur freien Auswahl haben?«, redete die damalige Bundestagspräsidentin und Bundesvorsitzende der Frauen-Union, Rita Süssmuth, auf dem Bonner Parteitag ihren Parteifreunden vergeblich ins Gewissen.[223] Ein Jahr später in Karlsruhe ergriff Helmut Kohl persönlich das Wort. »In einem dramatischen Veränderungsprozess des Denkens nicht zuletzt der jungen Generation in unserem Volk ist es richtig, diesen Schritt zu tun«, warb der damalige CDU-Chef und Bundeskanzler für das Quorum. Vor zehn Jahren sei er selbst noch strikt gegen eine solche Regelung gewesen, weil er geglaubt habe, seine Partei könne ohne sie auskommen. »Heute muss ich sagen: Ich habe mich getäuscht.«[224] Ausgerechnet Frauen führten die Riege der Widersacher an. Sie sei zwar »ein Kanzlerfan«, aber eine überzeugte Quotengegnerin, hielt die erzkonservative hessische CDU-Bundestagsabgeordnete Erika Steinbach unter Beifall dagegen. »Liebe Freunde, das Thema Quote ist ein alter, armer, abgedroschener Gaul. Überlassen wir das den Grünen, überlassen wir das der SPD, und geben wir diesem armen Pferd das Gnadenbrot auf der grünen Wiese!« Steinbach erhielt großen Beifall – und der Antrag des CDU-Bundesvorstands verfehlte die erforderliche Mehrheit.

Die große Abneigung innerhalb der CDU gegen Quoten oder ähnliche Regelungen ist erstaunlich. Denn eigentlich hat die Partei sehr gute Erfahrungen damit gemacht. Allerdings dienten entsprechende Instrumentarien nicht dazu, eine höhere Repräsentanz von Frauen zu erreichen. Die mehrheitlich aus der alten Zentrumspartei stammenden katholischen Gründer nutzten das Mittel der Quote, um in den Anfangsjahren der CDU die Integration der Protestanten sicherzustellen. »Auf der personalpolitischen Ebene wurde das Zusammenwachsen der Partei vor allem durch einen strengen Proporz angestrebt«, erläutert der Historiker Frank Bösch. Zumindest von der Tendenz her sollte die Konfessionszusammensetzung der Bevölkerung auch in den höchsten CDU-Gremien erkennbar sein. »Der Konfessionsproporz wurde zwar nur in den seltensten Fällen wie in Hamburg in der Satzung fixiert, galt aber überall als ungeschriebenes Gesetz.«[225] Ob Parteiämter, Regierungs- oder Parlamentsposten – sie alle wurden sorgsam austariert. Ein mit den Vorbehalten gegen die Frauenquote vergleichbarer Einwand wie der, bei solchen Regelungen drohten unqualifizierte Personen in Amt und Würden zu kommen, ist nicht überliefert. Niemand behauptete, dass es fähige Protestanten ja schließlich auch ohne Quote schaffen würden.

Erst 1996 reichte es endlich für das Frauen-Quorum – unter lautem Murren der Delegierten, die sich nur schweren Herzens ihrer Parteiführung beugten. Eindringlich hatte CDU-Generalsekretär Peter Hintze zuvor an die Delegierten appelliert: »Wir erleben einen Vormarsch qualifizierter Frauen in allen Lebensbereichen. Es ist mein Wunsch, dass dieser Marsch qualifizierter Frauen nicht an der CDU vorbeigeht.«[226]

Sie persönlich habe sich »mit der Quote ja eher schwergetan«, wird dreizehn Jahre später Kohls Nachfolgerin Angela Merkel einräumen. »Ich war damals Frauenministerin und habe auf dem Parteitag auch für ein Quorum gestimmt, aber zunächst mehr aus Solidarität mit den Frauen als aus Überzeugung. Heute muss ich sagen: Ohne diese Hilfestellung durch das Quorum gäbe es in unserem Bundesvorstand nicht fast 50 Prozent Frauen.«[227] Aber das Ergebnis ist insgesamt keineswegs so erfreulich, wie Merkel glauben machen will. Auch 15 Jahre nachdem die Untergliederungen der Partei statuarisch dazu verpflichtet wurden, die »tatsächliche Gleichstellung von Frauen und Männern in der CDU in ihrem jeweiligen Verantwortungsbereich durchzusetzen«, hat sie auf Mandatsebene die Absichtserklärung nicht in die Tat umgesetzt. Im Bundestag liegt der Anteil der Frauen unter den CDU-Abgeordneten statt bei einem Drittel nur bei 21,6 Prozent.

Schlechter sieht es nur bei der Schwesterpartei aus. Gerade sechs Frauen gehören der 45-köpfigen CSU-Landesgruppe an – ganze 13,3 Prozent. Kein Wunder, dass mittlerweile auch bei den christsozialen Frauen das Umdenken begonnen hat: Im Juni 2009 beschloss die bayrische Frauen-Union auf ihrer Landesversammlung in Amberg mit großer Mehrheit die Forderung nach einer 40-prozentigen Frauenquote für alle CSU-Führungsposten und -mandate.

Die FDP: fast frauenfrei

Eisern auf ihrem Posten als Quotengegnerin bleibt die FDP – weil oder obwohl bei den Liberalen Frauen mancherorts echten Seltenheitswert haben. Das wird von der Öffentlichkeit allerdings kaum wahrgenommen. Die Partei hatte und hat einige prominente Politikerinnen in der ersten Reihe – früher Hildegard Hamm-Brücher oder Irmgard Adam-Schwaetzer, heute Sabine Leutheusser-Schnarrenberger oder Silvana Koch-Mehrin. Der Bindestrich-Name ist fast schon ein Markenzeichen der FDP-Politikerinnen. Sie müssen viel Hohn und Spott dafür einstecken. Andererseits stehen gerade die Bindestrich-Namen für Emanzipation und Selbstbewusstsein. Ihn tragen Frauen, die ihren Namen nicht einfach für den eines Mannes aufgeben wollten. Die Präsenz dieser Politikerinnen kaschiert, wie wenige Frauen die FDP zu bieten hat. Zwar steht die von der bindestrichlosen Birgit Homburger angeführte FDP-Bundestagsfraktion mit einem Frauenanteil von 24,7 Prozent im Vergleich zu den anderen beiden Regierungsparteien noch einigermaßen passabel da. Davon kann in den Landtagen aber keine Rede sein. In fünf FDP-Fraktionen gibt es nur eine Frau, und zwar in Hessen (19 Männer), Mecklenburg-Vorpommern (sechs Männer), Sachsen-Anhalt (sechs Männer), Thüringen (sechs Männer) und Berlin (zwölf Männer). In den Parlamenten des Saarlandes und Bremens sitzen für die Liberalen nur Männer. Eine Landtagsfraktion ganz ohne Frauen – das gibt es ansonsten nur noch bei der NPD in Mecklenburg-Vorpommern. Alle fünfzehn Landtage zusammengezählt, in denen die FDP derzeit vertreten ist, liegt ihr Frauenanteil bei 18,5 Prozent. Keine einzige liberale Landtagsfraktion wird von einer Frau geführt.

Dabei hat die FDP bereits 1987 einen Frauenförderplan beschlossen. Dessen Ziel war es, den Frauenanteil in den Führungspositionen entsprechend dem Mitgliederanteil zu erhöhen – allerdings bewusst unter Verzicht auf die Einführung institutioneller Regeln. »Sechzehn Jahre später hat sich der Frauenanteil in der FDP noch weiter verschlechtert«, zog der FDP-Bundesvorstand 2003 eine vernichtende Bilanz. »Der Beschluss des Bundesvorstands wurde nicht umgesetzt, die Selbstverpflichtung der Partei wurde nicht eingehalten«, resümierte das Führungsgremium. »Angesichts der katastrophalen Lage ist es höchste Zeit zu handeln.« Die Partei werde deshalb, so beschloss der Bundesvorstand, mit einer »Frauenkampagne« und »mittels gezielter Frauenförderung den Frauenanteil in der FDP in den nächsten zwei Jahren auf 30 Prozent erhöhen«. Eine Quote lehnten die Freidemokraten weiterhin strikt ab: »Als liberale Partei setzen wir auf den freien Wettbewerb, damit sich die Besten durchsetzen.«[228] Der Erfolg der »Offensive für mehr Frauen in die FDP« war überwältigend: 2003, als die Freidemokraten ihren Beschluss fassten, lag der Frauenanteil unter den Mitgliedern noch bei 24,7 Prozent. Bis zur Bundestagswahl 2009 ist er auf 22,6 Prozent gesunken.

Die Schnecke auf dem Glatteis

Mit einer »Schnecke auf Glatteis« verglich Willy Brandt einst den Kampf gegen Frauendiskriminierung.[229] Das Bild passt immer noch. Nach wie vor ist der Weg zu einer gleichberechtigten Teilhabe von Frauen am politischen, gesellschaftlichen und beruflichen Leben voller Schlaglöcher und Barrikaden – und das Ziel nicht einmal in Sichtweite. Dabei ist heute kaum mehr vorstellbar, welche Hürden Frauen in den vergangenen Jahrzehnten überwunden haben. Gegen jede Reform auf dem Weg zur Gleichberechtigung wurde zunächst mit allerlei rechtlichen Argumenten oder dem, was Männer dafür hielten, verbissen gestritten. So war es 1908, als die Frauen das Versammlungsrecht zugestanden bekamen, so war es 1918 beim Frauenwahlrecht und auch 1949, als der Gleichberechtigungsgrundsatz Eingang in die Verfassung fand.

Schon der schlichte Satz »Männer und Frauen sind gleichberechtigt« schaffte seine Aufnahme in das Grundgesetz »erst nach sehr ausführlichen und erregten Debatten«, wie es im stenographischen Protokoll der Schlusssitzung des Parlamentarischen Rates vom Mai 1949 heißt. Eigentlich hatte die Mehrheit des mit der Ausarbeitung des Grundgesetzes beauftragten Gremiums eine an die Weimarer Verfassung orientierte Formulierung bevorzugt. Danach hätten Frauen lediglich »die gleichen staatsbürgerlichen Rechte und Pflichten« zugestanden, nicht aber eine Gleichberechtigung im privaten oder gesellschaftlichen Bereich. Die Folge wäre gewesen, dass die damals gültigen frauendiskriminierenden Bestimmungen des Bürgerlichen Gesetzbuches (BGB) nicht angetastet worden wären. Dagegen setzte die sozialdemokratische Juristin Elisabeth Selbert, eine der vier Frauen in dem 65-köpfigen Rat, den uneingeschränkten Grundsatz: »Männer und Frauen sind gleichberechtigt.« Drei Abstimmungen verlor Selbert. Aber nach heftigen öffentlichen Frauenprotesten setzte sich ihr Gegenvorschlag im vierten Anlauf durch.

Der Parlamentarische Rat legte im Grundgesetz eine Übergangsregelung fest, nach der innerhalb von vier Jahren alle dem Gleichgsprinzip entgegenstehenden rechtlichen Regelungen ze anzupassen waren. Und davon gab es einige. Der ließ sich bis Mai 1957 Zeit, um das Anpassungsgesetz hieden. Nun stand dem Ehemann nicht mehr »die Entscheidung in allen das gemeinschaftliche eheliche Leben betreffenden Angelegenheiten zu«, wozu die Bestimmung von Wohnort und Wohnung gehörte. Ebenso hatte er nicht länger das Recht auf die alleinige Verfügungsgewalt über das von seiner Frau in die Ehe mitgebrachte Vermögen sowie das Geld, das sie verdiente. Er durfte nicht mehr den Arbeitsvertrag seiner Frau fristlos kündigen, »wenn die Thätigkeit der Frau die ehelichen Interessen beeinträchtigt«. Erst mit dem Inkrafttreten des »Gesetzes über die Gleichberechtigung von Mann und Frau auf dem Gebiet des bürgerlichen Rechts« im Juli 1958 verschwanden diese aus dem Jahr 1900 stammenden Regelungen aus dem BGB. Rechtlich gleichgestellt waren Frau und Mann damit weiterhin nicht, Ehemänner blieben faktisch der Vormund ihrer Frau. Nach der neuen Gesetzgebung war es einer Ehefrau keineswegs gestattet, nach eigenem Gutdünken berufstätig zu werden. Denn weiterhin war im Paragraphen 1356 BGB festgelegt, dass die Frau den Haushalt führt. Zur Erwerbstätigkeit war sie nur berechtigt, »soweit dies mit ihren Pflichten in Ehe und Familie vereinbar ist«. Dieser Passus blieb bis 1977 gültig. Erst seitdem gilt der Grundsatz der ehelichen Partnerschaft, der die gesetzlich vorgeschriebene Aufgabenteilung aufhob.

Die gläserne Decke

Im Zuge der Verfassungsreform von 1994 ergänzte der Bundestag das Gleichberechtigungsgebot des Grundgesetzes. Im Artikel 3, Absatz 2 folgt seitdem auf Elisabeth Selberts Formulierung »Männer und Frauen sind gleichberechtigt« ein zweiter Satz: »Der Staat fördert die tatsächliche Durchsetzung der Gleichberechtigung von Frauen und Männern und wirkt auf die Beseitigung bestehender

Nachteile hin.« Die Politiker erklärten damit die Gleichstellung zum Staatsziel. Mittlerweile gibt es darüber hinaus im Bund und in allen Ländern Gleichstellungsgesetze für den öffentlichen Dienst. Sie beseitigten Diskriminierung zwar nicht, aber minderten sie wenigstens. Der Gehaltsunterschied zwischen Frauen und Männern ist in Behörden, Schulen oder Universitäten deutlich geringer als in der Privatwirtschaft. So verdienten nach Angaben des Statistischen Bundesamts[230] Frauen im öffentlichen Bereich Ende 2008 zwar rund 7 Prozent weniger als ihre männlichen Kollegen. Der Verdienstabstand in der privaten Wirtschaft war jedoch mit 23 Prozent etwa dreimal so hoch. Mit diesem Gehaltsunterschied ist Deutschland eines der Schlusslichter in der EU in Sachen Lohngerechtigkeit. Durchschnittlich betrug der Bruttostundenverdienst von Frauen im öffentlichen Bereich 17,57 Euro, der der Männer 18,89 Euro. In der Privatwirtschaft erhielten Frauen demgegenüber nur 15,08 Euro, während die Männer auf 19,50 Euro kamen. Zurückzuführen ist diese Diskrepanz auch darauf, dass der Anteil der weiblichen Führungskräfte an der Gesamtzahl der erwerbstätigen Frauen im öffentlichen Bereich annähernd dem der Männer entspricht, in der privaten Wirtschaft Frauen in leitenden Positionen dagegen deutlich unterrepräsentiert sind. Wenn Politiker wollten, könnten sie etwas dagegen tun.

Dass Handlungsbedarf besteht, ist unbestritten. Die Zahlen sind erschreckend. Laut einer Studie des Deutschen Instituts für Wirtschaftsforschung[231] aus dem Jahr 2009 sind in den 200 größten deutschen Unternehmen außerhalb des Finanzsektors nur 2,5 Prozent der Spitzenpositionen von Frauen besetzt. Das entspricht 23 von 934 Sitzen. Mit Petra Hesser bei IKEA stellt lediglich in einem Unternehmen eine Frau den Vorstandsvorsitz. Noch düsterer sieht es bei den DAX-30-Unternehmen aus: Hier stellt einzig Siemens mit der Schweizerin Barbara Kux eine Vorstandsfrau. Bei insgesamt 183 Vorstandsposten ist das ein Frauenanteil von 0,5 Prozent. In den Aufsichtsräten der Top-200-Unternehmen liegt er bei gut neun Prozent. Bis auf wenige Ausnahmen gelangen die Frauen als Vertreterinnen der Arbeitnehmer dorthin. Die Eigner der großen Unternehmen kommen dagegen in den Aufsichtsräten so gut wie ohne Frauen aus. Nur drei der 200 Kontrollgremien werden von Frauen geleitet: Bettina Würth steht dem Aufsichtsrat der Würth-Gruppe und Rosely Schweizer dem der Oetker-Gruppe vor. Bei diesen beiden Firmen handelt es sich um Familienunternehmen, die Frauen gehören zur Eignerfamilie. Seit September 2009 steht Simone Bagel-Trah dem Aufsichtsrat des Düsseldorfer Henkel-Konzerns vor. Damit ist die Ururenkelin des Konzerngründers Fritz Henkel die erste Frau überhaupt auf dieser Position in einem DAX-Unternehmen. Bei 26,2 Prozent der Top-200-Unternehmen findet sich keine einzige Frau im Aufsichtsrat. Zu den Unternehmen, in denen weder im Aufsichtsrat noch im Vorstand eine Frau tätig ist, gehören die Audi AG und die Aldi-Gruppe, die Rang 18 beziehungsweise 24 unter den größten Unternehmen in Deutschland einnehmen.

Der Trend ist eindeutig: Je höher die Karriereleiter, desto dünner wird die Luft für Frauen. In den Spitzengremien der großen privaten Unternehmen in der Bundesrepublik sind sie nach wie vor extrem unterrepräsentiert, in den Vorständen sind sie sogar fast überhaupt nicht vertreten. »Damit hat die im Jahr 2001 geschlossene Vereinbarung zur Förderung der Chancengleichheit von Frauen und Männern in der Privatwirtschaft bislang keine Wirkung gezeigt«, schlussfolgert das DIW. Die zugesagte Erhöhung des Anteils von Frauen in Führungspositionen bleibe weit hinter den Erwartungen zurück. Die »gläserne Decke« in Deutschland sei immer noch sehr stark, bilanzieren die Wissenschaftler. Auch das Institut für Arbeitsmarkt- und Berufsforschung (IAB) der Bundesagentur für Arbeit stellt der von Schröder & Co. initiierten freiwilligen Vereinbarung ein schlechtes Zeugnis aus. Die Privatwirtschaft hatte zugesagt, mit Fördermaßnahmen sowohl die Ausbildungsperspektiven und die beruflichen Chancen der Frauen als auch die Vereinbarkeit von Familie und Beruf zu verbessern. Auf verbindliche Vorgaben zur Frauenförderung ließen sich die Manager nicht ein. Seit 2002 überprüft das IAB, ob diese halbgaren Zusicherungen Wirkung entfaltet haben. Im November 2009 legte das Institut die Ergebnisse seiner jüngsten repräsentativen Befragung von rund 16 000 Betrieben aller Betriebsgrößen und Wirtschaftszweige vor.[232] Das Ergebnis ist ernüchternd: »Seit Jahren stagnieren die betrieblichen Aktivitäten zur Förderung der Chancengleichheit und der Familienfreundlichkeit auf niedrigem Niveau«, heißt es schon im ersten Satz des IAB-Berichts. »Daran hat auch die freiwillige Vereinbarung zwischen Privatwirtschaft und Bundesregierung von 2001 wenig geändert.« Nur in jedem zehnten Betrieb mit mindestens zehn Beschäftigten galten im Jahr 2008 betriebliche oder tarifliche Vereinbarungen zur Förderung der Chancengleichheit. Dabei gaben fünf Prozent der Betriebe an, betriebliche Vereinbarungen abgeschlossen zu haben. Sechs Prozent wurden durch tarifliche Vereinbarungen erfasst. Freiwillige Initiativen ergriffen lediglich vier Prozent der Betriebe. 87 Prozent der Betriebe wiesen gar keine Maßnahmen auf. »Der Anteil der Betriebe, die tarifliche, betriebliche oder freiwillige Vereinbarungen oder Initiativen anbieten, ist seit 2002 weitgehend konstant geblieben – auf niedrigem Niveau«, lautet das ernüchternde Fazit des IAB.

Trotz des Telekom-Verstoßes: In der deutschen Wirtschaft walten erstaunliche Beharrungskräfte. Die Führungsetagen bildeten »eine der letzten echten Männerbastionen in Europa – neben dem katholischen Klerus«, konstatiert der Wirtschaftsjournalist Christian Rickens.[233] Kompetenz allein reicht für Frauen nicht aus, um diese Bastion zu erobern. Unverbindliche Willensbekundungen der Unternehmen werden ebenfalls nicht den Durchbruch bringen. Deutlich steigern ließe sich die Repräsentanz von Frauen in Vorständen und Aufsichtsräten nur durch die Einführung einer gesetzlich verpflichtenden Quote. Doch genau dazu fehlt die politische Bereitschaft. »Was die Gleichberechtigung betrifft, ist die Wirtschaft immer noch der geschlossenste Bereich der Gesellschaft«, weiß auch Bundeskanzlerin Merkel. Wie ihre Frauenministerin lehnt Merkel dennoch die gesetzliche Festschreibung einer Quote ab: »Ich sehe das nicht als Aufgabe für den Gesetzgeber, sondern als Aufgabe der Wirtschaft selbst.«[234]

Kapitel 9

DIE INTEGRATIONSLÜGE

Wie Politiker dafür sorgen,
dass Migranten und ihre Nachkommen für ihre Ausgrenzung
selbst verantwortlich gemacht werden

Die NPD Sachsen preschte mit einem beachtlichen Personalvorschlag vor. Der Sozialdemokrat Thilo Sarrazin solle Ausländerbeauftragter der neuen schwarz-gelben Bundesregierung werden, forderten die Rechtsextremen. »Eine geordnete Rückführung der in Deutschland lebenden Ausländer in ihre Heimatländer könnte dann endlich in Angriff genommen werden«, begründeten sie ihren Vorschlag.[235]

Unfreiwillig beworben hatte sich der frühere Berliner Finanzsenator und spätere Vorstand der Bundesbank Sarrazin mit einem Interview, das er im Herbst 2009 dem kleinen Intellektuellenblatt *Lettre International* gegeben hatte und das mächtig für Wirbel sorgte. »Die Türken erobern Deutschland genauso, wie die Kosovaren das Kosovo erobert haben: durch eine höhere Geburtenrate«, hatte der SPD-Mann in dem Gespräch mit *Lettre*-Chefredakteur Frank Berberich verkündet und einen Generalangriff auf große Teile der in der Hauptstadt lebenden Migranten gestartet.[236] »Ich muss niemanden anerkennen, der vom Staat lebt, diesen Staat ablehnt, für die Ausbildung seiner Kinder nicht vernünftig sorgt und ständig kleine Kopftuchmädchen produziert.« Das gelte für siebzig Prozent der türkischen und für neunzig Prozent der arabischen Bevölkerung in Berlin, behauptete der Sozialdemokrat. Große Teile seien »weder integrationswillig noch integrationsfähig«. Man müsse »davon ausgehen, dass menschliche Begabung zu einem Teil sozial bedingt ist, zu einem anderen Teil jedoch erblich«. Deshalb führe der von der Stadt eingeschlagene Weg »dazu, dass der Anteil der intelligenten Leistungsträger aus demographischen Gründen kontinuierlich fällt«. Viele in Berlin lebende Araber und Türken hätten »keine produktive Funktion, außer für den Obst- und Gemüsehandel, und es wird sich vermutlich auch keine Perspektive entwickeln«. Nach Sarrazins Vorstellung solle es »perspektivisch keine Transferleistungen mehr für Einwanderer« geben. Selten zuvor hatte jemand, der zur politischen und wirtschaftlichen Elite der Bundesrepublik zählt, einen so freizügigen Einblick in seine bizarre Gedankenwelt gewährt.

Zirkus Sarrazin

Die Aufregung um Sarrazin war groß. Umgehend distanzierte sich die Bundesbank »entschieden in Inhalt und Form von den diskriminierenden Äußerungen« ihrer Führungskraft. Das Interview gebe nicht die Ansichten der Bundesbank wieder, versicherte die Notenbank eilig.[237] Die Türkische Gemeinde in Deutschland forderte den Rücktritt Sarrazins als Bundesbankvorstand, da seine Einlassungen eine »vorsätzliche fremdenfeindliche Entgleisung« darstellten und geeignet seien, »offenen Stammtischrassismus zu schüren«.[238] Der Generalsekretär des Zentralrats der Juden in Deutschland, Stephan J. Kramer, warf Sarrazin vor, »die Sprache und Gedanken der heutigen Neonazis zu verwenden«. Seine Aussagen seien »rassistisch und zielen auf niedrigste Instinkte«, schrieb Kramer.[239] Deutliche Worte fand auch der Deutsche Gewerkschaftsbund: »Thilo Sarrazin schürt in verantwortungsloser Weise Fremdenhass und gießt damit Öl auf das Feuer all derer, die ohnehin zu ausländerfeindlichen Ansichten neigen«, sagte DGB-Vorstandsmitglied Annelie Buntenbach.[240] »Sarrazins Menschenverachtung ist untragbar«, echauffierte sich Renate Künast, die Vorsitzende der grünen Bundestagsfraktion.[241] Von »chauvinistischem, elitistischem und unverblümt rassistischem Ton« sprach Sevim Dagdelen, migrationspolitische Sprecherin der Linken-Bundestagsfraktion.[242] Sarrazins Aussagen machten

»alle Integrationsbemühungen der letzten fünf Jahre kaputt«, kritisierte der FDP-Politiker Philipp Rösler.[243] Sarrazins Parteifreund Sebastian Edathy, Vorsitzender des Bundestagsinnenausschusses, sprach von einer »Tonlage, die ich außerhalb der NPD bisher nicht vernommen habe«.[244] Die SPD-Abgeordnete Eva Högl forderte den Parteiausschluss für den »untragbar« gewordenen Sarrazin.[245]

Dominierten zunächst die kritischen Stimmen, meldeten sich bald jedoch immer mehr Unterstützer zu Wort. Der Wind drehte sich. Jetzt zeigte sich, wie verbreitet sein Denken ist. Seine Unterstellungen mutierten zur Wahrheit, seine Diffamierungen zur Darstellung von Problemen, sein Angriff zur Analyse. Als einer der Ersten eilte ihm Thomas Schmid zu Hilfe. Sarrazin sei »keineswegs ein populistischer Scharfmacher«, schrieb der *Welt*-Herausgeber in seinem Weblog.[246] »Er spricht eine offenkundige Wahrheit aus.« Nicht, dass diese ausgesprochen werde, schüre rassistische Vorurteile, es sei umgekehrt: »Wenn derlei nicht ausgesprochen werden darf, schürt es die Verbitterung derer, die aus täglicher Anschauung ganz genau wissen, dass zutrifft, was Sarrazin da gesagt hat.« Nicht anders sah das Helmut Markwort. Der Ex-Finanzsenator stehe am Pranger, »weil er das heiße Eisen missglückte Integration angefasst hat«, behauptete der *Focus*-Herausgeber.[247] »Wer sich bei uns über Probleme mit Ausländern äußert, wird fast reflexhaft als fremdenfeindlich und Nazi diffamiert.« Dabei habe Sarrazin doch nur »die Zustände treffend beschrieben«. Seine Solidarität bekundete auch Peter Sloterdijk. Weil Sarrazin so unvorsichtig gewesen sei, »auf die unleugbar vorhandene Integrationsscheu gewisser türkischer und arabischer Milieus in Berlin hinzuweisen, ging die ganze Szene der deutschen Berufsempörer auf die Barrikaden, um ihm zu signalisieren: Solche Deutlichkeiten sind unerwünscht«, polemisierte Deutschlands Großphilosoph in *Cicero*. »Man möchte meinen, die deutsche Meinungs-Besitzer-Szene habe sich in einen Käfig voller Feiglinge verwandelt, die gegen jede Abweichung von den Käfigstandards keifen und hetzen«, ereiferte sich Sloterdijk.[248] *FAZ*-Nachrichtenchef Jasper von Altenbockum stellte Sarrazin sogar auf eine Stufe mit dem in der Münchner S-Bahn zu Tode geprügelten Dominik Brunner, denn »beide Fälle haben mit Zivilcourage zu tun«.[249] Und der frühere BDI-Präsident Olaf Henkel verkündete per »Offenem Brief«[250], er unterstütze Sarrazin »ohne jedes Wenn und Aber«.

Fremdenfeindlichkeit in der Mitte der Gesellschaft

Damit steht Henkel nicht allein. Nach einer repräsentativen Umfrage des Meinungsforschungsinstituts Emnid im Auftrag der *Bild am Sonntag* stimmen 51 Prozent der Bundesbürger der Aussage Sarrazins zu, ein Großteil der arabischen und türkischen Einwanderer sei weder integrationswillig noch integrationsfähig. Nur bei 39 Prozent der insgesamt 501 Befragten stoßen seine Thesen auf Ablehnung. Einzig bei den Sympathisanten der Grünen überwiegen die missbilligenden Stimmen (Ja: 24 Prozent; Nein: 64 Prozent), die Anhänger aller anderen im Bundestag vertretenen Parteien unterstützen mehrheitlich seine Ansichten: Bei der SPD stimmten 50 Prozent dafür, 42 Prozent dagegen; bei der FDP lag das Verhältnis bei 54 Prozent Jastimmen zu 42 Prozent Neinstimmen, bei der Linkspartei 55 zu 36 und bei der Union 59 zu 31. In den Zeitungsredaktionen der Republik quollen die Leserbriefkästen und E-Mail-Postfächer über von Pro-Sarrazin-Zuschriften. »Die vielen aus der Bevölkerung, die ihm zustimmen, sind keine verkappten Rechtsradikalen, sondern besorgte Bürger aus der Mitte des Volkes«, behauptet *Focus*-Chef Markwort.[251]

Das stimmt – und ist genau das Problem: Es ist der »Extremismus der Mitte«, der sich hier Bahn bricht. Mehrere Wochen tobte der Streit um die Thesen Sarrazins, sogar die schwarz-gelben Koalitionsverhandlungen in Berlin schienen darüber zeitweise in den Hintergrund zu geraten. Seit dem Streit um die dänischen Mohammed-Karikaturen habe es eine solche Welle der Empörung nicht mehr gegeben, konstatiert Jörg Lau in der *Zeit*: »Man hat sich Sarrazin zum Helden erkoren und fühlt sich nun ermuntert, Dampf abzulassen.«[252]

Sarrazins Ausschluss lehnte die Landesschiedskommission der Berliner SPD Mitte März 2010 ab. Er habe sich zwar »radikal bis zum Tabubruch in Bezug auf eine ganze Reihe von Bevölkerungsgruppen« geäußert. Aber das sei kein Ausschlussgrund, zumal die Kommission auch Positives an seinen Ausführungen ausmachte: »Nicht zuletzt aufgrund seines Interviews hat die – notwendige – Debatte um die Integrationspolitik neuen Schwung bekommen.«[253] Nach der Entscheidung titelte die führende türkische Zeitung *Hürriyet:* »Türken-Gegner Sarrazin darf in der SPD bleiben.«

Ist Sarrazin, wie von manchen behauptet, ein mutiger Aufklärer und großer Tabubrecher? Das Gegenteil ist richtig. Er ist ein Verschleierer. Der Sozialdemokrat stiehlt sich aus der eigenen Verantwortung. Es ist das altbekannte Lied: Die »Ausländer« sind selbst schuld. Politik und Gesellschaft verwehren ihnen die Teilhabe am gesellschaftlichen Leben und erklären, dass die Migranten ja gar nicht teilnehmen wollen. Indem er die Opfer einer von ihm als Berliner Finanzsenator mitverantworteten Politik des sozialen Kahlschlags zu Tätern macht, verdeckt Sarrazin, dass er nicht unmaßgeblich zur Verschärfung der sozialen Konflikte in der Hauptstadt beigetragen hat. Er lenkt von seinem eigenen Versagen ab – wie bereits zahlreiche Politiker vor ihm. Über Jahrzehnte prägte diese »demonstrative Erkenntnisverweigerung«, wie es der Integrationsforscher Klaus J. Bade genannt hat, die Politik in der Bundesrepublik und verhinderte das Zustandekommen von etwas, das die Bezeichnung Integrationspolitik verdient hätte.

Sarrazin muss indes zugutegehalten werden, dass er wenigstens auf eine mittlerweile beliebte Camouflage verzichtet hat: Anders, als es in manchen Kreisen in den vergangenen Jahren Mode geworden ist, versuchte er nicht, seine Xenophobie als Religionskritik zu tarnen. Er kommt noch im »old-fashioned style« daher, konstruiert sich keine neue Fassade für sein fremdenfeindliches Denken. Er ist eher ein Rassist alter Schule. Demgegenüber ist es in manchen Kreisen en vogue geworden, zur Begründung der eigenen Fremdenfeindlichkeit religiösen Fundamentalismus und Fanatismus islamischer Prägung zu einem unappetitlichen Brei zu verquirlen mit der tatsächlichen oder vermeintlichen Religionszugehörigkeit jener, die man schon immer hier nicht haben wollte. Aus den Türken vor Wien wird das Minarett um die Ecke; wo es früher um den Kampf gegen die »Überfremdung des deutschen Volkes« ging, wird jetzt zur Verteidigung des christlichen Abendlandes, der westlichen Werte oder der Errungenschaften der Aufklärung aufgerufen. Je nach Gusto. Da wird schnell aus einer Moschee in Köln-Ehrenfeld eine Terrorzentrale, aus dem anatolischen Obst- und Gemüsehändler in Duisburg-Marxloh ein Vorposten Osama bin Ladens und aus dem türkischstämmigen Gangsta-Rap-Kid in Berlin-Kreuzberg ein potenzieller Selbstmordattentäter.

»Die Xenophoben haben den Begriff ›Ausländer‹ durch ›Islam‹ ersetzt, man ruft jetzt ›Stopp der Islamisierung‹ statt ›Ausländer raus‹, was zu erheblichen Modernisierungstendenzen in ihrer Argumentationslinie und ihren Bündnisstrategien führte«, beschreibt der österreichische Publizist Robert Misik dieses Phänomen.[254] »In der schrillen Angstlust vor den muslimischen Horden verbinden sich alte Stockkonservative, neue radikale Rechte, Ultraliberale mit ihrem Widerwillen gegen die linken ›Gutmenschen‹ und sogar ein paar überspannte Ex-Linke, die glauben, man verteidige die demokratischen Freiheiten des liberalen Westens am besten, wenn man gegen eine Minderheit unterprivilegierter Einwanderer hetzt.«[255] Mit einer ernsthaften kritischen Auseinandersetzung mit dem Islam – die so nötig und wichtig ist wie die fundierte Kritik jeglicher Glaubenssysteme, auch der christlichen – hat das nichts zu tun.

Fehlender Rückfahrtschein

Den Hut ins Gesicht gezogen und den Kragen seiner Jacke hochgeschlagen, lehnt er am Geländer. Seinen Blick leicht zu Boden gesenkt, kaut der Mann »südländischen Typs« an einem Zigarren-stummel. Ein abgewetzter Koffer steht vor ihm. Er wirkt müde. Seit rund zwei Jahrzehnten steht der schnauzbärtige »Ausländer« auf dem Bahnhofsvorplatz von Obertürkheim. In dem Stuttgarter Vorort kennen ihn alle: Er »wartet scheinbar auf seine Abfahrt«, schrieb im Oktober 2009 die *Eßlinger Zeitung*.[256] Aber er wird den Zug nicht nehmen. Wenn sie ihn lassen, wird er hierbleiben. Für immer. Wie so viele jener »Gastarbeiter«, die einst hier ankamen, um »beim Daimler« zu schaffen.

Auf die lebensgroße bronzene Statue sind die Einheimischen mitt-lerweile stolz. Dass ein großer Schaltkasten der Stuttgarter Straßen-bahnen für einige Zeit den Blick auf die Hommage des Remstalers Guido Messer an die Gastarbeiter der Mercedes-Fabriken verstellte, sorgte denn auch für heftige Proteste. Die Obertürkheimer haben das Kunstwerk in ihr Herz geschlossen, wozu sicher seine Kopie im Bonner »Haus der Geschichte« beigetragen hat, durch die es zum nationalen Kulturgut wurde. Dabei war die Skulptur des in Argenti-nien geborenen Künstlers nicht unumstritten. 1982 entworfen, hatte »Der Ausländer« ursprünglich in der Fußgängerzone der baden-württembergischen Gemeinde Reichenbach an der Fils stehen sol-len. Doch verhinderten Querelen im Gemeinderat sieben Jahre lang die Aufstellung. Nachdem er dort keine Chance mehr gesehen hatte, bot Messer sein Kunstwerk schließlich den Obertürkheimern an. Die fanden an der Statue durchaus Gefallen – nur nicht an ihrem Titel, wie Messer feststellen musste: »Der Brisanz des Themas we-gen musste ›Der Ausländer‹ damals allerdings offiziell in ›Der Rei-sende‹ umbenannt werden, aufgrund der dort vorkommenden Aus-länderfeindlichkeit.«[257] Inzwischen hat der Bildhauer den ursprüng-lichen Namen doch noch anbringen lassen können.

Belanglose Notizen aus der Provinz? Mitnichten. Es gibt in Deutsch-land Denkmäler zu allem und jedem – von Friedrich dem Großen bis Willy Millowitsch. In Bonn gibt es ein Denkmal für Simon Bolivar, eine »Europa-Säule«, »Diana mit dem Speer« und »Ikarus 1993«. Als 1989 die Ausländerbeauftragte der Bundesregierung,

Lieselotte Funke (FDP), den Vorschlag der spanischen Gruppe der katholischen Arbeitnehmer-Bewegung in Bonn für ein »Denkmal für das Zusammenleben von Deutschen und Ausländern« an die Stadtverwaltung der damaligen Bundeshauptstadt weiterleitete, erhielt sie eine schroffe Absage: Die Stadt wolle »Ihren Vorschlag zur Errichtung eines Denkmals z. Zt. nicht aufgreifen«, beschied ihr der seinerzeitige Oberstadtdirektor. Es sei »doch zweifelhaft, ob die Integration der bei uns lebenden Ausländer durch ein Denkmal gefördert werden kann«. Denn es bestünde die Gefahr, dass es zu »Missverständnissen« kommen könnte, »wenn eine so aktuelle und zugleich auch selbstverständliche Sache wie die Integration der Ausländer zum Gegenstand eines Denkmals gemacht werden sollte«.

Selbstverständliche Sache? Selbstverständlich war und ist in der Bundesrepublik nichts, wenn es um die Integration jener Menschen geht, die selbst oder deren Eltern als »Gastarbeiter« in dieses Land gekommen sind. Als sie geholt wurden, waren Malocher auf Zeit gefragt, keine neuen Landsleute. Man dürfe »nicht übersehen, dass der in den fünfziger Jahren einsetzende Import von nicht-deutschen Arbeitskräften ein sehr nüchternes Unternehmen war, bei dem alle Beteiligten davon ausgingen, dass es nur von begrenzter Dauer sein würde«, schreiben der Grünen-Politiker Daniel Cohn-Bendit und der Publizist Thomas Schmid in ihrem Buch »Heimat Babylon«.[258] »Auf deutscher Seite hatte man ein gänzlich funktionales Verhältnis zu den immer zahlreicher werdenden Arbeitsmigranten: Nicht an irgendwelche Formen von Integration dieser Neubürger in die bundesdeutsche Gesellschaft oder gar die Einbeziehung ins gesellschaftliche und politische Geschehen der Republik war gedacht worden.« Offenkundig müssten ihre deutschen Zeitgenossen in ihnen »so etwas gesehen haben wie gesellschaftslose, gewissermaßen kontextbereinigte Wesen, die sich nur durch eines auszeichnen, durch ihr Arbeitsvermögen«. Als »Heimat Babylon« 1992 erschien, arbeitete Cohn-Bendit im damaligen rot-grünen Magistrat der Stadt Frankfurt als bundesweit erster Dezernent für multikulturelle Angelegenheiten. 1989 hatte der heutige Europaabgeordnete Cohn-Bendit den seinerzeit ehrenamtlichen Posten angetreten – 34 Jahre nach dem ersten Anwerbeabkommen der Bundesrepublik mit Italien. Der heutige Sarrazin-Verteidiger und *Welt*-Herausgeber Schmid war sein Berater.

Noch bis Ende des Jahrhunderts dauerte es, bis nach harten Kämpfen das deutsche Staatsbürgerschaftsrecht reformiert wurde: Das völkische Abstammungsprinzip »ius sanguinis« aus der Kaiserzeit wurde durch das Geburtsortprinzip »ius soli« ergänzt. Erst im Jahr 2005 kam es zur Verabschiedung eines Zuwanderungsgesetzes durch die rot-grüne Bundesregierung. Im selben Jahr richtete die frisch gewählte schwarz-gelbe Landesregierung in Nordrhein-Westfalen das bundesweit erste Integrationsministerium ein. Ein viel zu spätes Zeichen für ein längst überfälliges Umdenken. »Wir bekommen heute die Quittung für unseren Umgang in den letzten fünfzig Jahren mit der Einwanderung und den Einwanderern präsentiert«, konstatiert Armin Laschet, der das Ressort übernahm. »So viel Ignoranz wird bestraft.«[259] Für ihn steht fest: »Die Probleme, die wir bei der zweiten Generation der Zuwanderer und noch stärker bei deren Kindern feststellen, die jetzt Jugendliche sind, sind nicht in erster Linie persönliches Versagen – auch wenn das ein gängiges Vorurteil ist.« Der CDU-Politiker sieht als Ursache für die Probleme »das strukturelle Versagen unseres Landes.«[260] Er hat recht. Die Verantwortlichen in Staat und Gesellschaft haben viele Chancen verpasst – und noch mehr Chancen verbaut. Statt auf Integration setzten Politiker auf Ausgrenzung. Statt den Facettenreichtum der multikulturellen Gesellschaft auch jenseits von Pizza, Falafel und Döner anzuerkennen, beschworen sie eine fiktive Monokultur. Statt den Ressentiments gegen die vermeintlich anderen entschieden entgegenzutreten, haben sie sie befeuert – aus Angst, an der Wahlurne abgestraft zu werden. Oder um gezielt im trüben Gewässer nach Wählerstimmen zu fischen.

Die Anwerbung

Im Dezember 1955 unterzeichneten Bundesarbeitsminister Anton Storch (CDU) und der italienische Außenminister Gaetano Martino in Rom das Abkommen zur Anwerbung italienischer Arbeitskräfte. Die Weichen für die Einwanderung nach Deutschland waren gestellt. »Die Adenauer-Regierung hat nicht nur die Westbindung der Bundesrepublik durchgesetzt, sie hat das multikulturelle Deutschland begründet«, formuliert der Integrationsexperte Eberhard Seidel nicht ohne Ironie.[261] Weitere Abkommen mit anderen Ländern folgten. Die brummende westdeutsche Wirtschaft hatte einen ungeheuren Durst nach Arbeitskräften – und die Politik stillte ihn. Die Verträge mit Spanien und Griechenland wurden 1960, das Abkommen mit der Türkei 1961 abgeschlossen. Marokko war 1963 an der Reihe, ein Jahr später Portugal und 1965 Tunesien. Das letzte Anwerbeabkommen schloss die Bundesrepublik im Oktober 1968 mit Jugoslawien.

Mit diesen Abkommen wurde die BRD zum De-facto-Einwanderungsland. Millionen Arbeiter aus anderen Ländern kamen nach Deutschland und kehrten wie gewünscht nach einiger Zeit zurück in ihre Heimat. Aber wider Erwarten blieben viele. Denn die verantwortlichen Politiker hatten eine winzige Kleinigkeit nicht bedacht, die der Schweizer Schriftsteller Max Frisch auf eine prägnante Formel brachte: »Man hat Arbeitskräfte gerufen, und es kommen Menschen.«[262] Trotz ihres Randgruppendaseins und der staatsbürgerlichen Rechtlosigkeit, die der bundesdeutsche Staat »Gastarbeitern« zugewiesen hatte, erschien nicht wenigen von ihnen das Bleiben erstrebenswerter als die Rückkehr in eine Heimat mit den gleichen desolaten wirtschaftlichen und sozialen Verhältnissen, die der Grund für ihre Abwanderung gewesen waren.

Die Mitte der fünfziger Jahre in Gang gesetzte Anwerbung und Ansiedlung von Ausländern »hat so, wie sie dann verlaufen ist, niemand gewollt«, schreiben Cohn-Bendit und Schmid. »Sie ist eines der vielen Beispiele für das, worunter moderne Gesellschaften häufig zu leiden haben, wovon sie freilich auch immer wieder profitieren: für *unintended effects,* für ungewollte Folgewirkungen.«[263] Die Bundesrepublik wurde zum Einwanderungsland,»ohne es zunächst zu bemerken, ohne es überhaupt zu wollen und ohne daraus Konsequenzen zu ziehen«, konstatiert Armin Laschet.»Das war vielleicht das Schlimmste!«[264]

Der Mann mit dem Moped

Seinen Namen kennen nicht viele, trotzdem ist er bis heute der bekannteste »Gastarbeiter« Deutschlands: Armando Rodrigues de Sá. Am 10. September 1964 um kurz vor 10 Uhr fährt der 38-jährige Portugiese gemeinsam mit 172 Landsleuten und 933 Spaniern in den Bahnhof von Köln-Deutz ein. Während Italiener, Griechen, Türken oder Jugoslawen am Münchner Hauptbahnhof ankommen, geht es für die Menschen von der iberischen Halbinsel zunächst ins Rheinland. Donnerstags treffen sie in Köln ein, um von dort über die Republik verteilt zu werden.

Diesmal werden die Männer mit Pauken und Trompeten empfangen.»Viva Portugal! Viva España!«, tönt es aus den Lautsprechern. Die Werkskapelle von Felten & Guilleaume intoniert deutsche Märsche, dazu noch die portugiesische und die spanische Nationalhymne. Als sein Name ausgerufen wird, erschrickt Armando Rodrigues de Sá. Die ihn rufen, fürchtet er, sind bestimmt von der Polizei und wollen ihn zurückschicken. Stecken möglicherweise sogar die Häscher von Portugals Diktator António de Oliveira Salazar dahinter? Woher soll der hagere Zimmermann aus dem nordportugiesischen Dorf Vale de Madeiros wissen, dass ausgerechnet er von der Bundesvereinigung der Deutschen Arbeitgeberverbände (BDA) durch Blindtippen auf einer Liste zum millionsten »Gastarbeiter« erkoren worden ist? Nach langem Zögern steigt er verunsichert aus dem Zug, versucht sich in der Menge zu verstecken. Dann gibt er doch noch schüchtern zu, der Gesuchte zu sein. Entzückt ruft BDA-

Pressechef Werner Mühlbradt: »Wir haben ihn!« Die Kamerateams positionieren sich. Ein Heer von Fotografen richtet die Objektive auf den übermüdeten Bauernsohn. Die Radioreporter zücken ihre Mikrophone. Honoratioren schütteln dem Mann die Hand. Festreden werden gehalten. »Ohne die Mitarbeit der Ausländer wäre unsere wirtschaftliche Entwicklung der letzten Jahre nicht denkbar gewesen«, verkündet Manfred Dunkel, der Vorsitzende des Arbeitgeberverbands der Metallindustrie im Regierungsbezirk Köln.[265] Der irritierte Armando Rodrigues de Sá erhält als Geschenk ein zweisitziges Moped der Marke Zündapp Sport Combinette, eine Ehrenurkunde und einen Blumenstrauß. »Der herzliche Empfang und das Moped machen mir die Trennung von meiner Familie leichter«, sagt er auf Portugiesisch einem Dolmetscher. Er werde versuchen, seine Frau und seine zwei Kinder »bald nachzuholen«. Es wird nie dazu kommen.

Noch am Tag seiner Ankunft in Köln geht es für Armando Rodrigues de Sá weiter nach Stuttgart-Degerloch, um für die schwäbische Baufirma Gustav Epple zu arbeiten. Den Arbeitsvertrag hatte er bereits in Portugal unterschrieben. Später schafft er in einer Zementfabrik in Blaubeuren bei Ulm. Untergebracht ist Armando Rodrigues de Sá in einer Holzbaracke – eine Gemeinschaftstoilette, zwei Küchen und im kargen Schlafraum Doppelbetten: vier auf der einen, vier auf der anderen Seite. Er freundet sich mit anderen Portugiesen an, auch mit Kollegen aus Italien und der Türkei. Deutsche Freunde hat Armando Rodrigues de Sá nicht. Zwei- bis dreimal pro Woche schreibt er nach Hause – über Deutschland nur Gutes. Er lebt sparsam, fast seinen ganzen Verdienst schickt er Monat für Monat seiner Familie in Portugal. Das Mokick bringt er beim ersten Weihnachtsurlaub per Bahn in sein Heimatdorf. Es ist sein ganzer Stolz.

Sechs Jahre lang arbeitet Armando Rodrigues de Sá als Hilfsarbeiter in Deutschland. Zuletzt für die Kalle AG in Wiesbaden. Nach einem Arbeitsunfall – ein Brett trifft ihn hart direkt am Mageneingang – plagen ihn Schmerzen, die nicht mehr vergehen wollen. Auf Heimaturlaub in Portugal prophezeit ihm ein Arzt: »Wenn du zurück nach Deutschland gehst, wirst du deine Knochen dort lassen.« Er kehrt nicht wieder zurück. Im Laufe der Jahre verschlimmern sich seine Magenschmerzen. Ein Tumor wird diagnostiziert. Der Großteil seiner Ersparnisse aus Deutschland geht für Arztbesuche, Krankenhausaufenthalte und Medikamente drauf. 1979 stirbt Armando Rodrigues de Sá im Alter von nur 53 Jahren an Krebs. Er wird auf dem Friedhof von Canas de Senhorim begraben. Von seinem Tod nimmt kein deutsches Medium Notiz.

Die Zündapp Sport Combinette, die der Mann, der durch Zufall zum millionsten »Gastarbeiter« wurde, 1964 geschenkt bekam, steht heute im Bonner Haus der Geschichte. Ende der neunziger Jahre kaufte das Museum seiner Witwe das Mokick für 10 000 Mark ab und brachte es zurück nach Deutschland. Von dem Geld kaufte sich Maria Emilia Pais de Sá einen elektrischen Rollstuhl.

Der Mann mit breitkrempigem Hut auf dem Moped wurde zum Inbegriff des »Gastarbeiters«. Das Bild des unrasierten Armando Rodrigues de Sá, der mit einem Blumenstrauß in der Hand auf seinem Begrüßungsgeschenk sitzt, gehört zum kollektiven Gedächtnis der Bundesrepublik. Seine traurige Lebensgeschichte nicht.

Er war einer der vielen Menschen, »die auf der Suche nach einem besseren Schicksal in Länder emigrierten, die nicht die ihren waren, wo weder die Sprache noch die Gebräuche die ihren waren, wo sie aber zu überleben wussten«, schrieb seine Witwe 2001 in einem Brief. Ihr Mann habe zu denjenigen gehört, die »ein besseres Leben suchten und gleichzeitig die Wirtschaft in Deutschland bereicherten«.[266] Es klingt bitter, doch in gewisser Weise war Armando Rodrigues de Sá der Idealtyp des »Gastarbeiters«. So hatten es sich Unternehmen, Politik und auch die Mehrheit der Deutschen gewünscht: ein anspruchsloser Ausländer, der bis zum Umfallen schuftete – und, als er nicht mehr konnte, zurück in seine Heimat ging. An seine Stelle konnte eine unverbrauchte junge Arbeitskraft treten, damit der Zyklus bei einem Minimum an sozialen Kosten für den west-deutschen Staat von vorne begann. »Rotation« nannte sich dieses Prinzip.

Mit zeitlich befristeten Verträgen und zu geringen Löhnen wurden die »Gastarbeiter« im Wesentlichen in Bereichen eingesetzt, die durch besonders gefährliche, gesundheitsgefährdende, kräftezehrende oder monotone Arbeit gekennzeichnet sind. Die Werbekolonnen aus der Bundesrepublik rekrutierten in den Herkunftsländern keine Ingenieure oder Akademiker, sondern kräftig Zupackende aus bildungsfernen Schichten. Entscheidend war die körperliche Verfassung, sonst nichts.

Dass diese modernen Arbeitssklaven euphemistisch »Gastarbeiter« genannt wurden, entbehrt nicht eines gehörigen Maßes an Zynismus. Aber als was sonst hätte man sie bezeichnen sollen? Galt doch die Bezeichnung »Fremdarbeiter« als historisch kontaminiert. Passender wäre sie schon gewesen: »Die Quasi-Kasernierung vieler Arbeitsmigranten der ersten Generation in Baracken, in denen zuvor Flüchtlinge und davor ›Fremdarbeiter‹ untergebracht gewesen waren«, lege zumindest »den Verdacht nahe«, schreiben Cohn-Bendit und Schmid, dass die Motive der Verantwortlichen für die erste Arbeitsmigration in der Bundesrepublik »ganz in der Tradition der kriegswirtschaftlichen ›Fremdarbeiterpolitik‹ des Dritten Reiches gestanden haben könnten«.[267] Auf solchem bisweilen sogar von Stacheldraht umzäunten Gelände mussten viele Arbeitsmigranten der ersten Generation unter empörenden Lebens- und Arbeitsbedingungen ihr Dasein fristen. Anfang der sechziger Jahre lebten rund zwei Drittel der »Gastarbeiter« in von der Außenwelt abgeschotteten ärmlichen Gemeinschaftsunterkünften, die die Unternehmen nicht selten auf ihrem Betriebsgelände kostengünstig errichtet hatten.

Erst ab Mitte der sechziger Jahre bemühten sich die Arbeitgeber um eine etwas bessere Unterbringung ihrer Billiglöhner. Der Grund: Die Betriebe wollten nicht immer wieder neue Arbeitsmigranten anlernen, sondern lieber die bereits eingearbeiteten Kräfte längerfristig behalten. Deswegen ermunterten die Unternehmen sie auch dazu, ihre Familien nachziehen zu lassen. Sie zogen in Werkswohnungen oder in heruntergekommene Wohngegenden mit billigen Mieten, in denen die Deutschen nicht mehr wohnen wollten.

Bis zum Anwerbestopp, den das Bundesministerium für Arbeit am 23. November 1973 als Reaktion auf die Verschlechterung der Wirtschaftslage verkündete, kamen 14 Millionen meist ungelernte und bildungsferne »Gastarbeiter« in die Bundesrepublik. Mit ihrer Arbeitsleistung mehrten sie den Wohlstand im Land und finanzierten die Sozialsysteme. »Die Zuwanderer ermöglichten den Aufstieg der Deutschen, die nicht länger gering bezahlte und wenig qualifizierte Tätigkeiten ausüben mussten«, erklärt der Christdemokrat Laschet.[268] Rund 2,3 Millionen Deutsche wechselten zwischen 1960 und 1970 von Arbeiter- in Angestelltenpositionen. Vergleichbare Aufstiegschancen standen den »Gastarbeitern« nicht offen.

Das Kühn-Memorandum

Die Mehrheit der »Gastarbeiter« kehrte im Laufe der Jahre in ihre Heimatstaaten zurück. Trotzdem blieben Millionen hier. Aus den Arbeitsmigranten waren Einwanderer geworden. Doch die Politik ignorierte das Phänomen, das sie nicht vorausgesehen hatte. Die Regierenden wollten nicht wahrhaben, was spätestens seit Anfang der siebziger Jahre unübersehbar geworden war. Auch als 1979 Heinz Kühn, der erste Ausländerbeauftragte der Bundesregierung, in einem Memorandum[269] eindringlich »eine rasche entscheidende Wende« im Umgang mit den zugewanderten Arbeitnehmern und ihren Familien anmahnte, geschah nichts. »Es muss anerkannt werden, dass hier eine nicht mehr umkehrbare Entwicklung eingetreten ist und die soziale Verantwortung gegenüber den heute – zumeist schon über eine beachtliche Zeitspanne – in Deutschland lebenden und einstmals in der Mehrzahl gezielt ›angeworbenen‹ Menschen und ihren Kindern nicht eine Variable der jeweiligen Arbeitsmarktlage sein kann«, mahnte der vormalige nordrhein-westfälische Ministerpräsident. Die bisherige Politik sei »offenbar zu sehr von der Priorität arbeitsmarktpolitischer Gesichtspunkte geprägt worden, während die ebenso gewichtigen sozial- und gesellschaftspolitischen Postulate nachrangig erschienen«, kritisierte der Sozialdemokrat.

Seine Feststellungen haben bis heute nichts von ihrer Brisanz verloren: Die gravierenden Probleme der ausländischen Kinder und Jugendlichen machten »umfassende Anstrengungen dringlich, um größten individuellen und gesamtgesellschaftlichen Schaden abzuwenden«. Deren schulische Situation sei »durch einen unzureichenden Schulbesuch, eine extrem niedrige Erfolgsquote bereits im Hauptschulbereich und eine erhebliche Unterrepräsentation ausländischer Schüler an weiterführenden Schulen gekennzeichnet«. Eindringlich warnte Kühn, »dass ohne eine gravierende Verbesserung der Situation nahezu die Gesamtheit der ausländischen Kinder und Jugendlichen in die Gefahr gerät, weiter in eine totale Pariarolle hineinzuwachsen«. Drei weitere Jahrzehnte haben die Politiker seitdem verstreichen lassen, ohne ernsthaft gegenzusteuern. Kühns Forderungen aus dem Jahre 1979 sind so unerfüllt wie aktuell. Erforderlich sei eine »erhebliche Intensivierung der integrativen Maßnahmen«, ansonsten drohten »verhängnisvolle Konsequenzen«. Was der Staat angesichts der »alarmierenden Ausgangslage« heute nicht in die Integration der ausländischen Arbeitnehmer und ihrer Familie investiere, müsse er später für Resozialisierung und Polizei bezahlen. Notwendig sei die »Anerkennung der faktischen Einwanderung«. Den bleibewilligen Zuwanderern müsse das Angebot zur Integration gemacht werden. Kühn schlug ein weitgefächertes Maßnahmenpaket vor, »das den Bleibewilligen die Chance zu einer vorbehaltlosen und dauerhaften Eingliederung eröffnet«.

Doch nichts dergleichen geschah. Auf das »Kühn-Memorandum«, so resümiert Armin Laschet, »folgten weitere bittere Jahrzehnte, die von einer einzigen Grundhaltung geprägt scheinen: ›Es kann nicht sein, was nicht sein darf.‹ Nicht nur für die Menschen mit Zuwanderungsgeschichte, auch für die Gesamtentwicklung der Bundesrepublik waren das leider verlorene Jahre«.[270] Statt mit einer aktiven Integrationspolitik die katastrophale und gesellschaftlich explosive Situation der Migranten zu verändern, blieb die Politik allen War-

nungen zum Trotz untätig. Entsprechend wurden die Probleme größer. Zwei Jahre nach Kühns Denkschrift schrieb der *Spiegel*: »Unter deprimierenden Wohnverhältnissen und Sozialbedingungen ist innerhalb der zweiten und inzwischen auch dritten Ausländergeneration ein Heer der Unanpassbaren herangewachsen. Auf nahezu jedem gesellschaftlichen Sektor wachsen die Spannungen.«[271]
Jahrelang hatten die Statistiker den Ausländern in der Bundesrepublik besonders niedrige Crime-Ziffern bescheinigt, Ende der siebziger Jahre drehte sich der Trend. Vor allem bei jugendlichen Ausländern stieg die Kriminalität bedenklich. Der Mainzer Soziologieprofessor Franz Hamburger, der seinerzeit für das Bundeskriminalamt die »Delinquenz ausländischer Jugendlicher« untersuchte, kam zu dem Schluss: »Junge Ausländer, die oft schon lange in Deutschland leben, glauben nicht mehr an die Gerechtigkeit dieser Gesellschaft. Für sie ist Kriminalität eine Form der erfolgreichen Anpassung.«[272]
Von einer »sozialen Zeitbombe« sprach der Direktor des nordrhein-westfälischen Landeskriminalamtes, Werner Hamacher. Die Lage der Ausländer in Westdeutschland gleiche »der Situation von Minderheiten in den USA auf verzweifelte Weise«, so Hamacher. Wie die Schwarzen in den amerikanischen Slums erführen junge Ausländer in der Bundesrepublik, was es bedeute, anders zu sein: »Missachtet, chancenlos, schlechter behandelt und ausgenutzt leben sie in einer Gesellschaft, die vermeintlich jedem eine Chance bietet. Doch durch Sprache, Konfession, Aussehen und Ausbildung unterscheiden sie sich deutlich von den Deutschen. Sie bleiben Minorität, sie bleiben Unterschicht.«[273]

Die Feinde der Fremden

Anfang der achtziger Jahre wuchs die fremdenfeindliche Stimmung in der autochthonen Bevölkerung. Zwei Drittel der Deutschen, so das Ergebnis einer 1982 veröffentlichten repräsentativen Umfrage des Bonner Infas-Instituts[274], sprachen sich nun dagegen aus, dass

»Gastarbeiter, die hierbleiben wollen, die Möglichkeit erhalten, für immer hierzubleiben«. Dass sie möglichst allesamt »wieder in ihr Land zurückkehren«, hatte noch 1978 nur eine Minderheit von 39 Prozent vertreten. Auf eigenen Erfahrungen mit Migranten beruhte der Meinungsumschwung nicht: 71 von 100 Befragten erklärten, mit ihnen »selten« oder »praktisch nie« Kontakt zu haben – wobei die Meinung über die ausländischen Mitbürger umso positiver ausfiel, je mehr Kontakte sie mit ihnen hatten. Gleichzeitig stellten die Demoskopen fest, dass sich die Deutschen umso kritischer über die Fremden im Lande äußerten, desto düsterer sie die allgemeine oder die eigene Wirtschaftslage einschätzten. Die Infas-Untersuchung ergab, dass 49 Prozent der deutschen Bevölkerung ausländerfeindlich eingestellt war. 22 Prozent verhielten sich »ambivalent gegenüber Ausländern«, nur 29 Prozent wurden als ausländerfreundlich eingeschätzt.

Aufgrund des eindeutigen »Zusammenhangs zwischen pessimistischen Wirtschaftserwartungen und Ausländerfeindlichkeit«, bilanzierte Infas, sei »nicht zu erwarten, dass sich der ausländerfeindliche Trend umkehren oder auch nur abschwächen wird«. Auch werde die Einstellung zu den Zuwanderern durch allzu viele Ressentiments beeinflusst, die mit Sachargumenten kaum zu mindern seien. Auf einen Wandel durch Annäherung sei nicht zu hoffen: Die meisten Deutschen erklärten sich »nicht bereit, mehr Kontakte als bisher mit Ausländern und Gastarbeitern zu pflegen«. Eine Vorstellung, wie sich die deutsche Mehrheitsgesellschaft zu jener Zeit gegenüber Menschen türkischer Herkunft verhielt, vermittelt Günter Wallraffs Weltbestseller »Ganz unten«, der eindrucksvoll die Erlebnisse des Kölner Journalisten in der Rolle des türkische Gastarbeiters »Ali« Levent Sinirlioglu schildert. In seinem Vorwort schreibt Wallraff: »Ich weiß inzwischen immer noch nicht, wie ein Ausländer die täglichen Demütigungen, die Feindseligkeiten und den Hass verarbeitet. Aber ich weiß jetzt, was er zu ertragen hat und wie weit die Menschenverachtung in diesem Land gehen kann. Ein Stück Apartheid findet mitten unter uns statt – in unserer Demokratie.«[275]

Der Lehrer und die Putzfrau

Der Vater von Cahit Basar kam 1961 aus der Osttürkei nach Duisburg-Marxloh, um erst als Bergarbeiter, später bei Thyssen zu arbeiten. Basars Mutter folgte ihrem Mann 1964 in die Bundesrepublik. Zwei Jahre später kam ihr Sohn zur Welt. Seine schulische Karriere verlief zunächst typisch für viele seiner Generation: In der Grundschule wurde er in eine »Türkenklasse« gesteckt. Solche segregierenden »Nationalklassen«, die »die vorschulische und außerschulische Isolierung der ausländischen Kinder fortsetzen und zusätzlich fördern«, wie der Ausländerbeauftragte Kühn 1979 feststellte, gab es nicht nur an Rhein und Ruhr noch bis tief in die achtziger Jahre. Von der Grundschule ging es für Cahit Basar auf die Hauptschule. Wohin auch sonst: Eine andere Schulform – außer der damals noch Sonderschule genannten Förderschule – kam für seinesgleichen nicht infrage. Erst hier schafften es seine Eltern, ihn in einer deutschen »Regelklasse« unterzubringen. Dann geschah etwas, was Basar von den meisten Migrantenkindern bis heute unterscheidet: Seine Bildungskarriere endete nicht. Basars Geschichte ist eine Erfolgsgeschichte – und die eines harten Kampfes.

Cahit Basar machte Abitur und studierte Politikwissenschaften, Neuere Geschichte, Deutsche Philologie und Rechtswissenschaften in Münster sowie im englischen Sheffield. Schließlich wurde er Lehrer. Mehrere Jahre unterrichtete Basar am Stadtgymnasium im Kölner Stadtteil Porz. Seine Schüler wählten ihn zum »Superlehrer des Jahres«. Seit Sommer 2009 arbeitet er als Sprecher des nordrhein-westfälischen Netzwerks »Lehrkräfte mit Zuwanderungsgeschichte« im Amt für Weiterbildung der Stadt Köln.

Als Basar zum ersten Mal das Lehrerzimmer des Porzer Gymnasiums betrat, traf der Studienrat, der – wie die gesamte Familie – schon längst die deutsche Staatsbürgerschaft erworben hatte, auf einen neugierigen deutschen Kollegen. Einem Türken als Lehrer sei er noch nie begegnet, eröffnete der ihm. Und dann stellte er eine Frage: Ob Basar die Putzfrau der Schule kenne? Die sei schließlich auch Türkin. Der Mittvierziger lacht, als er die Geschichte erzählt. Der Kollege habe es bestimmt nicht böse gemeint, versichert Basar. Der Mann sei kein Fremdenfeind. Er habe es einfach nicht besser gewusst.

Basar erwähnt die kleine Anekdote gerne. Denn sie veranschaulicht den Exotenstatus, den einer wie er immer noch hat. Menschen mit türkischen Wurzeln gibt es viele an deutschen Schulen. Man findet sie als Schüler – oder als Reinigungskräfte. Als Lehrer aber sehr selten. In Nordrhein-Westfalen besitzt jeder dritte Schüler eine Zuwanderungsgeschichte. Die Anzahl der Pädagogen mit Migrationshintergrund ist demgegenüber verschwindend gering: Sie liegt gerade mal bei einem Prozent.

Fast alle der rund 360 Aktivisten im Netzwerk »Lehrkräfte mit Zuwanderungsgeschichte« kommen aus einer »klassischen« Gastarbeiterfamilie und mussten den Umweg über die Hauptschule gehen. Ihre Väter arbeiteten untertage, als Stahlkocher oder am Fließband, nicht wenige der Mütter waren Analphabeten. Sie haben ihre Kinder stets nach Kräften unterstützt. »Selbstverständlich waren auch meine Eltern bildungsfern«, berichtet Basar. »Aber trotzdem waren sie bildungsinteressiert.« Sie wussten, dass sie kämpfen mussten, damit ihre Kinder eine Chance in dem Land bekommen, das zu ihrer neuen Heimat geworden war. Die Eltern hätten ihnen gesagt: Wir können euch zwar nichts bieten, aber wir wünschen uns, dass ihr ein besseres Leben führt – trotz aller Probleme und gegen alle Widerstände.

Viele Basars leben heute in Deutschland: Menschen mit Zuwanderungsgeschichte, die sich erfolgreich ihren Platz in der Gesellschaft erkämpft haben – ob als Lehrer, Wissenschaftler, Architekten, Ingenieure, Journalisten oder Manager: von Filmregisseuren wie Fatih Akın bis zu Schauspielerinnen wie Renan Demirkan oder Sibel Kekilli, von Schriftstellerinnen wie Hatice Akyün bis zu Fußballprofis wie Mesut Özil oder den Altıntop-Brüdern, von dem als »Django Asül« bekannten Kabarettisten Uğur Bağışlayıcı bis zum grünen Parteivorsitzenden Cem Özdemir. Aber sie sind immer noch die

»Anderen«. Egal, wie hart sie arbeiten, gleichgültig, welche Qualifikationen sie erwerben, was immer sie an Anpassungsleistungen erbringen. Migranten und ihre Kinder müssen deutlich besser sein als die Deutschen und ihr Nachwuchs, um die gleichen Ziele zu erreichen. Eine Studie der OECD kam 2009 zu dem Schluss, dass hochqualifizierte Kinder von Migranten weitaus schlechtere Chancen auf dem Arbeitsmarkt haben als ihre deutschstämmigen Altersgenossen mit den gleichen Abschlüssen. Vor allem in der Verwaltung sind die Nachkommen der »Gastarbeiter« deutlich unterrepräsentiert – wenn er wollte, könnte der Staat daran mit speziellen Programmen oder Quoten sofort etwas ändern.

Trotzdem ist es ein fataler, wenn auch gern gemachter Fehler, Menschen mit Zuwanderungsgeschichte nur als Opfer zu betrachten. Auch das trägt zu ihrer Stigmatisierung bei. Tatsächlich besteht die Geschichte der »Gastarbeiter« und ihrer Nachfahren auch aus vielen Erfolgsgeschichten. Es ist beeindruckend, wie viele es trotz widrigster Verhältnisse geschafft haben, sich in eine Gesellschaft zu integrieren, die ihnen auf Schritt und Tritt signalisiert, sie nicht integrieren zu wollen.

Trotz alledem

So ist es denn auch eine schlichte Lüge, wie der Sozialdemokrat Thilo Sarrazin zu behaupten, die Mehrzahl der Menschen mit Zuwanderungsgeschichte, insbesondere der mit türkischen Wurzeln, sei »weder integrationswillig noch integrationsfähig«. Das Gegenteil ist richtig, wie die 2008 abgeschlossene Studie »Migranten-Milieus in Deutschland« des Heidelberger Milieu- und Trendforschungsinstituts Sinus Sociovision zeigt.[276] Danach gaben 73 Prozent der Deutschtürken an, sie lebten gerne in Deutschland, 75 Prozent fühlen sich mit diesem Land stark oder sehr stark verbunden, 68 Prozent verfügen nach eigenen Angaben über gute oder sehr gute deutsche Sprachkenntnisse, und 75 Prozent verwenden

Deutsch als Verkehrssprache im engeren Freundes- und Bekanntenkreis. 84 Prozent stimmten der Aussage zu: Ohne die deutsche Sprache kann man als Zuwanderer in Deutschland keinen Erfolg haben. Viele, insbesondere in den soziokulturell modernen Milieus, hätten »ein bi-kulturelles Selbstbewusstsein und eine postintegrative Perspektive«. Außerdem zeigten drei Viertel der Befragten eine starke Aversion gegenüber fundamentalistischen Einstellungen und Gruppierungen jeder Couleur, und 84 Prozent waren der Meinung, Religion sei reine Privatsache.

Das Fazit der Untersuchung: »Die im Integrationsdiskurs identifizierten Belege für Parallelkulturen, Integrationsdefizite bis hin zu Integrationsverweigerungen gibt es wirklich, aber sie sind nicht typisch für eine (ganze) Ethnie, sondern für Minderheiten, die sich in Milieus am unteren Rande der Gesellschaft finden.« Grundsätzlich gelte: Je höher das Bildungsniveau und je urbaner die Herkunftsregion, desto leichter und besser gelinge die Integration. Integrationsdefizite fanden die Wissenschaftler von Sinus Sociovision denn auch am ehesten in den unterschichtigen, bildungsfernen Milieus, nicht anders als in der einheimischen deutschen Bevölkerung. »Mangelnde Integration ist also kein Problem der ethnischen Herkunft, sondern von sozialer Benachteiligung«, stellen sie fest. Die Befunde sind eindeutig. Doch Politiker unterstützen nach wie vor die Ethnisierung sozialer Brandherde, statt diese zu löschen. Der Staat versagt bei elementaren Aufgaben. Bei jedem jungen Menschen, der eine deutsche Schule verlässt und der nicht gut deutsch sprechen kann, hat der Staat seinen Teil der Schulpflicht – die für Kinder und Jugendliche ein Recht ist – nicht erfüllt. Wer die Opfer dieser Desintegrationspolitik für nicht integrationswillig erklärt, verhöhnt sie.

Die Realitätsverweigerung der Union

Dass Ende April 2010 erstmals in der Geschichte der Bundesrepublik ausgerechnet die CDU in Niedersachsen mit der in Hamburg geborenen Juristin Aygül Özkan eine türkischstämmige Muslima zur Ministerin machte, entbehrt nicht einer gewissen Ironie. Schließlich war es die Union, die sich geradezu fanatisch an die Fiktion einer homogenen deutschen Kulturnation geklammert hatte, notgedrungen ergänzt um ein paar geduldete anpassungswillige »Gastarbeiter«. Schon die Begriffe »Einwanderungsland« und »multikulturelle Gesellschaft« lösten in konservativen Kreisen geradezu Ekelgefühle und Empörungsstürme aus.

Damit schürten die Christdemokraten die vorhandenen Ressentiments der Mehrheitsgesellschaft. Er halte es für seine Aufgabe, »in erster Linie Politik für die Deutschen zu machen«, und wende sich gegen »eine multinationale Gesellschaft auf deutschem Boden, durchmischt und durchrasst«, tönte Ende der achtziger Jahre der damalige bayerische Innenminister Edmund Stoiber (CSU).[277] Im niedersächsischen Landtag behauptete Ministerpräsident Ernst Albrecht (CDU), »die Ängste vor dem Fremden« seien »den Menschen wie fast allen Lebewesen seit Millionen Jahren mitgegeben«.[278] Der Vater der heutigen Arbeitsministerin Ursula von der Leyen empfahl seinerzeit, »den Zuzug von Ausländern von außerhalb der Europäischen Gemeinschaft auf das Maß zu begrenzen, das unser Volk seelisch verkraftet«. Der damalige innen- und rechtspolitische Sprecher der CSU-Landesgruppe im Bundestag, Wolfgang Zeitlmann, behauptete 1998: »Das Boot ist mehr als voll, es sinkt bereits.«[279]

Besonnene Stimmen, wie die des früheren CDU-Generalsekretärs Heiner Geißler, der sich bereits 1990 gegen die Verteufelung der »multikulturellen Gesellschaft« aussprach, waren eine große Seltenheit. »Was für eine engstirnige, kleinkarierte Mentalität, die es für unmöglich hält, dass der Mensch, der ins Weltall fliegt und die Atom- und Genspaltung erfunden hat, nicht fähig sein soll, als Deutscher mit einem Türken, als Christ mit einem Moslem, als Weißer mit einem Schwarzen zusammenleben zu können«, kritisierte Geißler seinerzeit und bezog damit Stellung gegen die Kleingeister auch in seiner eigenen Partei.[280] Der »Geist der Freiheit und der Gerechtigkeit«, schrieb er ihnen ins Stammbuch, habe sich »noch nicht überall gegen den Rassismus durchgesetzt, der den Wert des Menschen nach seiner Hautfarbe und seiner Zugehörigkeit zu einer Volksgruppe bemisst.«[281] Außerdem gehe es »nicht mehr darum, ob wir eine multinationale und multikulturelle Gesellschaft wollen: wir haben sie bereits«, so Geißler.[282] »Die Behauptung, die Bundesrepublik Deutschland sei kein Einwanderungsland, ist durch die Realität längst überholt.«[283]

Es hat lange gedauert, aber zwanzig Jahre später haben sich die Erkenntnisse Geißlers sogar bis in die Führungsetagen der Union herumgesprochen. »Wir müssen den Menschen, die selbst oder deren Vorfahren aus dem Ausland gekommen sind, immer vermitteln, dass sie willkommen sind«, sagt heute der Vorsitzende der CDU/CSU-Bundestagsfraktion Volker Kauder.[284] Doch statt die Mitverantwortung der Union für die Integrationsprobleme klar zu benennen, schiebt er lieber der politischen Konkurrenz die Schuld zu: »Die Multikulti-Freundlichkeit, die Grüne und Rote jahrelang verkündet haben, hat doch dazu geführt, dass ganze Generationen ohne Abschluss die Schule verließen.« Was für eine Geschichtsklitterung! Äußerungen wie die Kauders veranschaulichen, dass es vielen in der Union immer noch an der Bereitschaft zu einer ehrlichen Bestandsaufnahme fehlt. Eine positive Ausnahme ist Deutschlands erster Integrationsminister Armin Laschet. Es sei »überhaupt nicht zu leugnen: Wir haben uns durch jahrzehntelange Realitätsverweigerung leider an den Aufstiegschancen ganzer Generationen von Zuwanderern versündigt«, heißt es in seinem Buch »Die Aufsteigerrepublik«.[285] »Um die alten Denk- und Handlungsblockaden aus der in Sachen Integration bleiernen Zeit der achtziger und neunziger Jahre zu überwinden, bedurfte es für CDU und CSU erst der Erneuerung in der Opposition nach der deutlich verlorenen Bundestagswahl 1998«, räumt Laschet unumwunden ein.[286] Die Union habe erkennen müssen, »dass die Lebenswirklichkeit in unserem Lande eine andere ist und man dem gesellschaftlichen Miteinander auf diese Weise keinen guten Dienst erweist«.[287] Sie tut sich heute noch schwer damit. Daran ändert auch Angela Merkels »Integrationsgipfel« ebenso wenig wie die Berufung Aygül Özkans zur niedersächsischen Ministerin für Soziales, Frauen, Familie, Gesundheit und Integration.

Sozialdemokratische Altlasten

Aber die Sozialdemokraten haben gleichfalls keinerlei Grund zur Selbstzufriedenheit, im Gegenteil. Ihre »Integrationspolitik« unterschied sich nur unwesentlich von der der Union. Auch sie steckten jahrzehntelang lieber den Kopf in den Sand als sich mit dem deutschen Stammtisch anzulegen. Auch sie beteiligten sich an der »Das-Boot-ist-voll«-Demagogie. Noch gut in Erinnerung ist, mit welchen Worten Ende 1998 der damalige sozialdemokratische Innenminister und Ex-Grüne Otto Schily ein Zuwanderungsgesetz ablehnte: »Die Grenze der Belastbarkeit Deutschlands durch Zuwanderung ist überschritten.«[288] Vor allem sollte nicht vergessen werden, dass als makabre Konsequenz aus den rassistischen Überfällen und Mordanschlägen von Hoyerswerda und Hünxe die SPD im August 1992 den Weg zur De-facto-Abschaffung des Grundrechts auf Asyl frei machte. Genau an dem Tag, als sie ihre »Petersberger Beschlüsse« fasste, flogen unter Gejohle und Beifallsbekundungen eines enthemmten deutschen Mobs die ersten Steine auf die Zentrale Aufnahmestelle für Asylbewerber in Rostock-Lichtenhagen.

Die SPD ist integraler Bestandteil der großen Koalition der Integrationsverweigerer. Ein Musterbeispiel dafür ist ihr früherer Bundeskanzler Helmut Schmidt. Während seiner Amtszeit von 1974 bis 1982 hätte er die Weichen stellen können, ja müssen für eine erfolgreiche Integrationspolitik. Er hat es nicht getan. Alle Warnhinweise zu den fatalen Folgen dieser Unterlassung, wie die seines Parteifreundes Heinz Kühn oder auch von Gewerkschaften und Kirchen, schlug er eisern in den Wind – und beraubte so Hunderttausende Menschen ihrer Zukunftschancen. Statt die Verhältnisse, in denen viele Zuwanderer und ihre Nachfahren leben müssen, als Problem zu erkennen, erklärte er die Menschen, die unter ihnen leiden, zum Problem. »Es war ein Fehler, so viele Ausländer ins Land zu holen«, verkündete er 1981.[289] »Die Bundesrepublik soll und will kein Einwanderungsland werden.«[290] Statt sich der in seiner Amtszeit dramatisch gewachsenen Fremdenfeindlichkeit entschieden entgegenzustellen, tönte Schmidt noch auf einer seiner letzten Kanzlerrunden mit Wirtschaftsführern und Gewerkschaftern: »Mir kommt kein Türke mehr über die Grenze.«[291]

Bis heute hat der gefeierte Altkanzler nichts dazugelernt. Von den gravierenden Versäumnissen in Sachen Integration in der sozialliberalen Regierungszeit will er nichts wissen: »Ich denke, ich persönlich muss mir diesen Schuh nicht anziehen.« Als er 1974 von Willy Brandt die Regierung übernahm, habe er vorausgesehen, »dass die Deutschen es nicht fertigbringen würden, alle Türken zu integrieren«, sagte Schmidt 2008 selbstgerecht.[292] »Weil beide Seiten weder wollten noch konnten.«

In einem Interview 2004 behauptete Schmidt: »Mit einer demokratischen Gesellschaft ist das Konzept von Multikulti schwer vereinbar.«[293] Multikulturelle Gesellschaften würden nur dort friedlich funktionieren, wo es einen starken Obrigkeitsstaat gibt. »Insofern war es ein Fehler, dass wir zu Beginn der 60er Jahre Gastarbeiter aus fremden Kulturen ins Land holten.« Es sei nun mal so, »dass viele Ausländer sich gar nicht integrieren wollen«. Sein ungemein fürsorgliches Hauptargument war allerdings ein anderes: Dass die Mischung europäischer und außereuropäischer Kulturen nicht gelingen könne, liege »an der Feindlichkeit, mit der alle christlichen Kirchen über Jahrhunderte die Europäer gegenüber anderen Religionen erzogen haben, insbesondere gegenüber dem Judentum und dem Islam«. Gegenüber dem Judentum bestehe diese Feindlichkeit seit beinah 2000 Jahren, gegenüber dem Islam seit über 1000 Jahren, da sei eben nichts zu machen: »Wir haben eine Grundhaltung der Abwehr gegenüber diesen Religionen erzeugt, und wenn jetzt einige Idealisten von Toleranz reden, kommt dieser Appell Hunderte von Jahren zu spät.« Mit einer solch kruden Begründung lässt sich genauso gut auch Antisemitismus in Deutschland rechtfertigen. Von Altersweisheit kann bei dem inzwischen über Neunzigjährigen keine Rede sein. Das ist das Problem der SPD: Sie hat nicht nur einen Thilo Sarrazin in ihren Reihen. Auf Helmut Schmidt ist sie sogar stolz.

Angesichts schwindender Wähler- und Mitgliederzahlen hat SPD-Chef Sigmar Gabriel nichtsdestoweniger inzwischen die Menschen mit Zuwanderungsgeschichte als Zielgruppe für seine Partei entdeckt. »Die Ersten, die wir ansprechen müssen, sind die Migrantinnen und Migranten, die Ausländerinnen und Ausländer, die Kinder und die Enkel derer, die zu uns gekommen sind«, sagte Gabriel auf dem Dresdner SPD-Parteitag im November 2009.[294] »Die brauchen wir zuallererst in der SPD. Eine Partei, die die Lebenswelt dieser Menschen zu wenig kennt, kann keine gute Politik machen. Deswegen lasst uns die einladen.« Eine späte Erkenntnis, 44 Jahre nach dem ersten Anwerbeabkommen der Bundesrepublik mit Italien. Praktische Konsequenzen hatte sie nicht: Unter den auf dem Parteitag gewählten 45 Mitgliedern des SPD-Parteivorstands findet sich kein einziger Genosse mit Zuwanderungsgeschichte. »Ich halte es für eine richtiggehende Unterlassungssünde dieses Parteitages, dass wir niemanden aus dieser für uns so wichtigen Bevölkerungsgruppe in den Vorstand gewählt haben«, stellte Gabriel fest – nach den Wahlen.[295] Vorher hatte er nicht daran gedacht.

Kapitel 10

DIE LÜGE VON DER SAUBEREN PARTEIENFINANZIERUNG

Wie Geld Politikern hilft, ihre Macht zu sichern

Die launige Veranstaltung neigt sich dem Ende zu, als der niederländische Journalist Rob Savelberg das Wort erhält. Es ist der erste große gemeinsame Auftritt von Angela Merkel, Guido Westerwelle und Horst Seehofer nach ihrem Sieg bei der Bundestagswahl. Betont locker treten sie am 24. Oktober 2009 vor die Bundespressekonferenz in Berlin. Nachdem das schwarz-gelbe Trio in der letzten Verhandlungsrunde bis in die frühen Morgenstunden den Koalitionsvertrag von CDU, CSU und FDP in trockene Tücher gebracht hat, will es die frohe Botschaft unter die Hauptstadtjournalisten bringen. Über eineinhalb Stunden präsentieren die drei Parteivorsitzenden in aufgeräumter Stimmung die Kernpunkte ihres Regierungsprogramms und ihr Personaltableau. Man scherzt über dieses, frotzelt über jenes – und die versammelten Journalisten lachen ein ums andere Mal fröhlich mit. Als gäbe es eine stillschweigende Übereinkunft, an diesem Samstagvormittag nur artig Höflichkeiten auszutauschen. Doch dann kommt Rob Savelberg an die Reihe, der Korrespondent der Amsterdamer Tageszeitung *De Telegraaf*. Warum werde ausgerechnet das Finanzministerium mit Wolfgang Schäuble besetzt, fragt er die Bundeskanzlerin mit charmantem niederländischen Akzent. Wie könne Merkel einen Mann, der »im deutschen Bundestag öffentlich beteuert hat, dass er einen Waffenhändler nur einmal getroffen und dabei vergessen hat, dass er von ihm 100 000 D-Mark angenommen hat«, für so kompetent halten, dass sie ihm die Finanzen der Bundesrepublik anvertraue? Die Angesprochene zuckt zusammen, Westerwelle neben ihr schließt entsetzt die Augen, Seehofer lacht verlegen. »Weil … Weil diese … Weil diese Person mein Vertrauen hat«, erwidert Merkel stockend. Doch Savelberg reicht diese Antwort nicht. »Aber kann er dann mit Geld umgehen, wenn er vergisst, dass er 100 000 Mark in bar in seiner Schublade rumliegen hat?«, fasst der Journalist nach. »Ich habe wirklich jetzt alles gesagt dazu«, wehrt die CDU-Chefin schmallippig ab. Damit ist für sie das Thema erledigt.

Merkel dürften jene Ereignisse, auf die Savelberg anspielte, in bester Erinnerung sein. Ohne diesen Skandal hätte sie es – Ironie der Geschichte – wohl nie bis ins Kanzleramt geschafft. Wolfgang Schäuble hatte Ende 1999 tatsächlich im Bundestag behauptet, dem Rüstungslobbyisten Karlheinz Schreiber nur ein einziges Mal Mitte der neunziger Jahre auf einer Veranstaltung begegnet zu sein. Anfang 2000 musste der heutige Finanzminister ein weiteres Treffen und die Annahme einer 100 000-Mark-Parteispende Schreibers in bar einräumen. Danach war er als Vorsitzender der CDU und der Unionsfraktion im Bundestag nicht mehr haltbar, zumal es auch noch eine seinen Angaben widersprechende Aussage der damaligen CDU-Schatzmeisterin Brigitte Baumeister gab, wie er an das Geld gelangt sei. Angela Merkel übernahm das Ruder als Parteichefin und führte die Christdemokraten durch die tiefste Krise, die sie in ihrer Geschichte erlebt hatten. Denn Schäubles »vergessene« Geldannahme ist nur eine der Randepisoden jenes großen Parteispendenskandals, der die CDU um die Jahrtausendwende in ihren Grundfesten erschütterte. Mancher sagte ihr schon das schlimme Schicksal der italienischen Democrazia Cristiana voraus, die Anfang der neunziger Jahre im Korruptionssumpf untergegangen war. Das blieb der CDU erspart. Aber nicht, weil sie einen tiefen Selbstreinigungsprozess durchlaufen hätte. Vielmehr hatte sie das Glück, dass das öffentliche Augenmerk sich allzu schnell auf andere Themen richtete. Das kollektive Gedächtnis der Gesellschaft ist kurz und ungenau. Bis heute hat die Partei vieles im Unklaren gelassen, ihre im Übergang ins neue Millennium aufgeflogenen illegalen finanziellen Machenschaften sind alles andere als aufgeklärt.

Vielleicht abgesehen von den Grünen, gelten in den Führungsetagen der Parteien illegale Finanzpraktiken zum Wohle der eigenen Organisation nach wie vor mehr oder weniger als Kavaliersdelikte, schnell vergessen und verziehen. Es erscheint mehr als fraglich, ob sich die Parteien mittlerweile nur noch zulässiger Methoden der Geldakquise bedienen. Skeptisch stimmen nicht nur die in jüngster Zeit bekannt gewordenen Finanzaffären kleinerer politischer Organisationen wie der Seniorenpartei Die Grauen, deren Spendenbetrügereien 2008 zur Selbstauflösung führten, oder der rechtsextremen NPD, gegen die die Bundestagsverwaltung 2009 wegen unrichtiger Rechenschaftsberichte Strafzahlungen in Millionenhöhe verhängte. Sie haben im Gegensatz zu etablierten Parteien keinen professionell arbeitenden Apparat und keine gewieften Finanzexperten und fallen deshalb eher auf. Zweifel an einer rundum sauberen Parteienfinanzierung in der Gegenwart nährt vor allem die geschichtliche Erfahrung. Der frühere FDP-Bundesgeschäftsführer Fritz Goergen, ein intimer Kenner der Materie, sieht »eine im deutschen Parteienfinanzierungssystem von Anfang an falsch angelegte negative Kontinuität des deutschen Parteiwesens: Unter dem öffentlichen Druck von periodischen Skandalen wird die Parteienfinanzierung immer mal wieder durch neue Gesetze eingegrenzt. Aber schon während ihrer Beratung wird ersonnen, wie sie danach auf neue Weise umgangen werden können.« Und stets finde sich ein neuer Trick: »Wenn der Pulverdampf verraucht und einige Zeit vergangen ist, prahlen die Finanzveteranen beim angenehmen Zusammensein um die Wette.«[296] Goergen ist fest überzeugt, dass sich an der illegalen Parteienfinanzierung allenfalls die Wege geändert haben.

Der schwarze Kanzler mit den schwarzen Kassen

Nur durch Zufall ist der Parteispendenskandal der CDU überhaupt ans Licht gekommen. Augsburger Staatsanwälte hatten gegen den Kaufmann Karlheinz Schreiber aus dem bayerischen Kaufering wegen Steuerangelegenheiten Ermittlungen aufgenommen. Dabei fanden sie heraus, dass der »kleine Karlheinz aus Hohegeiß im Harz«, wie er sich gerne bezeichnete, an einem Millionenrad gedreht hatte. Schreiber vermittelte Airbus-Flugzeuge nach Thailand und Kanada sowie MBB-Hubschrauber an die kanadische Küstenwache, fädelte die Lieferung von »Fuchs«-Spürpanzern nach Saudi-Arabien ein und bemühte sich um die Ansiedlung einer Panzerfabrik in Kanada. Und stets zeigte sich der frühere Teppichhändler mit dem CSU-Parteibuch äußerst großzügig denjenigen gegenüber, die ihm bei seinen Geschäften helfen sollten. So musste Kanadas früherer Premierminister Brian Mulroney nach langem Leugnen Ende 2007 vor einem Untersuchungsausschuss einräumen, Bargeld in sechsstelliger Höhe erhalten zu haben. »Mein mit Abstand größter Fehler im Leben war es, dass ich mich jemals einverstanden erklärt habe, Karlheinz Schreiber vorgestellt zu werden«, zeterte der ertappte Konservative.[297] Für Ludwig-Holger Pfahls, den früheren Rüstungsstaatssekretär im Verteidigungsministerium, reservierte Schreiber – einst enger Vertrauter des bayerischen Ministerpräsidenten Franz Josef Strauß – 3,8 Millionen Mark auf einem Schweizer Nummernkonto. Nach einer spektakulären mehrjährigen Flucht geschnappt in Frankreich, wurde Pfahls im August 2005 vom Landgericht Augsburg wegen Vorteilsannahme und Steuerhinterziehung zu einer Haftstrafe von zwei Jahren und drei Monaten verurteilt. Bereits fünf Jahre zuvor hatte die CSU den einstigen Präsidenten des Verfassungsschutzes aus ihren Reihen ausgeschlossen – wegen rückständiger Mitgliedsbeiträge.

Vor allem stießen die Ermittler auf Schmiergeldzahlungen in Millionenhöhe an Spitzenpolitiker der Christdemokraten. So kam heraus, dass Schreiber im Jahr 1991 CDU-Schatzmeister Walther Leisler Kiep auf einem Parkplatz in der Schweiz eine Million Mark in bar in einem »großen braunen Umschlag« übergeben hatte. Aber im Rechenschaftsbericht der CDU tauchte das Geld nicht auf. Hartnäckig verfolgten die Staatsanwälte Jörg Hillinger und Winfried Maier die Spur. Was sie entdeckten: ein Netz schwarzer Kassen und geheimer

Konten, ein finanzielles Schattenreich in der CDU. Für den langjährigen CDU-Vorsitzenden und Bundeskanzler Helmut Kohl war dieses Schattenreich ein wichtiges Instrument zum Erhalt seiner Macht. Immer neue Fakten belegten, wie listig und jenseits der Gesetze das »System Kohl« mit Hilfe inoffizieller Anderkonten über Jahrzehnte funktionierte. Ohne die Umtriebigkeit der unerschrockenen Augsburger Ermittler wäre es unentdeckt geblieben, möglicherweise noch immer in Betrieb. Die beiden setzten eine Lawine in Gang, die das Denkmal des einst mächtigsten Christdemokraten erheblich beschädigte.

Nachdem die Beweislast immer erdrückender geworden war, gestand Kohl Ende 1999, es mit bestimmten Vorschriften und dem Parteiengesetz nicht so genau genommen zu haben. Im Anschluss an eine Sondersitzung des CDU-Präsidiums trat der Patriarch Ende November mit Schäuble und der damaligen Generalsekretärin Merkel vor die Presse und verlas mit monotoner Stimme eine kurze Erklärung. Er habe als Parteivorsitzender »die vertrauliche Behandlung bestimmter Sachverhalte wie Sonderzuwendungen an Parteigliederungen und Vereinigungen, zum Beispiel als unabweisbare Hilfe bei der Finanzierung ihrer politischen Arbeit, für notwendig erachtet«, teilte Kohl mit. »Eine von den üblichen Konten der Bundesschatzmeisterei praktizierte getrennte Kontenführung erschien mir deshalb vertretbar.« In seinem gesamten politischen Leben sei persönliches Vertrauen für ihn »wichtiger als rein formale Überprüfungen« gewesen. Wenn die Folge dieses Vorgehens »mangelnde Transparenz und Kontrolle sowie möglicherweise Verstöße gegen Bestimmungen des Parteiengesetzes sein sollten«, bedauere er dies. »Ich wollte vor allem meiner Partei dienen.« Nun gelte es, Schaden von der CDU abzuwenden. »Deshalb ist es mir ein persönliches Anliegen, die politische Verantwortung für hierbei in meiner Amtszeit entstandene Fehler zu übernehmen«, sagte der Ex-Kanzler.[298] Mitte Dezember 1999 gab Kohl zu, auch persönlich Spenden in Millionenhöhe entgegengenommen zu haben, ohne sie in den Büchern der Partei verbuchen zu lassen. »Das ist der Fehler, den ich gemacht habe, zu dem ich mich bekenne und auch sehr bedauere«, sagte er in einem ZDF-Interview. Die mysteriösen Spender wollte und will er bis heute partout nicht nennen. Er habe ihnen mit seinem »Ehrenwort« Anonymität zugesichert, erklärte Kohl. Wenn er das wirklich getan hat, war das ein ungeheures Versprechen. Denn schon damit hat er gegen das Grundgesetz verstoßen, das die Veröffentlichung von Spendern zwingend vorschreibt. Kohl würde die Loyalität gegenüber großzügigen Geldgebern höher schätzen als grundlegende Regeln des Staates, den er lange führte. Das wäre fast noch schlimmer als der andere mögliche Grund für sein beharrliches Schweigen: dass er schlicht korrupt war und die Käufer politischer Entscheidungen schützen will. »Das Verhalten des vormaligen Kanzlers ist die zur makabren Karikatur zugespitzte Weigerung aller Parteien, sich willig den Imperativen der Verfassung zu beugen«, kommentierte Robert Leicht in der *Zeit*.[299]

Der wiederholte Amtsmeineid

Ein Vierteljahrhundert hatte Helmut Kohl an der Spitze der CDU gestanden. Bis zu seiner Wahlniederlage 1998 amtierte er 16 Jahre lang als Bundeskanzler. So lange wie kein anderer. Fünfmal hob Kohl in dieser Zeit feierlich die rechte Hand zum Schwur: »Ich schwöre, dass ich meine Kraft dem Wohle des deutschen Volkes widmen, seinen Nutzen mehren, Schaden von ihm wenden, das Grundgesetz und die Gesetze des Bundes wahren und verteidigen, meine Pflichten gewissenhaft erfüllen und Gerechtigkeit gegen jedermann üben werde.« Es war eine Lüge, obwohl der gläubige Katholik seinen Amtseid stets mit der Formel bekräftigte: »So wahr mir Gott helfe.« Tatsächlich verstieß der Ausrufer der »geistig-moralischen Wende« in all den Jahren fortgesetzt und bewusst gegen die Verfassung und die Gesetze. »Dr. Kohl ging offenbar davon aus, dass er den Amtseid trotz seines verfassungs- und gesetzwidrigen Verhaltens schwören kann, weil dieser Eid nach unserer Rechtsordnung nicht strafbewehrt ist«, stellte der im Dezember 1999 vom Bundestag eingerichtete Untersuchungsausschuss »Parteispenden« im Abschlussbericht fest. »Ein solches Verhalten ist eines deutschen Bundeskanzlers unwürdig und beschädigt das Amt«, urteilte das Gremium.[300]

Reue oder Unrechtsbewusstsein zeigte der Kanzler der Einheit nicht. Die heftigen öffentlichen Reaktionen empfand er als ungerecht. Rasch ging er zum Gegenangriff über. »Ich akzeptiere nicht, wenn so getan wird, als hätte nur die CDU Fehler gemacht und andere nicht«, bagatellisierte Kohl seinen Gesetzesbruch. »Nach meinem Empfinden büße ich für Fehler in einer Art und Weise, die in keinem Verhältnis zur Sache selbst steht.«[301] Im Januar 2000 musste Kohl den CDU-Ehrenvorsitz niederlegen. Er sah sich als Opfer der »wohl einzigartigsten Diffamierungskampagne in der Geschichte der Bundesrepublik«. Als Motiv unterstellte er »Hass gegen einen Mann, der mit dazu beigetragen hat, die Linke daran zu hindern, unser Land in eine andere Republik zu führen«.[302]

Zur Aufklärung der Spendenaffäre trug Kohl so gut wie nichts bei. Bei seinen Auftritten vor dem Untersuchungsausschuss war er auf Krawall gebürstet. »In einem Akt beispielloser Diffamierung wird versucht, durch Falschmeldungen, Unterstellungen und Verdrehungen mich zu kriminalisieren«, ereiferte er sich.[303] Es handele sich hier um einen »Vernichtungsfeldzug« von »Ehrabschneidern«, die sein »Lebenswerk versenken« wollten. Ohnehin verbitte er sich Belehrungen über Verfassungstreue von Sozialdemokraten und Grünen. Schließlich hätten die den Verfassungsauftrag zur Wiederherstellung der Deutschen Einheit verraten. In seinem »Tagebuch« findet Kohl noch deutlichere Worte: »Dass ausgerechnet jene, die damals auf jedem nur denkbaren Weg die Politik der Unterwerfung unter den Willen der kommunistisch-sowjetischen Führung in Moskau und in Ost-Berlin unterstützten, heute als Ankläger und Saubermänner auftreten, mutet schon reichlich sonderbar an.«[304]

Dabei hatte Kohl zuvor noch im Bundestag getönt: »Ich will so schnell wie möglich vor einen Untersuchungsausschuss geladen werden.« Dort wolle er Rede und Antwort stehen und aufräumen mit dem ungeheuerlichen Verdacht, seine Regierung sei käuflich gewesen. Als es so weit war, hielten sich die Antworten in bescheidenen Grenzen. Insgesamt 36-mal berief sich der CDU-Mann mit dem Elefantengedächtnis auf sein Recht zur Aussageverweigerung. Mehr als 200-mal machte er Gedächtnislücken oder Nichtwissen geltend. Die Spender zu nennen, die ihm angeblich zwischen 1993 und 1998 insgesamt knapp 2,1 Millionen Mark in bar zusteckten, lehnte der Pfälzer weiterhin ab. Nur so viel verriet er: »Ziel meines Handelns war es, die Chancenungleichheit mit der SPD zu verringern.«[305] Ein Ausschussmitglied monierte, durch sein Schweigen sei es unmöglich, der Frage nachzugehen, ob ein Zusammenhang zwischen politischen Entscheidungen und Spenden bestehe. Kohl antwortete süffisant: »Herr Abgeordneter, Sie müssen mit diesem schweren Schicksal leben.« Die Spendernamen hat er bis heute nicht genannt. Aber möglicherweise existieren sie auch gar nicht. Der »Parteispenden«-Ausschuss hielt es jedenfalls für »wahrscheinlicher, dass Dr. Kohl diese Spender frei erfunden hat, um im Wege dieser Legende weiteren Fragen des Ausschusses und der Öffentlichkeit nach der wahren Herkunft der Gelder zu begegnen«. Auch Wolfgang Schäuble vertrat gegenüber Kohl diese Auffassung.[306]

Zweieinhalb Jahre spürte der Untersuchungsausschuss dem Finanzgebaren der CDU zu Zeiten der Regentschaft Kohls nach. Nach mehr als 100 Sitzungen und 150 Zeugenvernehmungen, nach endlosen Stunden, Tagen und Wochen gelangten die Abgeordneten zu dem Schluss, dass der Altkanzler sein gesamtes politisches Handeln »dem Verdacht von politischer Korruption großen Ausmaßes ausgesetzt« habe. Den konkreten Nachweis, dass die von ihm geführte Bundesregierung bestechlich war, konnte der Ausschuss nicht erbringen. Zwar sei er »auf eine Vielzahl von Ungereimtheiten und Verdachtsmomenten für nicht korrektes Verhalten gestoßen, die den Verdacht der Einflussnahme auf politische Entscheidungen im Zusammenhang mit verdeckten Geldzuwendungen an die CDU begründen«. Allerdings seien im Bundeskanzleramt in der Zeit der

Regierungsverantwortung Kohls Akten »in erheblichem Umfang manipuliert« worden oder »völlig verschwunden«. Der Ausschuss vertrat die Überzeugung, »dass es sich bei den festgestellten Lücken und Veränderungen in den Aktenbeständen nicht um Zufälligkeiten, sondern offensichtlich um gezielte Handlungen mit erkennbarer Absicht handelt, bestimmte sachliche, personelle oder politische Vorgänge einer Nachprüfung nach dem Regierungswechsel im Oktober 1998, so etwa auch durch einen parlamentarischen Untersuchungsausschuss, zu entziehen«. Die Möglichkeit, Entscheidungsprozesse der Regierung Kohl anhand von Akten und Unterlagen zu prüfen, sei hierdurch zum Teil wesentlich erschwert, zum Teil völlig unmöglich gemacht worden.

Erfolgreicher war der »Parteispenden«-Untersuchungsausschuss bei der Aufdeckung der Wege, die findige Finanzjongleure der CDU für Geldströme außerhalb der Legalität gebahnt hatten. »Die Einrichtung eines weitverzweigten Anderkonten-Systems in Deutschland, der Schweiz und Luxemburg unter Tarnung durch Treuhänder und Stiftungen in Liechtenstein, über die im In- und Ausland Millionenbeträge in bar abgewickelt wurden, weisen Parallelen zu Praktiken auf, die aus dem Bereich der Organisierten Kriminalität und Geldwäsche bekannt sind«, stellten die Abgeordneten fest. Nach ihrer Erkenntnis nahm das »System Kohl« seinen Anfang in dem Jahr, in dem der damalige rheinland-pfälzische Ministerpräsident den CDU-Vorsitz übernahm: Bereits 1973 seien »mit Willen von Dr. Kohl« verdeckte Konten eingerichtet worden, »um über diesen Weg konspirativ Gelder in die CDU einzuschleusen«.

Der Alte aus Rhöndorf und sein Privatbankier

Die Verschleierung finanzieller Zuwendungen ist keine Erfindung von Helmut Kohl. Schwarzer Kassen bediente sich die CDU seit den Zeiten Konrad Adenauers. Sein selbsternannter Enkel brauchte beim Alten aus Rhöndorf nur abzuschauen, wie man sich Gelder zustecken lässt. Schon im Mai 1949 hatte Adenauer seiner Partei eingebläut: »Geld ist die Hauptsache! Geld, Geld, Geld.«[307] Aber die Mitgliedsbeiträge reichten bei weitem nicht, um gegenüber den Sozialdemokraten die Oberhand zu gewinnen. Die CDU hatte wesentlich weniger Mitglieder, die – obwohl in der Regel beruflich bessergestellt – einen deutlich niedrigeren Mitgliedsbeitrag entrichteten als die Genossen und eine schlechtere Zahlungsmoral hatten. Die Einnahmen aus Mitgliedsbeiträgen waren bei der SPD sechsmal so hoch. Bis 1959 gab es keine staatliche Parteienfinanzierung. Die Christdemokraten mussten andere Finanzquellen erschließen. Da lag die Hilfe der deutschen Wirtschaft nahe. Die hatte ein großes Interesse daran, von einer »bürgerlichen« Bundestagsmehrheit vor sozialistischen Experimenten geschützt zu werden. Führende deutsche Industrielle verständigten sich im Vorfeld der ersten Bundestagswahl 1949 darauf, einen millionenschweren Wahlfonds einzurichten. Im »Pyrmonter Abkommen« legten sie fest, das Geld nach einem festen Schlüssel unter den »die Wirtschaftspolitik des Herrn Professor Erhard tragenden Parteien« zu verteilen: 65 Prozent sollten CDU und CSU erhalten, 25 Prozent waren für die FDP vorgesehen und für die erzkonservative Deutsche Partei (DP) blieben zehn Prozent.

Eingefädelt hatte das Robert Pferdmenges, Adenauers einzig überlieferter Duzfreund. Der schweigsame Kölner Privatbankier war dem ersten CDU-Vorsitzenden schon zu Weimarer Zeiten zu treuen Diensten gewesen. In den frühen Jahren der Bundesrepublik avancierte Pferdmenges – dessen angeheirateter Onkel ironischerweise der Sozialist Friedrich Engels war – zum wichtigsten Geldbeschaffer der Christdemokraten. Der konservative Protestant verfügte über hervorragende Kontakte. Kaum einer saß so vielen Aufsichtsräten großer Unternehmen vor wie der langjährige Mitgesellschafter des Kölner Bankhauses Sal. Oppenheim jr. & Cie. Pferdmenges, von 1951 bis 1960 Präsident des Bundesverbands des privaten Bankgewerbes, war der inoffizielle Schatzmeister der CDU. Zusammen mit dem NS-belasteten Kanzleramtschef Hans Globke organisierte er die schwarzen Konten, die Adenauer – wie später Kohl – virtuos zur innerparteilichen Loyalitätspflege und Machtstabilisierung nutzte. Vor allem legte Pferdmenges die Grundlage für jenes ausgeklügelte Finanzierungssystem, das zum ersten großen Parteispendenskandal der Bundesrepublik Anfang der achtziger Jahre führte. Pferdmenges musste den Ausweg aus einem Dilemma finden. Die CDU setzte auf die finanzielle Unterstützung durch die Wirtschaft. Weil das aber Wählerstimmen hätte kosten können, sollte es auf keinen Fall öffentlich werden. Adenauer hielt es für unbedingt erforderlich, wie er sagte, »absolut auch nur den Anschein zu vermeiden, als wenn wir eine Unternehmerpartei wären«.[308] Aber genau das war die CDU. Auch die Spender wollten nicht, dass die wahren Verhältnisse ans Licht kamen. Gefragt war ein kreativer Weg für die Finanzströme, der ihre Herkunft verbarg. Außerdem hatte die Union – nach der Wahl von 1949 mit 31 Prozent der Stimmen zwar stärkste Kraft im Bundestag, aber weit entfernt von der absoluten Mehrheit – ein großes Interesse daran, zur Sicherung ihrer Vormachtstellung die kleineren bürgerlichen Parteien fest an sich zu binden. Die Kontrolle über Finanzmittel ist dafür ideal. Die Suche nach einer befriedigenden Lösung bereitete Adenauer einiges Kopfzerbrechen. Die Protokolle des CDU-Bundesvorstands von Anfang der fünfziger Jahre, konstatierte der 2002 verstorbene *Spiegel*-Herausgeber Rudolf Augstein, »belegen klar das wichtigste Ziel aller Sitzungen, an denen Adenauer teilnahm: das Wahlgesetz entweder zu ändern oder zu umgehen und dabei gleichzeitig illegale Geldquellen zu erschließen, die nach dem Grundgesetz verboten waren«.[309] Schließlich fand Pferdmenges die passende Konstruktion: Unter seiner Ägide entstanden 1952 in allen Bundesländern Tarnorganisationen zum Sammeln von Parteispenden.

Industrielle im Kalten Krieg

Die Tarnorganisationen trugen unverfängliche Namen wie »Verein zur Förderung der sozialen Marktwirtschaft in Nordrhein-Westfalen«, »Gesellschaft zur Förderung der Wirtschaft Baden-Württemberg«, »Institut für die niedersächsische Wirtschaft« oder »Verband zur Ordnung privatwirtschaftlicher Eigentumsrechte«. Ergänzend wurde zur Koordination das bundesweite »Zentralkuratorium zur Förderung der freien Wirtschaft« installiert, aus dem zwei Jahre später die »Staatsbürgerliche Vereinigung 1954 e.V.« hervorging. Zweck dieser in Köln ansässigen »Gemeinschaftsgesellschaft aller frei wirtschaftenden Unternehmer« sollte laut Satzung die »Förderung des demokratischen Staatswesens in der Bundesrepublik Deutschland, insbesondere Verteidigung und Festigung der im Grundgesetz verankerten persönlichen und politischen Grundrechte«, sein.

An der Spitze der Staatsbürgerlichen Vereinigung stand die Crème de la Crème des deutschen Kapitals: Für den Bundesverband der Deutschen Industrie (BDI) und die Bundesvereinigung der Deutschen Arbeitgeberverbände (BDA) waren deren Präsidenten Fritz Berg und Hans-Constantin Paulssen an Bord. Der Deutsche Industrie- und Handelstag schickte sein geschäftsführendes Vorstandsmitglied Paul Beyer. Selbstredend gehörte zu dem erlesenen Kreis Kanzler-Intimus Pferdmenges. Als Vorsitzender des BDI-Rechtsausschusses war Mannesmann-Vorstand Wolfgang Pohle dabei, der spätere Flick-Generalbevollmächtigte und CSU-Schatzmeister. Als erster Präsident fungierte AEG-Chef Friedrich Spennrath, der Vorsitzende des Gemeinschaftsausschusses der Deutschen Gewerblichen Wirtschaft. Die Geschäftsführung bekam der BDI-Mann Gustav Stein übertragen. Sie alle verband ein großes Ziel: die Bedrohung durch den Kommunismus abzuwehren. Das geteilte Deutschland war Frontland im Kalten Krieg. Die Angst vor »Pankow«, wie die DDR damals gerne genannt wurde, war unter den Managern des Wirtschaftswunders weit verbreitet. Die SPD mit ihrer erst nach dem Bad Godesberger Parteitag abgelegten Klassenkampfrhetorik erschien ihnen kaum minder gefährlich.

Während die Staatsbürgerliche Vereinigung das Inkasso zunächst bei den fünfzig, später den hundert größten Unternehmen und Verbänden der Bundesrepublik übernahm, kümmerten sich die regionalen »Fördergesellschaften« um die kleineren Firmen und Organisationen. Das Zahlungssystem funktionierte nach einem einfachen, effektiven Prinzip: Unternehmer und Verbände überwiesen monatliche Beiträge an die von den Wirtschaftsverbänden kontrollierten Organisationen. Deren Aufgabe war es, der Union, der FDP, der DP, zeitweise auch noch dem Gesamtdeutschen Block/Bund der Heimatvertriebenen und Entrechteten (GB/BHE) sowie der kurzlebigen FDP-Abspaltung Freie Volkspartei (FVP) laufende Zuschüsse für den Unterhalt ihrer Partei anzuweisen. Außerdem erhielten die Parteien noch üppige »Wahlsonderleistungen«. Nach Angaben von BDI-Hauptgeschäftsführer Stein gingen auf Bundesebene in der Zeit von 1952 bis 1958 im Durchschnitt 53 Prozent der Gelder an die Union, die FDP erhielt einen Anteil von 29,2 Prozent, der GB/BHE 4,8 Prozent, die 1957 fusionierten DP und FVP zusammen 13 Prozent.

Die SPD war selbstverständlich von den Segnungen der Fördergesellschaften ausgeschlossen. Er sei »der Ansicht, dass sich die politischen Kräfte in der Bundesrepublik an der Frage des Sozialismus scheiden«, begründete Gustav Stein, der die Geschicke der Staatsbürgerlichen Vereinigung bis Ende der siebziger Jahre lenkte, 1959 gegenüber dem *Spiegel* die Ausgrenzung der Sozialdemokraten. Es würden eben nur jene politischen Parteien durch Spenden gefördert, die »in einer bestimmenden Kongruenz zu unserer Wirtschaftsauffassung stehen«.[310]

CDU-Regierung um jeden Preis

Für die westdeutsche Wirtschaftselite war das in einer rechtlichen Grauzone angesiedelte Fördermodell attraktiv. Erstens ermöglichte es die erwünschte Anonymisierung des Spendenflusses, da die Zahlungen an die Vereinigungen nicht veröffentlichungspflichtig waren. Damit wurde die Spur der Geldgeber verwischt. Zweitens waren die

Zuwendungen steuerlich abzugsfähig, die Unternehmen und Verbände holten sich einen nicht unbeträchtlichen Teil ihres Geldes vom Staat zurück. Beiträge zu Berufs- und Standesvereinigungen konnten als von der Steuer abzugsfähige Betriebsausgaben geltend gemacht werden. Drittens stärkte das Modell den Einfluss der Manager, sie konnten auf die Parteien Druck ausüben.

Um die SPD von der Macht fernzuhalten, war es notwendig, um jeden Preis eine Zersplitterung des bürgerlichen Lagers zu vermeiden. Die Spenden dienten als Disziplinierungsmittel. Wer aus der Anti-SPD-Front auszuscheren versuchte, dem drohte die Streichung von der Spendenliste. Die Fördergesellschaften trugen nicht unmaßgeblich dazu bei, dass im Vorfeld der Bundestagswahl 1953 entgegen vieler Erwartungen eine Einigung von Union, FDP und DP zustande kam. Die beiden kleineren Parteien stoppten schleunigst ihre Emanzipierungsversuche, nachdem sie unmissverständlich über die ökonomischen Konsequenzen aufgeklärt worden waren. Die nordrhein-westfälischen Liberalen wagten 1956 trotz aller Warnungen, die anti-sozialdemokratische Einheitsfront zu verlassen und mit der SPD sowie dem katholischen Zentrum per konstruktivem Misstrauensvotum den CDU-Ministerpräsidenten Karl Arnold durch den Sozialdemokraten Fritz Steinhoff zu ersetzen. Die Strafe folgte auf dem Fuß. Dem FDP-Landesverband wurde kurzerhand der Geldhahn zugedreht. Die bisherige Geschäftsgrundlage bestehe nicht mehr, ließ die Staatsbürgerliche Vereinigung die Partei wissen. Die niedersächsischen Freidemokraten erlitten das gleiche Schicksal, nachdem sie sich für eine Koalition mit der SPD entschieden hatten. Auch nicht linientreue CDU-Landesverbände traf der Bannstrahl. Als die CDU in Hessen 1953 ein Wahlbündnis mit der FDP ablehnte, strich die dortige Fördergesellschaft dem Landesverband umgehend die Mittel. Erst als die hessischen Christdemokraten klein beigaben und zurück zur FDP schwenkten, wurden die Zahlungen wieder aufgenommen. Empörung über das erpresserische Vorgehen konnte Adenauer nicht nachvollziehen: »Dass die Fördergesellschaft, lassen Sie mich das ganz allgemein sagen, das Geld nicht gibt, damit sich die Koalitionsparteien gegenseitig die Köpfe einschlagen, ist doch ganz selbstverständlich. Die Fördergesellschaft gibt ihr Geld – und daraus hat sie nie einen Hehl gemacht – nicht etwa aus Freude an Wahlen, sondern sie gibt ihr Geld lediglich, damit die Sozialdemokratie geschlagen wird«, erklärte er auf einer Bundesvorstandsitzung im Juli 1953 kühl seinen Parteifreunden.[311]

Die Spendenbeschaffung über die Fördergesellschaften lohnte sich für Adenauer. 18,5 Millionen Mark investierte die CDU in den Bundestagswahlkampf 1957. Der extrem kostspielige Wahlkampf war rein wirtschaftsfinanziert.[312] Die Union deklassierte erneut die SPD und gewann mit 50,2 Prozent der Stimmen zum ersten – und bis heute einzigen – Mal die absolute Mehrheit. Damit waren andere Parteien als Mehrheitsbeschaffer überflüssig. Adenauer brauchte keine Rücksicht mehr auf sie zu nehmen und konnte mit Hilfe der Fördergesellschaften die Flurbereinigung im bürgerlichen Lager vorantreiben. Von der nichtsozialdemokratischen Konkurrenz überlebte einzig die FDP parlamentarisch.

Der SPD blieb nicht verborgen, dass es bei der Finanzierung der CDU nicht mit rechten Dingen zuging. Machen konnte sie nichts. »Unternehmermillionen kaufen politische Macht«, empörten sich die Sozialdemokraten über die Aktivitäten der Fördergesellschaften. Wiederholt prangerte die SPD »die Abhängigkeit politischer Parteien von wirtschaftlichen Machtgruppen« an. Aber ihre Versuche, in den Bundestagswahljahren 1953 und 1957 mittels Enthüllungsbroschüren[313] die aus ihrer Sicht offenkundige »Finanzierung und Korrumpierung der Regierungsparteien durch die Managerschicht der ›Wirtschaft‹« zu skandalisieren, blieben wirkungslos.

So gewinnbringend das Fördergesellschaftsmodell für Nehmer wie Geber war, es hatte einen für alle Beteiligten unübersehbaren Haken. Spätestens seit 1958 war das Treiben von Organisationen wie der Staatsbürgerlichen Vereinigung eindeutig illegal. Denn im Juni dieses Jahres erklärte das Bundesverfassungsgericht die progressive steuerliche Abzugsfähigkeit von Spenden an Parteien für verfassungswidrig. Sie widerspreche dem Grundsatz der Chancengleichheit, urteilten die Karlsruher Richter. Das »Gewicht bestimmter Parteien im Willensbildungsprozess« würde dadurch unzulässig verstärkt, und zwar derjenigen, »deren Programm und Tätigkeit kapitalkräftige Kreise ansprechen«. Außerdem vertrage sich die steuerliche Begünstigung nicht mit dem Grundsatz der formalen Gleichheit, da bei Parteispenden ein Großverdiener »einen absolut und relativ höheren Betrag an Steuern« spare als der Bezieher eines kleinen Einkommens. Das führe zu einer »Privilegierung finanziell leistungsfähiger Bürger«. Daher dürften »unmittelbare oder mittelbare Zuwendungen an politische Parteien« nicht mehr als »Ausgaben zur Förderung staatspolitischer Zwecke« steuerlich geltend gemacht werden. Entsprechend stellten die Verfassungswächter fest, dass die steuerbegünstigte Spendenfinanzierung der Parteien über Organisationen wie die Staatsbürgerliche Vereinigung verboten ist. In einer fast prophetischen Vorahnung warnten die Richter Manager und Politiker vor krummen Touren: Aus dem Urteil ergebe sich unmissverständlich, dass »auch solche Spenden, die für allgemeine staatspolitische Zwecke an eine juristische Person« gegeben würden, »weder unmittelbar noch mittelbar einer politischen Partei zufließen dürfen«.[314] Deutlicher konnte es kaum formuliert werden. Mit dem höchstrichterlichen Spruch schienen die goldenen Jahre der finanziellen Beglückungen für Union und FDP beendet zu sein. Aber das schien nur so. Jetzt ging es erst richtig los.

Die Verwalter der Staatsbürgerlichen Vereinigung, fast ausnahmslos Träger des Großen Bundesverdienstkreuzes, wussten sich zu helfen. Schon vorsorglich hatte der Verein seine Satzung geändert. Fortan widmete er sich der Heranbildung »junger Menschen für staatspolitische Aufgaben« durch die »Unterstützung geeigneter Schulungsmaßnahmen«. Außerdem wurde infolge des Urteils die Satzung ergänzt: »Als Vereinszweck ist ausdrücklich ausgenommen die unmittelbare oder mittelbare Förderung politischer Parteien.« Eine glatte Lüge. In Wahrheit hatte die Staatsbürgerliche Vereinigung weiterhin keine andere Aufgabe, als Geld aus der Wirtschaft in die Kassen der »bürgerlichen« Parteien zu schleusen. Nur die Methoden der Vertuschung wurden der neuen Rechtslage angepasst und verfeinert. Da die Unternehmen weiter ihre Gaben von der Steuer abzusetzen gedachten, konnten ihre Spenden nicht mehr direkt an die Parteien weitergeleitet werden. Es bedurfte einer anspruchsvolleren Tarnung. Die Staatsbürgerliche Vereinigung eröffnete Ende der fünfziger Jahre erste Konten in Liechtenstein und der Schweiz. Außerdem wurden obskure Institute und Etablissements im In- und Ausland gegründet. An die leitete der als gemeinnützig anerkannte Verein die Unternehmensspenden weiter und wies diese Transaktionen in seinen Geschäftsberichten als Aufwendungen für Finanzierungs- und Forschungsaufträge aus. Von diesen Tarnadressen gelangte das Geld in der Regel über Konten bei der Schweizerischen Bankgesellschaft in den Verfügungsbereich der geförderten Parteien. Um »offene schriftliche Zweckbestimmungen vor Uneingeweihten zu verbergen«, so eine interne Anweisung, wurden sämtliche Zahlungsvorgänge mit Codeworten verschlüsselt. Hinter dem Kürzel »GR I BG« verbarg sich das Konrad-Adenauer-Haus, die damalige Bonner CDU-Zentrale. »GR II« stand für die FDP, »GR IV« vermutlich für eine schwarze Kasse, fanden Staatsanwälte später heraus. Zu den Vorsichtsmaßnahmen gehörte ein Standortwechsel: Zwar verblieb die Geschäftsleitung in Köln. Um aber vor einem ungebetenen Besuch von der Steuerfahndung gefeit zu sein, hatte die Staatsbürgerliche Vereinigung 1957 ihren offiziellen Sitz nach Koblenz verlegt. Nordrhein-Westfalen war ihr zu unsicher geworden, nachdem die SPD – wenn auch nur kurzzeitig – dort an die Regierung gekommen war. In Rheinland-Pfalz fühlten sich die Geldwäscher sicher. Hier wurden Berufsverbände und gemeinnützige Organisationen von der CDU-beherrschten Finanzverwaltung faktisch nicht überwacht.

Geldregen nach Gutdünken

Im Jahr 1959 führte Adenauer die staatliche Parteienfinanzierung ein. Die klandestinen Geldströme aus der Wirtschaft versiegten nicht. Für die Parteioberen hatte das geheime Spendensystem gegenüber Staatsgeldern einen großen Vorteil. Sie hatten Mittel zur Verfügung, die sie nach Gutdünken verteilen konnten. Außerdem war es mit der staatlichen Finanzierung bald vorbei. Im Sommer 1966 stoppte das Bundesverfassungsgericht die direkte Subventionierung. Bis dahin hatten sich die im Bundestag vertretenen Parteien von Jahr zu Jahr immer dreister bedient. Von anfangs fünf Millionen Mark stiegen die staatlichen Zuschüsse auf zuletzt 38 Millionen Mark jährlich. Insgesamt bewilligten sich CDU, CSU, FDP und SPD in nur acht Jahren 169 Millionen Mark aus dem Bundeshaushalt – und weitere Millionen aus den Länderetats. Nicht im Bundestag vertretene Parteien bekamen nichts. Da sie diese Ungleichbehandlung nicht akzeptieren wollten, zogen die Gesamtdeutsche Partei (DP/BHE), die Bayernpartei und auch die 1964 gegründete NPD nach Karlsruhe.

Geklagt hatte zudem das SPD-geführte Land Hessen, das auch schon 1958 die Steuerbegünstigung für Parteispenden zu Fall gebracht hatte. Ministerpräsident Georg August Zinn wollte die grundgesetzlich garantierte Unabhängigkeit der Parteien bewahren. Nach Ansicht des populären Zinn, von 1951 bis 1969 hessischer Ministerpräsident, sollte die Parteienfinanzierung strikt begrenzt werden. Er forderte die Beschränkung der Wahlausgaben von Parteien, das Verbot von Spenden durch juristische Personen, Strafbestimmungen gegen die Bestechung von Wahlbewerbern, Parteien und Abgeordneten und die Aberkennung des Mandats von Abgeordneten wegen Bestechlichkeit. Auf Begeisterung stießen seine Forderungen nicht einmal bei seinen Parteifreunden. Aber mit der Klage in Karlsruhe hatte Zinn Erfolg. Das Grundgesetz verbiete es, »die dauernde finanzielle Fürsorge für die Parteien zu einer Staatsaufgabe zu machen«, stellten die Verfassungsrichter fest. Deshalb sei es »unzulässig, dass den politischen Parteien von Staats wegen laufende Zuschüsse zu ihrer gesamten politischen Tätigkeit gewährt werden«. Verfassungsrechtlich zu rechtfertigen sei nur, »wenn unter Beachtung der Grundsätze der Parteienfreiheit und der Chancengleichheit den politischen Parteien die notwendigen Kosten eines angemessenen Wahlkampfes ersetzt werden«.[315]

Für die im Bundestag vertretenen Parteien war das ein extrem unbefriedigendes Urteil. Aber sie arrangierten sich. Sprunghaft stiegen die staatlichen Zuschüsse für die Konrad-Adenauer-Stiftung der CDU, die Friedrich-Ebert-Stiftung der SPD, die Friedrich-Naumann-Stiftung der FDP und die gerade erst gegründete Hanns-Seidel-Stiftung der CSU. CDU und CSU rangen sich dazu durch, nicht länger die Verabschiedung eines Parteiengesetzes zu blockieren. Dieses Gesetz hätte es längst geben müssen. Das Grundgesetz legt zwar in Artikel 21 fest, dass die Parteien »über die Herkunft und Verwendung ihrer Mittel sowie über ihr Vermögen öffentlich Rechenschaft geben« müssen. Eine konkrete Ausführungsbestimmung enthält es aber nicht. »Das Nähere regeln Bundesgesetze«, heißt es nur. Nach der Logik der Union bedeutete das: Ohne Bundesgesetz keine Pflicht zur Offenlegung. Fast zwei Jahrzehnte verschleppten die Parteien den Auftrag des Grundgesetzes. Damit die staatlichen Geldquellen nicht vollständig versiegten, bestand nun Handlungsbedarf. Zu dem im Juli 1967 verabschiedeten Gesetz über die politischen Parteien gehörte – das war einfach nicht zu verhindern – eine verbindliche Offenlegungspflicht erhaltener Spenden. Wer mehr als 20 000 Mark gebe, müsse namentlich genannt werden, beschloss der Bundestag. Nach seinen Vorstellungen sollte das nur für natürliche Personen gelten. Bei juristischen Personen, also Unternehmen und Verbänden, wurde die Publizitätsgrenze auf 200 000 Mark gelegt. Diese Ungleichbehandlung kassierte ein Jahr später das Bundesverfassungsgericht. Einen gravierenden Schönheitsfehler beseitigte das höchste deutsche Gericht nicht: Die Parlamentarier hatten »eine Hintertür gelassen, die sie im Laufe der Jahre zu einem offenen Scheunentor auszuweiten wussten«, wie es Rudolf Augstein treffend formulierte.[316] Es fehlte die Strafsanktion. Politiker mussten bei Verstößen gegen das Gesetz nicht mit persönlichen Konsequenzen rechnen.

Kampf gegen Willy Brandt

In den sechziger und siebziger Jahren erlebte die Staatsbürgerliche Vereinigung ihre Blütezeit. Das Inkassogeschäft lief bestens. Mittlerweile kümmerte sich die Organisation um die Spenden der 125 größten deutschen Unternehmen. Die Geschicke lenkten nach wie vor die beiden BDI-Haudegen Fritz Berg und Gustav Stein. Dritter im Bunde war der Wirtschaftsprüfer Hans Buwert, auch er ein Gründungsmitglied. Buwert hatte vor 1945 – wie auch Stein – der NSDAP angehört und war Hauptschriftleiter des NS-Kampfblattes *Die nationale Wirtschaft* gewesen. In der Staatsbürgerlichen Vereinigung waren etliche frühere Nazis am Werk. Deren nationalsozialistische Vergangenheit war den Spitzen von Union und FDP durchaus bekannt, störte aber nicht, solange das Geld floss. Und das floss reichlich. Von Deutscher bis Dresdner Bank, von Karstadt bis Kaufhof, von Mercedes bis Porsche, von Hoechst bis Bayer, von der Marmeladenfabrik Zentis bis zum Waschmittelkonzern Henkel – alle leisteten pflichtschuldig ihren Obolus.

Besonders üppig sprudelten die Quellen, nachdem die Union 1969 erstmals in der Geschichte der Bundesrepublik den Gang in die Opposition antreten musste. Die deutsche Wirtschaftselite ließ sich den Kampf gegen die Kanzlerschaft des Sozialdemokraten Willy Brandt einiges kosten. Stolze 38,3 Millionen Mark akquirierten die konservativen Spendensammler im Vorfeld der Bundestagswahl 1972. Fritz Berg, mittlerweile BDI-Ehrenpräsident, hatte zuvor persönlich in einem vertraulichen Schreiben eindringlich gebeten, im Kampf gegen »Radikalismus und Kollektivismus« die »Hilfe und Leistung zu verdoppeln, wenn nicht zu verdreifachen«. Er sehe nicht nur »immer mehr das Gebäude unseres Staates gefährdet, auch unsere Wirtschaft gerät zunehmend unter den Einfluss kollektiver Vorstellungen«, warnte Berg.[317] Die Anstrengungen waren vergebens, der Einsatz der vielen Millionen nützte nichts. Die SPD feierte mit 45,8 Prozent der Stimmen das beste Ergebnis in ihrer Geschichte. Für die Wahl 1976 legten die Geldgeber aus Hochfinanz und Industrie noch mal drauf, steigerten ihren Einsatz auf 40,2 Millionen Mark. Diesmal lohnte es sich fast. Mit 48,6 Prozent der Stimmen holte die inzwischen von Helmut Kohl geführte Union stark auf. Die sozial-liberale Koalition unter Brandt-Nachfolger Helmut Schmidt behauptete sich nur knapp.

Insgesamt verzeichnete die Staatsbürgerliche Vereinigung von 1969 bis 1980 Einnahmen in Höhe von etwa 218 Millionen Mark. Rund 214 Millionen Mark flossen in dieser Zeit aus ihren dunklen Kassen am Finanzamt vorbei vor allem an die Union. Dabei konnte es auch schon mal vorkommen, dass Geber und Nehmer ein und dieselbe Person waren. Das war etwa beim späteren niedersächsischen Ministerpräsidenten Ernst Albrecht der Fall. Anfang der siebziger Jahre spendete die Backwarenfabrik Bahlsen (Finanzdirektor: Ernst Albrecht) über die Staatsbürgerliche Vereinigung 300 000 Mark der CDU Niedersachsen (Schatzmeister: Ernst Albrecht).

Auch die FDP wurde weiterhin von der BDI-Vorfeldorganisation beglückt, trotz ihrer Liaison mit den Sozialdemokraten. Man war nicht mehr so dogmatisch wie in früheren Zeiten, zumal die Finanzen der Partei in den Händen vertrauenswürdiger Wirtschaftsliberaler wie Heinz-Herbert Karry oder Otto Graf Lambsdorff lagen. Außerdem bauten die Verantwortlichen der Staatsbürgerlichen Vereinigung unnötigem Ärger für den Fall vor, dass ein hochkarätiger Politiker in die Wirtschaft wechselte. Die jährlichen Überweisungen der Dresdner Bank in Höhe von 1 450 000 Mark an die Vereinigung wären ohne die Begünstigung für die Liberalen möglicherweise gestoppt worden, nachdem der stellvertretende FDP-Bundesvorsitzende und Bundeswirtschaftminister Hans Friderichs 1977 als Vorstandssprecher zu dem Kreditinstitut gewechselt war. Das geschah aber nicht. Die von Friderichs Vorgänger, dem von der

RAF ermordeten Bankier Jürgen Ponto, festgelegten Zahlungen flossen weiter.

Doch die besten Jahre der alten Methoden zur Geldbeschaffung waren vorbei. Ab Mitte der siebziger Jahre geraten die geheimen Systeme ins Wanken. Mehr durch Zufall stoßen Steuerfahnder und Staatsanwälte im Spätherbst 1975 auf die »Europäische Unternehmensberatungs-Anstalt« und entdecken bei der unionsnahen Tarnfirma mit Sitz im liechtensteinischen Vaduz Anhaltspunkte für eine illegale Parteienfinanzierung. Trotz massiver Einflussnahmen und Behinderungen von politischer Seite enttarnen Ermittler in den folgenden Jahren eine Spendenwaschanlage nach der anderen. Schließlich ist auch die älteste und bedeutendste fällig: die Staatsbürgerliche Vereinigung. »Oft hat man einen Faden«, wird einer der Ermittler später sagen, »dann noch einen Faden, und plötzlich ist es ein ganzes Geflecht.«[318]

Die Flicksche Landschaftspflege

Zu diesem Geflecht gehörte das Kloster der Steyler Missionare in Sankt Augustin bei Bonn. Mitte der sechziger Jahre präsentiert der hessische CDU-Landesschatzmeister und CDU-Bundestagsabgeordnete Walter Löhr dem Vermögensverwalter der römisch-katholischen Ordensgemeinschaft eine pfiffige Geschäftsidee. Das Prinzip ist einfach: Ein interessierter Gönner zahlt zehn Mark. Die frommen Patres geben ihm acht Mark zurück, stellen ihm aber eine Spendenquittung über den gesamten Betrag aus. Die Quittung kann der Gönner beim Fiskus geltend machen, was ihm einen Steuervorteil von fünf Mark einbringt. Die zwei Mark, die der Gönner nicht zurückbekommt, behalten die Ordensbrüder nicht komplett. Sie teilen sie sich fifty-fifty mit dem CDU-Mann Löhr. Von dem Modell profitieren alle Beteiligten: der Spender, die Steyler Missionare und auch Vermittler Löhr. Lange Zeit floriert das gewinnbringende Geschäft christlicher Nächstenliebe auf Staatskosten. Besonders spendierfreudig ist der Düsseldorfer Flick-Konzern. Jahr für Jahr gibt die seinerzeit größte Unternehmensgruppe Deutschlands eine Million Mark angeblich für gemeinnützige Zwecke, um daraus mit Gottes Segen 1,3 Millionen werden zu lassen. Vor allem helfen die Patres mit dem Armutsgelübde, die schwarzen Kassen zu füllen. Die 800 000 Mark, die Flick von jeder gespendeten Million von ihnen zurückerhält, können nicht auf ein offizielles Konto des Konzerns überwiesen werden. Sonst fliegt der Schwindel auf. Deshalb überbringt der für die Steyler Kasse zuständige Ordensbruder das Geld alljährlich persönlich einem Flick-Emissär in der Schweiz, anfänglich in bar, später durch Schecks zu Lasten des Kontos der Steyler Missionsgesellschaft beim Schweizerischen Bankverein in Luzern.

Bei Flick gab es Sonderkassen, inoffizielle Kassen und schwarze Kassen. Die Bemühungen des Mischkonzerns um die »Pflege der Bonner Landschaft«, wie es der Flick-Generalbevollmächtigte und BDI-Vizepräsident Eberhard von Brauchitsch euphemistisch nannte, waren vielfältig. Wie andere führende deutsche Unternehmen trug der Flick-Konzern seinen Teil dazu bei, steuersparend über die Konten der Staatsbürgerlichen Vereinigung die Republik vor dem Sozialismus zu schützen. Daneben hatte der Konzern auch ganz individuelle Wünsche an die Politik. Flick hatte im Januar 1975 für mehr als 1,9 Milliarden Mark den größten Teil seiner Anteile an dem Autobauer Daimler-Benz an die Deutsche Bank verkauft. Das gute Geschäft hatte einen Haken. Eigentlich hätte die Düsseldorfer Holding rund 986 Millionen Mark Steuern für den Aktienverkauf zahlen müssen. Das wollte Flick nicht. Es gab einen Ausweg: Der Konzern musste das Geld umgehend wieder in verschiedenen Unternehmungen anlegen. Unter dieser Voraussetzung bestand die Möglichkeit, dass die Bundesregierung die Transaktion als »volkswirtschaftlich besonders förderungswürdig« einstufte. Für solche wenn auch höchst seltene Fälle sahen sowohl der Paragraph 6 b des Einkommensteuergesetzes als auch der Paragraph 4 des Auslandsinvestitionsgesetzes die Möglichkeit einer Steuerbefreiung vor. Flick stellte die entsprechenden Anträge. Die meisten wurden genehmigt. Über die Gründe wird bis heute spekuliert. Später beschlagnahmte Unterlagen des Konzerns legen den Verdacht nahe, dass Politiker aller Parteien gezielt mit Spenden geschmiert worden waren, um sie für die Ziele des Unternehmens geneigt zu machen. Fast die gesamte erste Garde der Bonner Politik taucht in den Flick-Büchern auf. Hunderte von Politikern waren mit Barem ausgestattet worden. Doch endgültig bewiesen werden konnte der Verdacht nicht. Fest steht allerdings, dass Flick-Manager zwischen 1969 und 1980 an die Union etwa 15 Millionen Mark und an die damaligen Regierungsparteien FDP und SPD zirka 6,5 Millionen beziehungsweise 4,3 Millionen Mark gespendet hatten.

Das illegale Spendensystem fliegt auf

Der »Landschaftspflege« des Hauses Flick kamen die Fahnder über die Ordensbrüder der Steyler Mission auf die Spur. Deren tätiger Nächstenliebe war Ende der siebziger Jahre der Steuerfahnder Klaus Förster auf die Schliche gekommen. Nach und nach brachte der damalige Leiter der Steuerfahndungsstelle Sankt Augustin die Flick-Affäre ans Licht. Im Januar 1980 stattete der Regierungsdirektor mit drei Mitarbeitern der Konzernzentrale im Düsseldorfer Nobelstadtteil Oberkassel einen Besuch ab und durchsuchte die Privatwohnung des persönlich haftenden und geschäftsführenden Gesellschafters von Brauchitsch. Das war das Ende von Försters Karriere. Bei der Durchsuchung der Flick-Zentrale trug der Regierungsdirektor bereits seine Abordnung ans Finanzamt Köln-Ost in der Tasche. Seine Vorgesetzten hatten ihm den Fall weggenommen. Anwaltlich vertreten von Otto Schily, der damals noch für die Grünen im Bundestag saß, klagte der Beamte vergeblich gegen seine Versetzung. Schließlich schied er verbittert aus dem Staatsdienst aus. »Ungewöhnliche Gradlinigkeit, Mut und Unerschrockenheit zeichneten Förster zeitlebens aus«, schrieb der Journalist Hans Leyendecker in einem Nachruf auf den im Januar 2009 verstorbenen Juristen.[319] Försters hartnäckigen Ermittlungen verdanken sich sowohl die Aufdeckung des seit den fünfziger Jahren existierenden Systems der »Umwegfinanzierungen« als auch der Flickschen »Landschaftspflege«. Sie mündeten in dem größten Polit- und Wirtschaftsskandal der Nachkriegszeit. »Flick – ein Mann kauft die Republik« titelte der *Spiegel*, die *Süddeutsche Zeitung* schrieb von einem »Bonner Watergate«.

Mehrere Anläufe der alteingesessenen Bundestagsparteien, per Generalamnestie Politiker und Wirtschaftsbosse vor Strafverfolgung zu schützen, scheiterten an der öffentlichen Empörung – und führten beinahe zur Staatskrise. Von 1983 bis 1985 bemühte sich ein parlamentarischer Untersuchungsausschuss des Bundestags um die Aufarbeitung der Spendenskandale. Mit mäßigem Erfolg, da sich das Interesse an Aufklärung nicht nur bei CDU, CSU und FDP in Grenzen hielt. Auch die SPD wollte den Fall schnell zu den Akten zu legen. Die Sozialdemokraten waren ebenfalls von Flick beglückt worden. Außerdem fürchteten sie unangenehme Enthüllungen über die undurchsichtigen Finanzaktivitäten ihres langjährigen Schatzmeisters Alfred Nau. Denn auch er hatte sich im verdeckten Spenden-Inkasso geübt. So gab Nau, SPD-Kassenwart von 1946 bis 1975 und anschließend Chef der parteinahen Friedrich-Ebert-Stiftung, rund 7,6 Millionen Mark ungeklärter Herkunft an seinen Nachfolger Friedrich Halstenberg. Nach dessen Angaben erklärte ihm Nau, das Geld stamme aus einer »eigenen, vertraulichen Spendenaktion« im Bundestagswahlkampf 1980 für Helmut Schmidt. Die Namen der Geber behielt er für sich. Nicht einmal dem SPD-Vorsitzenden Willy Brandt hatte der »Ober-Konspirateur« sie verraten wollen, weil er den Spendern Verschwiegenheit zusicherte. Auch wenn die Summen, um die es bei den Genossen ging, im Vergleich bescheiden scheinen: Für unerfreuliche Schlagzeilen reichten sie allemal – vor allem, weil Union und FDP die Öffentlichkeit glauben machen wollten, alle Parteien hätten gleich viel Dreck am Stecken. Nach 66 Sitzungen zur Beweisaufnahme und 321 Stunden Vernehmung beendete der Flick-Untersuchungsausschuss seine Arbeit. Die Ergebnisse blieben dürftig.

Flick-Majordomus Eberhard von Brauchitsch wurde wegen »Steuerhinterziehung durch Spenden« zu einer Freiheitsstrafe von zwei Jahren verurteilt, die gegen eine Geldbuße von 550 000 Mark zur Bewährung ausgesetzt wurde. Schuldbewusstsein zeigte der gelernte Jurist und Duzfreund Helmut Kohls nicht. Das Urteil hält von Brauchitsch bis heute für schreiendes Unrecht. Zu den verdeckten Zahlungen sei die Wirtschaft schließlich von den Parteien genötigt worden, schreibt er in seinen Memoiren: »Die Wirtschaft zahlte Schutzgelder, um sich vor Repressionen in Form wirtschaftsfeindlicher Politik zu schützen.«[320] Deshalb war es seiner Meinung nach »den Schutzgeldbefohlenen kaum zuzumuten, ihre Zahlungen obendrein auch noch zu versteuern«.[321] Diese Praxis sei »von allen Beteiligten, einschließlich des Gesetzgebers und der Finanzbehörden, über Jahre und Jahrzehnte geduldet und gedeckt« worden.[322]

Friedrich Karl Flick, dessen Vater sich bereits in der NS-Zeit mit großer Hingabe der Pflege der politischen Landschaft gewidmet hatte und 1947 vom Nürnberger Tribunal der Alliierten als Kriegsverbrecher zu sieben Jahren Haft verurteilt worden war, konnte eine Mitwisserschaft an den ungesetzlichen Praktiken seines Konzerns nie nachgewiesen werden. 1985 verkaufte er sein Firmenimperium für rund 5,36 Milliarden Mark. Flick zog sich ins Privatleben zurück und genoss das Leben. Während er sich seinen Unterhalt 20 bis 30 Millionen Mark jährlich kosten ließ, gab er gleichzeitig per *Bild*-Zeitung seinen Landsleuten den freundlichen Rat: »Wir alle müssen den Gürtel enger schnallen.« Dass auch er sparsam sein konnte, demonstrierte Flick ein letztes Mal 2001. Da sparte er sich die Beteiligung an einer Stiftung zur Entschädigung von NS-Zwangsarbeitern. Friedrich Karl Flick starb im Oktober 2006 in seiner Villa am Wörthersee.

Bis der Staatsbürgerlichen Vereinigung 1984 endgültig die Gemeinnützigkeit aberkannt wurde, hatten sie und ihre Spender den Fiskus um mehr als 100 Millionen Mark betrogen. 1990 wurde die Organisation aufgelöst. Die BDI-Präsiden Fritz Berg und Gustav Stein starben beide im Jahr 1979 und erlebten den Untergang der von ihnen geschaffenen Geldwaschanlage nicht mehr. Für die Erben beglich der BDI später heimlich ihre aus den illegalen Spendengeschäften entstandenen Steuerschulden. Gegen Hans Buwert, den Nachfolger Bergs als Präsident der Staatsbürgerlichen Vereinigung, ermittelte die Staatsanwaltschaft mehrere Jahre – bis es zu spät war, ihm noch den Prozess zu machen. Über 90-jährig starb der eifrige Spendensammler Ende der achtziger Jahre. Etliche Millionen, die er akquiriert hatte, blieben verschwunden. Die offizielle Suche nach dem Geld wurde 1999 ergebnislos eingestellt.

Wegen des mit Hilfe der Staatsbürgerlichen Vereinigung und anderer Waschanlagen planmäßig betriebenen Steuerbetrugs leitete die Staatsanwaltschaft insgesamt rund 1860 Ermittlungsverfahren ein. Die meisten wurden »mangels hinreichenden Tatverdachts« oder »wegen geringen Verschuldens« bald wieder eingestellt. Nur in acht Fällen erhoben Staatsanwälte Anklagen, keiner der Beschuldigten wurde ernsthaft belangt. Obwohl die hinterzogenen Summen teils zweistellige Millionenhöhe erreichten, musste kein einziger Wirtschaftsführer ins Gefängnis. Das größte Einzelverfahren ließen die Ermittler in Hessen verjähren. Es richtete sich gegen die Deutsche Bank, die zwischen 1957 und 1980 insgesamt mehr als 25 Millionen Mark auf steuerbegünstigten Umwegen an die Parteien gespendet hatte.

Wegen des Verstoßes gegen das Parteiengesetz konnte ohnehin niemand belangt werden, weil es nicht strafbewehrt war. Nur wenige mussten Konsequenzen tragen: Bundeswirtschaftsminister Otto Graf Lambsdorff trat im Juni 1984 zurück. Sein Vorgänger Hans Friderichs wurde im Januar 1985 von seinem Amt als Vorstandssprecher der Deutschen Bank freigestellt. Ihnen wurde gemeinsam mit von Brauchitsch der Prozess gemacht. Anfang 1987 verurteilte die 7. Große Strafkammer des Landgerichts Bonn sie wegen Steuerhinterziehung zu hohen Geldstrafen. Vom Vorwurf der Bestechlichkeit wurden die beiden Liberalen freigesprochen. Das Verfahren sei »in mancherlei Hinsicht außergewöhnlich« gewesen, sagte der Vorsitzende Richter Hans-Hennig Buchholz in seiner mündlichen

Urteilsbegründung.[323] »Nahezu alle Zeugen fielen durch ihr schlechtes Erinnerungsvermögen auf«, monierte Buchholz. Die beiden häufigsten Antworten hätten »Das weiß ich nicht« und »Ich kann mich nicht erinnern« gelautet.

Die Bundesschatzmeister von FDP und SPD, Heinz-Herbert Karry und Alfred Nau, starben Anfang der achtziger Jahre, bevor sie zur Rechenschaft gezogen werden konnten. Der bayerische CSU-Schatzmeister Karl-Heinz Spilker blieb wie alle anderen Finanzjongleure im blau-weißen Freistaat von einer Strafverfolgung verschont. Bis heute ist Eberhard von Brauchitsch empört darüber, dass ihm in Nordrhein-Westfalen der Prozess gemacht wurde, er in Bayern hingegen wohl straffrei geblieben wäre, da »Franz Josef Strauß dafür sorgte, dass jede Art von juristischer Verfolgung in Bayern unterblieb«.[324] Bis 1991 blieb Spilker für die Finanzen der CSU verantwortlich. CDU-Schatzmeister Walther Leisler Kiep amtierte bis 1992. Im selben Jahr kassierte der Bundesgerichtshof seine Verurteilung zu einer Geldstrafe von 675 000 Mark wegen fortgesetzter Beihilfe zur Steuerhinterziehung. Der BGH befand, das Gros der Kiep zur Last gelegten Taten sei bereits verjährt gewesen. Im letzten, nicht verjährten Spendenfall wurde das Verfahren 1993 wegen geringer Schuld gegen eine Geldauflage eingestellt.

Helmut Kohls Gedächtnislücken

Helmut Kohl musste im November 1984 als Zeuge vor dem Flick-Untersuchungsausschuss des Bundestages aussagen. Er sei einer »der übelsten Kampagnen« ausgesetzt, polterte der damalige CDU-Vorsitzende und Bundeskanzler. Zur Wahrheitsfindung konnte er während seiner siebenstündigen Vernehmung nicht viel beitragen. Immer wieder ließ ihn sein Erinnerungsvermögen im Stich. Exakt 79-mal berief sich Kohl auf Gedächtnislücken. Selbst die Namen von Spendenbeschaffern, die er seit Jahren kannte, waren ihm plötzlich nicht mehr geläufig. Immerhin erinnerte sich Kohl, von Flick-

Manager von Brauchitsch mehrfach Geld in bar angenommen zu haben: »Ich hatte ihn immer wieder gebeten, uns zu unterstützen. Und dann kam er. Dann hat er einen Betrag mitgebracht in einem Kuvert. Den habe ich entgegengenommen, habe mich bedankt, weggeschlossen und bei nächster Gelegenheit dem Schatzmeister übergeben.«[325] Auf den Vorhalt des Ausschussmitglieds Otto Schily, er habe »doch eine Verpflichtung aus Artikel 21 Grundgesetz in Verbindung mit Paragraph 25 des Parteiengesetzes, die Spender namhaft zu machen«, antwortete Kohl: »Zu den Fehlern, die wir uns vorzuhalten haben, gehört, dass wir – alle demokratischen Parteien – diese rechtliche Festlegung nicht eingehalten haben.« Schily hakte nach: »Darf ich Ihre Antwort so verstehen, dass Sie bewusst dagegen verstoßen haben?« Kohl: »Alle demokratischen Parteien haben hier die gesetzliche Verpflichtung nicht erfüllt.«[326] Damit war der Fall für ihn erledigt.

Im Juli 1985 wurde Kohl auch noch von einem Untersuchungsausschuss des rheinland-pfälzischen Landtags befragt. Vor diesem Gremium konnte er sich an noch weniger erinnern. Nun bestritt er sogar, als Ministerpräsident von Rheinland-Pfalz davon gewusst zu haben, dass die Staatsbürgerliche Vereinigung als Geld- und Spendenbeschaffungsanlage diente. Das war nachweislich die Unwahrheit und brachte ihm eine Strafanzeige Schilys wegen des Verdachts der uneidlichen Falschaussage ein. Die Staatsanwaltschaft leitete ein Ermittlungsverfahren ein. Kohl redete sich auf ein »Missverständnis« heraus, da die Fragen der Ausschussmitglieder »nicht so formuliert waren, wie sie mein Mandant verstanden hat«, wie sein Anwalt argumentierte. Der Kanzler habe einen »Black-out« gehabt, verteidigte ihn der CDU-Generalsekretär Heiner Geißler. Es sei nicht nachweisbar, dass Kohl »vorsätzlich« gelogen habe, befanden die Staatsanwälte – und schlossen die Akte.

Im Rückblick erscheint Kohls damalige Verteidigungsstrategie wie eine Blaupause für sein Agieren nach der Aufdeckung des CDU-Spendenskandals Ende der neunziger Jahre. Die Lehre, sich künftig gesetzeskonform zu verhalten, zog er aus den damaligen Vorgängen nicht. Im Gegenteil: Er wurde zum Wiederholungstäter. Im politischen Kampf war ihm weiterhin jedes Mittel recht. Nach dem Flick- und Parteispenden-Skandal Anfang der achtziger Jahre hätten die Hauptverantwortlichen für die damals vorgefundenen illegalen Finanzpraktiken der CDU »den Weg einer Rückkehr zum Recht nicht angetreten«, wird 2002 der Bundestagsuntersuchungsausschuss »Parteispenden« feststellen. Die Konsequenz für sie sei vielmehr gewesen, ihre Methoden der Herkunftsverschleierung von Geldern zu verfeinern und ihr verdecktes Finanzierungssystem auszubauen. »Dr. Kohl war hierbei nach Überzeugung des Ausschusses über Jahrzehnte hinweg die treibende Kraft«, heißt es im Abschlussbericht. Während seiner Kanzlerschaft verabschiedete der Bundestag insgesamt drei verschärfende Novellen zum Parteiengesetz – gehalten hat sich Kohl an keine einzige.

Exkurs

MÖLLEMANN –
EINE LIBERALE KARRIERE

Ein Fallbeispiel für das skrupellose Streben
nach politischer Macht

Während die CDU noch vollauf mit der Bewältigung des Kohlschen Spendenskandals beschäftigt war, gelang einem Politiker, den viele schon abgeschrieben hatten, ein beeindruckendes Comeback. Zehn Minuten vor Schließung der Wahllokale betritt am 14. Mai 2000 um 17.50 Uhr Jürgen W. Möllemann strahlend die »Trattoria Zollhof« unweit des Düsseldorfer Landtags. Hier findet an diesem Abend die Wahlparty der nordrhein-westfälischen FDP statt. Der umstrittene Münsteraner Liberale weiß, dass es ein rauschendes Fest wird. Er kennt bereits die ersten Landtagswahlprognosen. Doch Möllemann verrät nichts, er will den Augenblick auskosten. Flankiert von Wolfgang Kubicki, seinem Parteifreund aus Kiel, wartet er geduldig darauf, dass die offiziellen Zahlen über die Bildschirme flimmern. Endlich ist es so weit. Frenetischer Jubel bricht los. Jetzt weiß es jeder, was für eine Sensation ihm gelungen ist: Mit 9,8 Prozent der Stimmen kehrt die FDP nach fünfjähriger Pause zurück in das Düsseldorfer Parlament. Möllemann erklimmt ein Podest, reckt beide Arme in die Höhe und ruft begeistert: »Dies ist ein stolzer Tag für die FDP in Nordrhein-Westfalen.« Seine Anhänger skandieren: »Jürgen, Jürgen.« Sein phänomenaler Wahlerfolg ist nicht allein dem politischen Engagement des begnadeten Polit-Entertainers zu verdanken. Erheblichen Anteil daran hat auch der enorme Einsatz finanzieller Mittel aus dunklen Quellen. Doch davon will an diesem Abend niemand etwas wissen.

Möllemann war einer der schillerndsten und umstrittensten Politiker der Bundesrepublik. Kein anderer drängte so entschlossen und so skrupellos an die Macht wie er. Möllemann polarisierte – auch innerparteilich. »Man fragt sich manchmal: Ist der Mann bei all seiner Begabung, bei all seinem politischen Geschick, ist der normal?«, bekannte der FDP-Ehrenvorsitzende Otto Graf Lambsdorff öffentlich.[327] Möllemann sei »ein ›political animal‹ im umfassendsten Sinne des Wortes«, sagte der langjährige Außenminister Hans-Dietrich Genscher. »Sein größter Gegner allerdings ist er selbst.«

Rasanter Aufstieg

Der ehrgeizige Jürgen Möllemann beginnt seine Karriere Ende der sechziger Jahre als AStA-Vorsitzender an der Pädagogischen Hochschule Münster. Zunächst engagiert er sich im CDU-Studentenverband RCDS, dann wechselt er 1970 zur FDP. Schon zwei Jahre später sitzt der gelernte Volksschullehrer im Bundestag. Hier beweist er schnell, dass er nicht nur eine politische Begabung hat, sondern auch einen ausgeprägten Sinn fürs Geschäftliche. Die Versicherungswirtschaft unterstützt ihn in den siebziger Jahren ebenso großzügig wie der Flick-Konzern, auf dessen Liste für die politische Landschaftspflege er steht. Von Flick erhält er 60 000 Mark, einen Dienstwagen und die üblichen Spesen, meldet das aber entgegen der Gepflogenheiten nicht der Bundestagsverwaltung.

Seine große Zeit kommt nach dem Zerbrechen der Koalition von SPD und FDP mit dem Beginn der konservativ-liberalen Regierung 1982. Von seinem politischen Ziehvater Hans-Dietrich Genscher wird er als Staatsminister ins Auswärtige Amt geholt, 1987 übernimmt Möllemann das Bundesministerium für Bildung und Wissenschaft. »Riesen-Staatsmann Mümmelmann« (Franz Josef Strauß) weiß den Apparat geschickt zu nutzen. Er versieht alle Materialien seines Ministeriums mit den FDP-Farben Blau und Gelb. Im Jahr 1991 erreicht seine Karriere den Höhepunkt. Möllemann steigt zum Bundeswirtschaftsminister und zum Vizekanzler auf, zum Stellvertreter des mächtigen Helmut Kohl. Doch schon 1993 endet der Höhenflug. Möllemann hat auf dem Briefbogen seines Ministeriums für das »pfiffige Produkt« eines angeheirateten Vetters – einen Chip für Einkaufswagen – geworben und versucht wahrheitswidrig die Verantwortung auf einen Untergebenen zu schieben. Es nützt nichts, er muss zurücktreten. 1994 schicken ihn auch die nordrhein-westfälischen Liberalen in die Wüste. Ein halbes Jahr vor der Landtagswahl zwingen sie Möllemann zum Rücktritt vom Amt des Landesvorsitzenden. Führende Bundespolitiker schieben hinter den Kulissen kräftig mit. Sie haben genug von den Eskapaden und Intrigen des »Quartalsirren«, wie FDP-Spitzenpolitiker Hermann Otto Solms ihn einmal nennt.

Möllemanns politische Karriere scheint beendet. Aber die FDP erlebt bei den Landtagswahlen eine herbe Niederlage. Sie verpasst im Mai 1995 mit nur 4 Prozent der Stimmen deutlich den Wiedereinzug in den Düsseldorfer Landtag. Die Partei an Rhein und Ruhr steht vor einem Trümmerhaufen – und erinnert sich an ihren großen Zampano. 1996 holt sie ihn reumütig zurück. Im Landtagswahlkampf im Jahr 2000 dreht Möllemann voll auf, um es allen Kritikern zu zeigen. Der quirlige Egozentriker inszeniert eine große Ein-Mann-Show. Möllemann in allen Gassen und auf allen Kanälen: Beim Fallschirmabsprung über dem Landtag, beim Besuch in unzähligen Talkshows, in den Containern von »Big Brother«. Hauptsache Aufmerksamkeit und Schlagzeilen, ist die Strategie. Sie funktioniert, die Wähler goutieren die schrille PR-Kampagne. Das bringt ihm auch die Anerkennung der Parteispitze zurück. Möllemanns Wahlerfolg sei »ein epochales Ereignis«, schwärmt der FDP-Generalsekretär Guido Westerwelle.

Nach seinem großen Erfolg in Nordrhein-Westfalen ist Möllemann plötzlich auch auf Bundesebene wieder eine große Nummer. Im Mai 2001 wird er stellvertretender Bundesvorsitzender der FDP. Mit Blick auf die Bundestagswahl 2002 verkündet er, das Selbstverständnis der Liberalen müsse sich »von der Nischenpartei zur Volkspartei mausern«. Möllemann proklamiert das »Projekt 18«. Immer weiter dreht er die Schraube, die Partei folgt ergeben. Erwachsene Menschen laufen mit »18«-Stickern, Hemden, Schuhen und Unterhosen herum. Die nach der »Wende« von 1982 – damals verlor die FDP intellektuelle Kapazitäten und große Teile ihres Nachwuchses – eher biederen und angegrauten Liberalen fühlen sich plötzlich »hip«. Kohls alte Funktionspartei mutiert zur vermeintlich erfolgreichen »Spaßpartei«. Das Parteivolk, allen voran der zum Parteichef aufgestiegene Westerwelle, spaßt mit. Denn die bizarren Aktionen versprechen Erfolg. Nur gehört zu Möllemanns Strategie mehr als schriller Unfug. In die Höhen, in die er die FDP illusioniert, kann die Partei nur durch kräftige populistische Einschläge kommen. So wie es Jörg Haider in Österreich vorgemacht hat.

Der Kärntner Rechtspopulist begrüßte denn auch Möllemanns Kurs ausdrücklich. Es sei »beachtlich, wenn ein langjähriger Funktionär der FDP, die zu den zähesten Verteidigern des Systems gehört hat und nur Mehrheitsbeschaffer war, nun anerkennt, dass die Emanzipation der Demokraten notwendig ist«, freute sich Haider. »Dafür ist ihm zu gratulieren.«[328] Möllemann wollte die FDP als vermeintliche »Protestpartei« auch für Wähler mit extrem rechten Positionen attraktiv machen. Ganz gezielt bemühte er das Bild von der bösen »politischen Klasse«, der er sich angeblich tapfer entgegenstelle. Gezielte »Tabubrüche« gehörten ebenfalls zum Konzept. So spielte Möllemann mit latent vorhandenen antisemitischen Stimmungen. Im September 2002 trieb er dieses Spiel auf die Spitze. Wenige Tage vor der Bundestagswahl ließ Möllemann ein Faltblatt mit dem Titel »Klartext. Mut. Möllemann.« per Postwurfsendung an alle Haushalte in Nordrhein-Westfalen verteilen. In dem antisemitisch konnotierten Flyer attackierte er den Anwalt und Journalisten Michel Friedman, seinerzeit Vizepräsident des Zentralrats der Juden, und den damaligen israelischen Ministerpräsidenten Ariel Scharon. Angesichts schlechter Umfragewerte hoffte Möllemann mit dieser Aktion im letzten Moment noch einen Stimmungsumschwung zugunsten der FDP herbeizuführen.

Die Rechnung ging nicht auf. Die Liberalen erzielten bei der Bundestagswahl am 22. September 2002 bescheidene 7,4 Prozent der Stimmen.

Am selben Tag trat Hildegard Hamm-Brücher nach 54-jähriger Zugehörigkeit aus der FDP aus. Durch »die andauernde rechtspopulistische, antiisraelische und tendenziell Antisemitismus schürende Agitation« Möllemanns sei »eine wechselseitige Entfremdung zwischen der Partei und mir entstanden, die für mich unerträglich und irreparabel geworden ist, weil sie die Fundamente meiner Überzeugungen für mein politisches Engagement in Frage stellt«, schrieb die Grande Dame der Liberalen an Guido Westerwelle. »Ihre Reaktionen auf meine und andere warnende Stimmen, vor allem aber Ihr zögerliches Verhalten hinsichtlich der Eskapaden Ihres Vertreters, haben mich in meiner Kritik bestärkt, dass Sie Ihre Führungsverantwortung nicht rechtzeitig und nicht ausreichend wahrgenommen haben. Sie haben zu lange geschwiegen und dem Möllemann-Kurs nicht rechtzeitig Paroli geboten.«[329] Einen Tag nach der Bundestagswahl trat Möllemann als stellvertretender FDP-Bundesvorsitzender zurück. Im Oktober 2002 gab er auch als nordrhein-westfälischer FDP-Chef und Landtagsfraktionsvorsitzender auf.

Möllemanns Millionen

Doch erledigt war der Fall Möllemann damit nicht. Jetzt begann er erst richtig. Der politische Skandal entwickelte sich zu einer Finanzaffäre mit weitreichenden Folgen für die Liberalen. Zunächst konzentrierte sich die Aufmerksamkeit auf den Inhalt und die Intention des umstrittenen Wahlkampfflyers. Doch schnell verlagerte sich das öffentliche Interesse auf die Frage, woher das Geld für die gut eine Million Euro teure Aktion stammte. Möllemann versuchte, sich mit Lügen aus der enger werdenden Schlinge zu ziehen. Anfang Oktober 2002 erklärte er: »Die Finanzierung ist sauber gelaufen. Alle anzeigepflichtigen Einzelheiten werden zum Jahresende im Finanz- und Rechenschaftsbericht der Partei auftauchen.« Und weiter behauptete er: »Der Großteil der Spenden stammt von einer Vielzahl von Sympathisanten und Freunden, die aber alle unter 10 000 Euro gespendet haben.«[330] Die Anzahl der Spender bewege sich im dreistelligen Bereich. Kein Wort davon war wahr.

Tatsächlich hatte Möllemann seinen Vertrauten Fritz Goergen Mitte September 2002 nach Luxemburg geschickt, um für ihn eine Million Euro von seinem Konto bei der Bank BNP Paribas abzuheben und zu ihm nach Münster zu bringen. Das Geld übergab Möllemann einem weiteren engen Vertrauten, dem FDP-Landesgeschäftsführer Hans-Joachim Kuhl. Davon zahlte der auf vierzehn Banken verteilt 839 500 Euro auf ein Wahlkampf-Sonderkonto ein, gestückelt in Beträge zwischen 1000 und 8000 Euro und unter 145 fingierten Namen. Damit konnte er den Eindruck erwecken, das Geld sei von vielen Unterstützern gespendet worden. 140 400 Euro wanderten auf Konten des FDP-Landesverbands. Schritt für Schritt kam noch mehr ans Licht: Zumindest seit 1996, als Möllemann zum zweiten Mal den Landesvorsitz der NRW-FDP übernommen hatte, waren systematisch Gelder am Gesetz vorbei in die Parteikassen geschleust worden. Der Getreue Kuhl – ab 1996 Landesschatzmeister, ab 2000 Landesgeschäftsführer – gab in einer eidesstattlichen Erklärung vor dem Oberlandesgericht Düsseldorf Ende 2003 zu, von Möllemann eine Menge Geld bekommen zu haben: 61 750 Mark im Jahr 1996, 52 750 Mark im Folgejahr, 38 500 Mark 1999 und 981 750 Mark im Jahr der Landtagswahl 2000. Um die angeblich aus dem Privatvermögen Möllemanns stammenden Beträge verschleiert auf FDP-Konten zu schleusen, so gestand Kuhl, bedienten sich Möllemanns Mannen zweier Methoden: Zum einen dachten sie sich mehrere hundert »Spender« einfach aus. Dabei bewiesen die liberalen Finanzakrobaten Sinn für Humor: Sogar der sowjetische Revolutionär Leo Trotzki durfte seine Wiederauferstehung feiern und 10 000 Euro an die Freidemokraten spenden. Zum anderen erhielten verdiente Parteifreunde Barbeträge ausgehändigt, die sie dann als »ihre« Spenden überwiesen. Ein Schwindel, der für beide Seiten lukrativ war: Die FDP brauchte nicht zu fürchten, in Erklärungsnöte zu kommen, da der wahre Geber anonym blieb. Den angeblichen Gönnern wurde ermöglicht, an ihrer Mithilfe beim Verstoß gegen das Parteiengesetz auch noch zu verdienen: Die Quittungen, die sie für ihre vermeintlichen Spenden erhielten, konnten sie von der Steuer absetzen.

Mittels Scheinspendern Gelder zwielichtiger Herkunft in die Parteikassen zu schleusen, war auch bei anderen beliebt. So flog im März 2002 auf, dass die Kölner SPD mit diesem Trick über Jahre »Dankeschön-Spenden« von Unternehmen getarnt hatte. In seinem Prozess vor dem Augsburger Landgericht berichtete der Rüstungslobbyist Karlheinz Schreiber Mitte Januar 2010, auch bei der CSU seien auf diese Weise Großspenden gestückelt worden. Damit die tatsächlichen Spender nicht in der offiziellen Buchhaltung der Partei auftauchten, habe der 1992 verstorbene CSU-Spendensammler Franz Josef Dannecker, der sich über Jahrzehnte loyal und verschwiegen um das pekuniäre Wohl der Partei gekümmert hatte, Todesanzeigen gesammelt und die dort aufgeführten Namen benutzt, um die Herkunft der Gelder zu verschleiern. Das von ihm geschilderte Verfahren will Schreiber selbst bei einer von ihm 1980 getätigten Spende in Höhe von 100 000 Mark miterlebt haben. Dies alles sei als Reaktion auf den Skandal um die Staatsbürgerliche Vereinigung geschehen.

Mit der Stückelung der Geldbeträge und der Tarnung als Kleinspenden hatte Jürgen W. Möllemann zu verbergen versucht, dass er zur wichtigsten Geldquelle der nordrhein-westfälischen FDP avanciert war. Weitere Summen flossen mittels Sachspenden: Standen kostenintensive Anzeigen- oder Plakataktionen an, verkündete Möllemann im FDP-Landesvorstand, dafür großzügige »Sponsoren« gefunden zu haben. Und niemand fragte nach.

Im Mai 2005 erließ das Düsseldorfer Amtsgericht gegen Kuhl einen Strafbefehl über eine Freiheitsstrafe von zehn Monaten, die gegen Zahlung einer Geldbuße von 10 000 Euro zur Bewährung ausgesetzt wurde. Möllemann konnte nicht mehr belangt werden. Am 5. Juni 2003 um 12.36 Uhr stürzte sich der leidenschaftliche und routinierte Fallschirmspringer im Alter von 57 Jahren unweit des westfälischen

Flughafens Marl-Loemühle in den Tod. Am Morgen des Tages hatten die Staatsanwaltschaften Münster und Düsseldorf im Rahmen ihrer Ermittlungsverfahren gegen Möllemann wegen Steuerhinterziehung, Verstoß gegen das Parteiengesetz, Betrug und Untreue die Immunität des Landtags- und Bundestagsabgeordneten aufheben lassen und mit einer großangelegten Durchsuchungsaktion an insgesamt 25 Stellen in 13 Orten im Bundesgebiet sowie in Luxemburg, Spanien und Liechtenstein begonnen.

Hauptsache, die Kasse stimmt

Nicht nur die mutmaßlich dunkle Herkunft seines millionenschweren Privatvermögens, aus dem Möllemann seine Partei über Jahre insgeheim gesponsert hatte, konnte nach dem Tod des Politikers nur bruchstückhaft aufgeklärt werden. Ebenso undurchsichtig bleibt die Rolle seiner Partei: Handelte es sich tatsächlich nur um die Machenschaften eines »Einzeltäters« und einiger unbedeutender Handlanger im Apparat, wie die FDP nach Aufdeckung des Spendenskandals um ihren einstigen Superstar immer wieder beteuerte? Ist es möglich, dass im Landesvorstand einer Partei, die sich ihres ökonomischen Sachverstands rühmt, niemand die Frage gestellt hat, wie die ausgebrannte FDP im Jahr 2000 einen so teuren Landtagswahlkampf bezahlen konnte? Von Möllemanns Machenschaften hat die FDP im bevölkerungsreichsten Bundesland auf lange Sicht profitiert. Ohne seine Vorarbeit hätte es möglicherweise 2005 für die gemeinsame Regierungsbildung mit der CDU und die Ablösung der rot-grünen Landesregierung nicht gereicht. Niemand im FDP-Landesvorstand, auch nicht Andreas Pinkwart, der 2005 stellvertretender Ministerpräsident in NRW wurde, und die Bundestagsabgeordnete Ulrike Flach, wollen etwas von den illegalen Finanzpraktiken gewusst haben.

Bereits im November 2002 hatte Hans Leyendecker in der *Süddeutschen Zeitung* den »Fall Möllemann« bilanziert: »Es war seine

NRW-FDP, die einst führend war auf dem Gebiet der Umwegfinanzierung, wie das kriminelle Geschäft mit den Schwarzen Kassen verharmlosend heißt. Der Name Möllemann stand auf diversen Listen von Verbänden, die vielversprechende junge Politiker mit Barem ausstatteten. Unter dem Beifall seiner Parteifreunde erklärte Möllemann einst, es interessiere ›kein Schwein mehr‹, ob Gesetz und Verfassung durch den planmäßig betriebenen Betrug der Parteien Schaden genommen hätten. Wo er war, war immer eine Hausse in Schiebungen und eine Baisse in Moral. Jeder, der das wissen wollte, hat es gewusst. Die Partei hat von ihm aber im Wortsinn profitiert und deshalb nicht so genau hingeschaut, wie er sein Geschäft betrieb. Erst als die Beute ausblieb, nach der verlorenen Wahl 2002, wurden alte Rechnungen beglichen.«[331]

Das bewusste Wegschauen in Finanzangelegenheiten gehörte nicht nur in Nordrhein-Westfalen zum »guten Ton«, berichtet Fritz Goergen, der über lange Zeit zunächst als FDP-Bundesgeschäftsführer, dann als Chef der parteinahen Friedrich-Naumann-Stiftung bestens mit den inneren Verhältnissen in der FDP vertraut war. »Wer in Jahrzehnten den Führungsgremien der FDP angehörte, wusste, dass es bei den Finanzen regelmäßig nicht legal zuging. Auf die Schatzmeister blickten deshalb auch viele mit einer Mischung von Dankbarkeit, Misstrauen und Respekt. Dankbarkeit, dass einer das Geld besorgte, ohne die anderen mit dem Wissen des Wie zu belasten. Misstrauen, wie viel Einfluss so einer wohl nimmt. Und Respekt vor dem Risiko, das so einer auf sich lud.«[332] Auch Möllemanns Risiko wäre wohl begrenzt geblieben, hätte er sich nicht mit seiner Partei überworfen. Die Anstrengungen der FDP, die finanziellen Machenschaften des ehemaligen NRW-Landesvorsitzenden aufzudecken, unterschieden sich doch sehr von dem Umgang der Partei mit ihrer Verwicklung in den Flick-Parteispenden-Skandal. Nur ein Jahr nach der rechtskräftigen Verurteilung erlaubte die FDP Otto Graf Lambsdorff, immerhin ein »militanter Fachmann des Spendengeschäfts« (Leyendecker), 1988 sein politisches Comeback als FDP-Bundesvorsitzender.

Otto Graf Lambsdorff ist im Dezember 2009 gestorben. Er wird als Säulenheiliger in die Geschichte der Liberalen eingehen. Über Möllemann wird in der FDP nicht mehr gerne gesprochen. Er ist zur Persona non grata geworden. Mit seinem Vermächtnis hat die Partei bis heute zu kämpfen. Nach einem beispiellos langwierigen juristischen Tauziehen erließ Bundestagspräsident Norbert Lammert (CDU) im Juli 2009 einen Strafbescheid in Höhe von 3,463 Millionen Euro. Die Klage der Liberalen gegen den Bescheid wies das Verwaltungsgericht Berlin im Dezember 2009 ab. Zu Recht fordere der Bundestagspräsident aufgrund der illegalen Finanzpraktiken Möllemanns eine Strafzahlung in Höhe des Zweifachen des rechtswidrig erlangten Betrages und zudem die Abführung der angenommenen Spenden, urteilten die Richter. Die FDP hat Rechtsmittel gegen die Entscheidung eingelegt. Die Partei sehe »die in den letzten Jahren geleistete, unverzügliche und umfassende Aufklärungsarbeit nicht hinreichend gewürdigt«, erklärten Bundesschatzmeister Hermann Otto Solms und der nordrhein-westfälischen Landesschatzmeister Paul K. Friedhoff.[333] Hat sie wirklich »unverzügliche und umfassende Aufklärungsarbeit« geleistet? Das wäre eine Sensation gewesen. Selbstverständlich haben es die Liberalen so gehalten, wie sie und die anderen Parteien es immer gehalten haben. Aufgeklärt wurde nie mehr als nötig, nie mehr, als ohnehin bekannt war, und höchstens bis zur Verjährungsfrist. Denn für das, was verjährt ist, interessieren sich die Ermittler nicht mehr. Politisch könnte es aber durchaus Sprengkraft haben.

Kapitel 11

DIE LÜGE VON DER UNEIGENNÜTZIGEN POLITIK

Wie Politiker ihre Macht von gestern heute zu Markte tragen

Früher war es ein Tabu, heute ist es die selbstverständliche Fortsetzung einer politischen Karriere: der unmittelbare Wechsel von Abgeordneten, Staatssekretären oder Ministern zu einem Unternehmen, das exakt in der Branche Geld verdient, für die der Politiker zuständig war. Der Fall des langjährigen bayrischen Finanzministers Georg Freiherr von Waldenfels (CSU), der 1996 im damaligen VIAG-Konzern – heute ein Teil des Energieriesen E.ON – für ein stolzes Jahressalär die Leitung des Lobby-Vorstandsressorts Wirtschaft und Politik übernahm, erregte die Gemüter. Noch viel deutlicher in Erinnerung geblieben ist der frühere Bundeswirtschaftsminister Martin Bangemann (FDP), den unmittelbar nach seiner Zeit als EU-Kommissar 1999 der spanische Konzern Telefónica mit einem Beratungsmandat versorgte. Bangemann war in Brüssel als EU-Kommissar ausgerechnet für die Kommunikationsbranche zuständig gewesen, also für jenen Bereich, der die Rahmenbedingungen für Firmen wie Telefónica festlegt. Mit dem Wechsel zu Telefónica handelte er sich immerhin ein – später eingestelltes – Verfahren vor dem Europäischen Gerichtshof ein. Auch als herauskam, dass Altkanzler Helmut Kohl (CDU) nach seiner Abwahl einen Beratervertrag mit dem Medienunternehmer Leo Kirch geschlossen hatte und dafür zwischen 1999 und 2002 umgerechnet rund 400 000 Euro erhielt, sorgte das für Empörung. Die Existenz des Beratervertrags kam erst ans Licht, als Kirch Konkurs anmeldete und die Behörden in die Bücher blicken konnten.

Noch vor wenigen Jahren galten Geschäftsmodelle als anrüchig, bei denen Ex-Politiker ihr in Amt und Würden erworbenes Wissen und ihre Kontakte versilberten. Das hat sich geändert. Die zahlreichen Post-Politik-Karrieren der Mitglieder der früheren Bundesregierungen zeigen, dass der Verkauf des eigenen politischen Netzwerks unter ehemaligen Amts- und Mandatsträgern mittlerweile ein Massenphänomen ist. Das ist mitnichten ihre Privatsache. »Wird mit lukrativen Positionen gewunken und betrachten immer mehr Parlamentarier oder Regierungsmitglieder die politische Bühne als Sprungbrett für eine anderweitige berufliche Karriere, besteht insofern die Gefahr, dass sie ihr politisches Handeln danach ausrichten und sich den Anliegen potenzieller künftiger Arbeitgeber geneigt zeigen«, warnt die Verfassungsrichterin Christine Hohmann-Dennhardt.[334]

Durch die Drehtür

Der fliegende Wechsel von politischem Führungspersonal in die Wirtschaft, der nach dem englischen Begriff *revolving doors* als »Drehtüreffekt« bezeichnet wird, ist äußerst bedenklich. Ehemalige Spitzenpolitiker bringen wertvolle Ressourcen mit. Sie besitzen intime Kenntnisse über interne Abläufe politischer Prozesse. Sie kennen die Mechanismen der Macht, wissen, wo welche Hürden für bestimmte Pläne bestehen und wie sie am besten aus dem Weg geräumt werden. Für Außenstehende, die ein konkretes Vorhaben durch den Apparat bringen wollen, ist dieses Knowhow von großem Wert. Darüber hinaus verfügen Würdenträger außer Diensten über warme Kontakte zu politischen Entscheidungsträgern. Damit eröffnen sie ihren neuen Arbeitgebern einen privilegierten Zugang zur Politik, der ihnen gegenüber ökonomischen Konkurrenten und gegnerischen Interessengruppen einen enormen Vorsprung verschafft.
Kein Wunder also, dass Politiker auch nach dem Verlust ihrer Posten für Unternehmen als Lobbyisten, Berater oder Mitglieder im Vorstand oder Aufsichtsrat sehr beliebt sind. Mitunter ist schnelles

Zugreifen angesagt, wie das Beispiel Peer Steinbrück zeigt: Am 27. Oktober 2009 erhielt der Sozialdemokrat seine Entlassungsurkunde als Finanzminister, am 20. November 2009 teilte die Alfried Krupp von Bohlen und Halbach-Stiftung mit, dass sie beabsichtigt, Steinbrück in den Aufsichtsrat von ThyssenKrupp zu entsenden. Noch vor Ablauf der vergangenen Legislaturperiode legte die Christdemokratin Hildegard Müller ihr Amt als Staatsministerin im Kanzleramt nieder. Sie wechselte als Lobbyistin in die Privatwirtschaft. Die Vertraute von Bundeskanzlerin Merkel wurde im Oktober 2008 Hauptgeschäftsführerin des Bundesverbands der Energie- und Wasserwirtschaft (BDEW). Bei manchen geht es auch hin und her, etwa bei Matthias Machnig. Der Sozialdemokrat, in jungen Jahren als Mitglied des DKP-nahen Stamokap-Flügels der Jungsozialisten ein Kämpfer für die Vergesellschaftung der Schlüsselindustrien, war als Koordinator der SPD-Wahlkampfzentrale »Kampa« maßgeblich beteiligt am Erfolg von Rot-Grün bei der Bundestagswahl 1998. Danach rund ein Jahr lang Staatssekretär im Bundesministerium für Verkehr, Bau- und Wohnungswesen, wurde er Ende 1999 Bundesgeschäftsführer der SPD. Im Jahr 2002 wechselte der gebürtige Westfale zur Public-Relations- und Werbeagentur BBDO Consulting, 2004 zur US-amerikanischen Unternehmensberatung Booz Allen Hamilton. 2005 kehrte er zurück in die Politik und wurde erneut Staatssekretär, diesmal im Bundesumweltministerium. Seit November 2009 ist Machnig Minister für Wirtschaft, Arbeit und Technologie in Thüringen.

Dabei könnte die Drehtür leicht angehalten werden: mit einer gesetzlich verankerten Karenzzeit, die Politikern die eigene Vermarktung von einschlägigen Kenntnissen und Kontakten für einige Jahre nach Verlassen des Amtes verbietet. Welche Ausmaße der »Drehtüreffekt« erreicht hat, zeigen frappierend die Anschlusskarrieren der Protagonisten jener rot-grünen Koalition, an deren Zustandekommen Machnig Ende der neunziger Jahre mitgewirkt hatte. Die Unionsparteien und die FDP gelten a priori als wirtschaftsnah. Man könnte annehmen, dass ihre Mitglieder eher zu Lobbyisten würden, weil sie sich ohnehin als verlängerter Arm wirtschaftlicher Interessen verstehen – und umgekehrt die Vertreter der im politischen Spektrum eher links stehenden Parteien SPD und Grüne aufgrund ihrer Ausrichtung fast immun dagegen seien, und hier höchstens Ausnahmen die Regel bestätigten. Diese Annahme ist falsch. Die Wandlung vom Politiker zum Lobbyisten hat nichts mit der politischen Farbe zu tun. Die Kölner Organisation LobbyControl hat den Verbleib jener 63 Minister und Staatssekretäre untersucht, die in der Legislaturperiode 2002 bis 2005 dem rot-grünen Kabinett Gerhard Schröders angehörten. In der im November 2007 veröffentlichten Studie[335] stellte die Organisation fest, dass zwar die Mehrheit der Akteure in der Politik blieb. Etliche Sozialdemokraten konnten mit der Großen Koalition einen Platz in der Regierung behalten, andere gingen ins Parlament zurück. Viele Spitzengrüne wechselten auf die Oppositionsbänke. Aber: Insgesamt 22 Politiker gaben nach ihrem Ausscheiden aus der Regierung ihre politische Laufbahn auf. Fast zwei Drittel von ihnen stellten sich in den Dienst von Interessengruppen. Zwölf wechselten »klar in Lobbytätigkeiten oder Tätigkeiten mit starkem Lobbybezug«. Drei weitere übten Tätigkeiten aus, die zumindest Lobbyaspekte beinhalteten. Würde man die Aussteiger des ersten Schröder-Kabinetts (1998–2002) hinzuzählen, wäre die Zahl noch höher.

Das Resümee von LobbyControl: »Ehemalige Regierungsmitglieder und Führungspersonen der Ministerialbürokratie wechseln in großem Umfang direkt nach Beendigung ihrer politischen Tätigkeit (oder parallel zur Fortführung ihres Bundestagsmandates) in Lobbytätigkeiten im engeren und weiteren Sinn.«[336] Die rot-grünen Politiker sind der Studie zufolge fast ausschließlich zu Firmen, Unternehmensverbänden und wirtschaftsnahen Denkfabriken gegangen. Anders, als zumindest vom Personal der Grünen zu erwarten wäre, war der Wechsel zu einem Umweltverband die Ausnahme. In den meisten Fällen sind die neuen Tätigkeiten eng mit den vorherigen politischen Aufgabenfeldern verbunden gewesen, attestiert LobbyControl. Es liege der Verdacht nahe, »dass bei politischen Entscheidungen der Seitenblick auf die späteren Jobchancen zu einem bedeutenden Faktor wird«, notierte der gemeinnützige Verein, der sich die Aufklärung über Machtstrukturen und Einflussstrategien in Deutschland und der EU zum Ziel gesetzt hat.

Cash für Schröder und Fischer

Wie LobbyControl feststellen musste, zeigen viele ehemalige Politiker in Bezug auf ihre neuen beruflichen Wege keine übermäßige Neigung zur Transparenz. So ließ Gerhard Schröder über sein Büro nur lapidar mitteilen, er erteile keine Auskünfte zu seinen »privaten Tätigkeiten«. Kein Geheimnis ist, dass der Altkanzler im politischen Ruhestand sehr geschäftstüchtig ist. Schröder ließ sich kurz nach seinem Abschied aus dem Kanzleramt vom konservativen Schweizer Medienhaus Ringier, dem größten Verlag der Alpenrepublik, als Berater engagieren. Außerdem wurde er Mitglied im Europa-Beirat der Rothschild Investmentbank sowie des Direktoriums des russischbritischen Ölkonzerns TNK-BP und steht bei der New Yorker Agentur Harry Walker als Vortragsredner unter Vertrag. Empörte Reaktionen erntete Schröder, als er Anfang 2006 für rund 250 000 Euro jährlich den Aufsichtsratsvorsitz der North European Gas Pipeline Company (heute: Nord Stream AG) übernahm, eines Gemeinschaftsunternehmens des russischen Staatskonzerns Gazprom und der deutschen Unternehmen E.ON Ruhrgas und BASF. Das Unternehmen plant den Bau einer Gaspipeline durch die Ostsee. Als Bundeskanzler war Schröder einer der lautesten Fürsprecher des politisch umstrittenen milliardenschweren Pipelineprojekts.

Auch bei Schröders einstigem Vize Joschka Fischer hält sich die Auskunftsfreude in Grenzen, wenn es um Geschäftliches geht. Nicht nur LobbyControl wollte der grüne Ex-Außenminister nicht verraten, wen die von ihm gegründete Beraterfirma »Joschka Fischer Consulting« betreut. An der Herausforderung, Fischer eine Antwort auf diese Frage zu entlocken, ist der *Stern* ebenfalls gescheitert.

Auch dem Berliner *Tagesspiegel* verweigerte der Politpensionär eine Auskunft: »Rechenschaft schuldig bin ich nur noch dem Finanzamt. Schauen Sie, das ist der große Gewinn meiner letzten Transformation.«[337] Unterbeschäftigt ist Fischer offenbar nicht. Er ist Gründungsmitglied und Vorstand des European Council on Foreign Relations, die von dem Milliardär und Mäzen George Soros finanziert wird. Als Senior Strategic Counsel führt ihn die Washingtoner Albright Group LLC, eine Beratungsfirma der früheren US-Außenministerin Madeleine Albright. Bei der Albright Capital Management LLC fungiert der frühere Straßenkämpfer als Strategic Consultant. Bei seinen Jobs bleibt Fischer nicht in seinem Metier als profilierter außenpolitischer Experte. Er begibt sich auch auf ein Terrain, auf dem er zumindest programmatisch seinen grünen Parteifreunden in die Quere kommen dürfte. So haben ihn deutsche Spitzenadressen wie der Autobauer BMW und der Konzern Siemens, der unter anderem Atomkraftwerke baut, unter Vertrag genommen. Seit Anfang Juli 2009 berät Fischer zudem den Essener Energiekonzern RWE. Dem österreichischen Versorger OMV steht er beim Bau der Nabucco-Pipeline zur Seite, die Gas aus Zentralasien über die Türkei nach Europa bringen soll. Das Projekt befindet sich in direkter Konkurrenz zum Nord-Stream-Projekt seines Ex-Chefs Schröder.

Moneten für Minister a.D.

Nicht nur das rot-grüne Spitzentandem demonstriert nach seinem Abgang aus der Politik Geschäftstüchtigkeit. Als Innenminister war Otto Schily (SPD) maßgeblicher Wegbereiter der Einführung biometrischer Pässe. Nach seiner Amtszeit wurde er Aufsichtsratsmitglied und Anteilseigner der SAFE ID solutions AG, die biometrische Anwendungen herstellt. Außerdem ist er beteiligt an der Beraterfirma German Consult. Ex-Bundesfinanzminister Hans Eichel (SPD) wurde Aufsichtsratsmitglied der Unternehmensberatung MP

Marketing Partner. Hans Martin Bury (SPD), als Staatsminister im Kanzleramt für die Kontrolle der Finanzmärkte mitverantwortlich, nahm den Posten eines Managing Director bei der Investmentbank Lehman Brothers an. Nach dem Crash der amerikanischen Mutter kam Bury bei der PR- und Investor-Relations-Agentur Hering Schuppener in Frankfurt unter. Bei der Konkurrenz ist Parteifreund Siegmar Mosdorf gelandet. Gestartet als IG-Metall-Referent in Baden-Württemberg, dann ab 1990 SPD-Bundestagsabgeordneter und von 1998 bis 2002 Wirtschaftsstaatssekretär, ist Mosdorf heute Partner der Unternehmensberatung CNC Communications & Network Consulting. Der parlamentarische Staatssekretär a.D. Ditmar Staffelt (SPD), unter Rot-Grün Koordinator für Luft- und Raumfahrt der Bundesregierung, verließ im Januar 2009 den Bundestag, um als »Vorstandsbeauftragter für Politik und Regierungsangelegenheiten in Deutschland« für den Luft- und Raumfahrtkonzern EADS zu arbeiten.

Kaum weniger geschäftstüchtig in eigener Sache als die sozialdemokratischen Kollegen zeigen sich zahlreiche Grüne. Nach dem Marsch durch die politischen Institutionen haben viele den Gang durch die Gremien der Industrie angetreten. Gunda Röstel, vor ihrer politischen Karriere Lehrerin an einer Förderschule, wechselte im Jahr 2000 von der Parteispitze der Grünen zur Gelsenwasser AG, Deutschlands größtem privatem Wasserkonzern. Matthias Berninger, bis 2005 parlamentarischer Staatssekretär im Bundesministerium für Verbraucherschutz, Ernährung und Landwirtschaft, tauschte 2007 sein Bundestagsmandat gegen einen lukrativen Posten beim Schokoriegelhersteller Mars. Simone Probst, Ex-Staatssekretärin im Umweltministerium, wurde Aufsichtsratsmitglied beim Energiedienstleister Techem. Die Ex-Bundestagsabgeordnete Michaele Hustedt sitzt inzwischen als stellvertretende Vorsitzende im Beirat der RWE-Ökostromtochter Innogy. Ihre frühere Fraktionskollegin Marianne Tritz ist seit 2008 oberste Lobbyistin des Deutschen Zigarettenverbands (DV) – obwohl oder gerade weil bei den Grünen fast so viele energische Rauchverbot-Anhänger wie Atomenergie-Gegner organisiert sind. Ex-Bundesgesundheitsministerin Andrea Fischer bietet Unternehmen der Gesundheitswirtschaft ihre Dienste als selbständige Beraterin an. Davor arbeitete sie für die PR-Agentur Pleon und leitete dort den medizinisch-pharmazeutischen Bereich Healthcare. Als Berater vermarkten sich mittlerweile etliche frühere grüne Politiker. Allerdings dürfte kaum einer von ihnen so gut im Geschäft sein wie Frank Schwalba-Hoth. Seit rund zwei Jahrzehnten ist der ehemalige Europaparlamentarier als Lobbyist und Berater in Brüssel tätig. Einst, in den wilden Anfangsjahren seiner Partei, hatte Schwalba-Hoth als Mitglied des hessischen Landtags für Schlagzeilen gesorgt, weil er einen US-amerikanischen General mit Blut bespritzte. Heute gilt der Grüne als der »Supernetzwerker der EU«.[338]

Bei der Auswahl seiner Geschäftspartner zeigt manch alter Öko-Aktivist bemerkenswerten Pragmatismus. Das grüne Urgestein Rezzo Schlauch ließ sich gleich nach der Wahlschlappe von 2005 ohne viel Federlesens in den Beirat des baden-württembergischen Energiekonzerns EnBW berufen, eines der größten Atomkraftwerksbetreiber Deutschlands. Außerdem berät der Ex-Fraktionschef der grünen Bundestagsfraktion und ehemalige parlamentarische Staatssekretär im Bundeswirtschaftsministerium das Berliner Entsorgungsunternehmen ALBA und gehört mehreren Aufsichtsräten an, darunter dem der Frankfurter Beratungsagentur Cortent Kommunikation AG. Daneben ist Schlauch noch Sozius der CSU-nahen Anwaltskanzlei Mayer & Kambli in München geworden. Keinerlei Berührungsängste hat auch Margareta Wolf, zu rot-grünen Zeiten zunächst parlamentarische Staatssekretärin im Bundeswirtschaftsministerium, dann im Bundesministerium für Umwelt, Naturschutz und Reaktorsicherheit. Nach dreizehn Jahren im Bundestag wechselte sie im Dezember 2007 zur Strategie- und Beratungsagentur Deekeling Arndt Advisors. Dass zu Wolfs dortigem Aufgabenbereich auch Lobbyarbeit für den Informationskreis Kernenergie gehörte, einer PR-Organisation der Atomwirtschaft, ging dann doch etlichen Grünen zu weit. Mitte Juli 2008 erklärte Wolf ihren Austritt aus der

Anti-Atom-Partei: »Ich kann nicht Mitglied in einer Partei sein, deren Spitze sich anmaßt, meine berufliche Tätigkeit moralisch zu bewerten und abzuqualifizieren.«[339]

Der Fall Clement

Seine Partei 2008 im Streit verlassen hat auch Wolfgang Clement, von 2002 bis 2005 sozialdemokratischer Bundesminister für Wirtschaft und Arbeit und vorher Ministerpräsident von Nordrhein-Westfalen. Eine Woche vor der hessischen Landtagswahl im Januar 2008 hatte Clement in der *Welt am Sonntag* davor gewarnt, seine eigene Partei, die SPD, zu wählen. Er begründete das mit dem strikten Anti-Atomkraft-Kurs der hessischen SPD-Spitzenkandidatin. Das von Andrea Ypsilanti gesetzte Ziel, Atom- und Kohlekraftwerke perspektivisch durch erneuerbare Energieträger zu ersetzen, gefährde die industrielle Substanz, polterte Clement. Pikant: Für eine Aufwandsentschädigung von 20 000 Euro pro Jahr sitzt der Ex-Wirtschaftsminister seit Februar 2006 im Aufsichtsrat der RWE Power AG, eines Tochterunternehmens des Energiekonzerns RWE, das in Hessen die Atomkraftwerke Biblis A und B betreibt. Nachvollziehbar, dass die Genossen Clement vorwarfen, er vertrete RWE-Interessen. Der hessische Bundestagsabgeordnete Hermann Scheer wetterte: »Die SPD braucht keine Ratschläge von einem ehemaligen Minister, der sich als Lobbyist an einen Stromkonzern verkauft hat.«[340] Im November 2008 trat Clement aus der SPD aus, bei der Bundestagswahl 2009 rief er zur Wahl der FDP auf.

Sein Engagement bei und für RWE Power stellt nur eine Facette von Wolfgang Clements neuen Aufgaben dar. Denn der »Privatier«, wie er sich selbst bezeichnet, hat für einen Politrentner erstaunlich viel zu tun. Nach seinem Ausscheiden aus der aktiven Politik übernahm Schröders einstiger »Superminister« Aufsichtsratsmandate unter anderem bei dem Medienforschungsunternehmen Landau Media, dem Gebäudedienstleister Dussmann, der Investmentgesellschaft

Berger Lahnstein Middelhoff & Partners LLP sowie dem russischen Beratungsunternehmen Energy Consulting. Ebenfalls nicht ausgeschlagen hat Clement den ihm angetragenen Aufsichtsratsposten bei der Zeitarbeitsfirma »Deutscher Industrie Service« (DIS AG). Als diese von der Schweizer Adecco Gruppe übernommen wurde, dem Weltmarktführer bei Personaldienstleistungen, bekam er den Vorsitz der firmeneigenen Denkfabrik »Adecco Institut zur Erforschung der Arbeit«. Für das von ihm geleitete Londoner Institut hält Clement auch Vorträge, in denen er den Nutzen der Zeitarbeit propagiert. Als Bundeswirtschaftsminister hatte Clement die Weichen dafür gestellt, dass in Deutschland das Ausleihen von Arbeitern als Alternative zur Festanstellung erheblich zugenommen hat. Dadurch erlebte die Zeitarbeitsbranche, für die er inzwischen tätig ist, einen wahren Boom. Bei ihr bleibt das Geld hängen, das die Differenz zwischen dem Lohn für den Beschäftigten und der Zahlung des leihenden Unternehmens ausmacht.

Immer auf der Suche nach neuen Herausforderungen ließ sich der rastlose Clement außerdem noch als »Senior Advisor« von der Citigroup Deutschland und von The Counselors anheuern, einem Gemeinschaftsunternehmen mehrerer renommierter Beratungsagenturen. Der Überlinger PR-Firma compamedia dient er als »Mentor«, dem Wissens- und Informationsdienstleister Wolters Kluwer Deutschland als Beiratsvorsitzender. Dieselbe Funktion hat der Ex-Wirtschaftsminister auch bei der PKS Wirtschafts- und Politikberatung GmbH inne.

Die schwarz-roten Mietlobbyisten

Früher, als die Protagonisten des postpolitischen Lobbyismus ihr Tun noch verschämt versteckten, hätte die PKS wohl nicht so offen für ihre Dienstleistungen geworben. Unter dem Motto »Wir bauen Brücken« verspricht die Berliner Firma: »Wir setzen die gemeinsame Strategie erfolgsorientiert um und unterstützen Ihr Management insbesondere bei der gezielten Ansprache von Entscheidungsträgern und Meinungsmachern vor Ort.«[341] Ein nicht zu vollmundiges Versprechen, wenn man sich anschaut, wer sich hier zu Markte trägt: Partner der PKS, die sich sehr verschlossen in Bezug auf ihre Kunden gibt, sind Otto Bernhardt, bis zur vergangenen Bundestagswahl finanzpolitischer Sprecher der Unionsfraktion im Bundestag, sowie die ehemaligen Staatssekretäre Friedhelm Ost (CDU) und Georg Wilhelm Adamowitsch (SPD). Adamowitsch ist ein alter Bekannter Wolfgang Clements und diente ihm bereits zu dessen Zeit als nordrhein-westfälischer Ministerpräsident als Chef der Staatskanzlei, später im Bundeswirtschaftsministerium. Der langjährige Fernsehjournalist Friedhelm Ost war in den achtziger Jahren Chef des Presse- und Informationsamts der Bundesregierung, dann wirtschaftspolitischer Berater von Bundeskanzler Helmut Kohl (CDU). Von 1990 bis 2002 gehörte er dem Bundestag an. Ost ist unter anderem Sprecher des Kuratoriums der Bundesvereinigung Mittelständischer Unternehmer (BVMU) und sitzt in mehreren Aufsichts- und Beiräten. PKS-Geschäftsführer ist der Berliner CDU-Lokalpolitiker Stefan Evers. Der Internetpräsenz der PKS zufolge gehörten dem Beirat in den vergangenen Jahren neben Clement unter anderem der Ex-Bundestagsabgeordnete und ehemalige Vizepräsident der Europäischen Investitionsbank, Wolfgang Roth, und der Ex-NRW-Wirtschaftsminister Ernst Schwanhold (beide SPD) an. Hinzu kommen die früheren Topmanager Claas Kleyboldt und Hans-Dieter Harig. Nicht nur Ehemalige sind an Bord, auch zwei aktive Politiker waren einsatzbereit: der Europaabgeordnete Werner Langen und der Bundestagsabgeordnete Michael Fuchs (beide CDU).[342]

Fuchs ist nicht der einzige Bundestagsabgeordnete, der sich etwas hinzuverdient. Besonders geschäftstüchtig zeigte sich der ehemalige Fraktionsvorsitzende der CDU/CSU-Bundestagsfraktion, Friedrich Merz. Zu den vom Bundestag veröffentlichten Tätigkeiten des konservativen Politikers, der im Oktober 2009 aus dem Parlament ausgeschieden ist und Anfang 2010 eine Führungsposition bei der Privatbank HSBC Trinkaus übernommen hat, gehörten der Vorsitz im Beirat und im Aufsichtsrat des AXA Konzerns sowie Aufsichtsrats-, Verwaltungsrats- oder Beiratsmitgliedschaften bei Interseroh, IVG Immobilien, Stadler Rail, AXA Versicherung, BASF Antwerpen, Commerzbank, DBV-Winterthur Holding, Industrie-Pensionsverein IPV und der Deutschen Börse. Die Mitgliedschaft im Beirat von Borussia Dortmund allerdings war ehrenamtlich. Das Portfolio der gewinnbringenden Aktivitäten des Präsidenten des Arnsberger Rotary Clubs umfasste auch einen Autorenvertrag mit einem großen deutschen Verlag, zahlreiche gutbezahlte Vorträge – und nicht zuletzt seine Partnerschaft in der großen internationalen Anwaltssozietät Mayer Brown LLP.

Wer so umtriebig ist, dem kann es schon mal passieren, dass sich ein Mandat mit einem anderen überschneidet. Dann gilt es, Prioritäten zu setzen. Friedrich Merz tat das im April 2006 bei einer Sitzung der nordrhein-westfälischen Landesgruppe der CDU im Bundestag. Auf der Tagesordnung stand der damals geplante Börsengang des Essener Energie- und Chemie-Konzerns RAG. Zunächst sprach Werner Müller, der RAG-Konzernchef und frühere Bundeswirtschaftsminister im ersten Kabinett Schröder, zu den Abgeordneten. Dann übergab er das Wort an Merz, an »unseren Anwalt«. Der Sauerländer Christdemokrat teilte seinen verblüfften Kollegen mit, er spreche zu ihnen diesmal nicht als Abgeordneter und Mitglied der Landesgruppe, sondern als rechtlicher Berater der RAG. Und als selbiger wolle er nun den geschätzten Parteifreunden erklären, wie er, der Anwalt, sich den Börsengang des einstigen Bergbauriesen vorstelle. »Friedrich Merz ist der Prototyp des modernen Abgeordneten«, urteilte sarkastisch die *Berliner Zeitung*. Charakteristisch sei für den Politiker »nicht der ihn beständig begleitende Vorwurf der Käuflichkeit, der Habgier, der prostituierten Gesinnung und des Totalverlusts des Gefühls für persönlichen Anstand und Würde des Mandats, sondern die provozierende Gleichgültigkeit, mit der er diesen Vorwürfen begegnet«.[343]

Der »gläserne« Abgeordnete

Wie viel genau Friedrich Merz während seiner Abgeordnetenzeit dazuverdient hat, bleibt unklar. Ein Bundestagsabgeordneter ist nur dazu verpflichtet, seine Einkünfte ohne exakte Zahlenangabe in drei Stufen öffentlich anzugeben: Stufe 1 erfasst einmalige oder regelmäßige Einkünfte von 1000 bis 3500 Euro, Stufe 2 jene bis 7000 Euro, Stufe 3 Nebeneinkünfte, die über 7000 Euro liegen. Die von Merz meist angegebene 3. Stufe ist nach oben offen. Ob der Abgeordnete in den jeweiligen Fällen 7001 oder 700 000 Euro erhalten hat, ist für die Öffentlichkeit nicht feststellbar.

Wenn auch ein extremes, ist Friedrich Merz nur ein Beispiel von vielen. Sein Parteifreund Frank Steffel erhält neben seinen Diäten noch mindestens 7000 Euro monatlich als Geschäftsführer der Steffel Geschäftsführungsgesellschaft mbH. Außerdem gibt Steffel, der sich als CDU-Spitzenkandidat bei der Wahl zum Berliner Abgeordnetenhaus 2001 seinem SPD-Konkurrenten Klaus Wowereit geschlagen geben musste, noch 20 Beteiligungen an Kapital- oder Personengesellschaften an. Auch der FDP-Mann Lars Lindemann erfreut sich eigenen Angaben zufolge als Geschäftsführer der St.-Joseph-Krankenhaus Berlin-Weißensee GmbH monatlicher Zusatzeinnahmen von mindestens 7000 Euro, ist zudem noch für die Berliner Rechtsanwaltskanzlei Jotzo, Jung & Partner entgeltlich tätig und an der Weststrand Beteiligungsgesellschaft mbH in Teltow beteiligt.

Das ist völlig legal. Politiker dürfen neben ihrem Mandat anderweitig tätig sein. Doch mit ihren Nebentätigkeiten bewegen sie sich automatisch in einer Grauzone. Sie müssen sich die Frage gefallen lassen, wie sie es schaffen wollen, neben ihrem Fulltime-Job im Parlament zusätzlich und häufig sogar weit höher dotierte weitere Aufgaben zu erfüllen. Sie stehen im Verdacht, entweder ihr Bundestagsmandat nicht pflichtgemäß auszuüben oder von den Firmen für eine nicht ernsthafte Arbeit bezahlt zu werden. Letzteres bietet Anlass zu der Vermutung, das Arbeitsverhältnis, der Auftrag oder das Vortragshonorar könnten eine subtile Form der Bestechung sein – mag sich das Unternehmen, der Verband oder die Gewerkschaft doch so die Loyalität eines Volksvertreters und dessen Einfluss sichern. Verdächtig machen sich viele Parlamentarier zusätzlich, weil sie sich beharrlich weigern, ihre außerparlamentarischen Einnahmen komplett zu offenbaren.

Aber es gibt auch Ausnahmen. Der Erste, der versuchte, es anders zu machen als die anderen, war Norbert Gansel. Gleich in seinem ersten Parlamentsjahr schaltete der Kieler Sozialdemokrat Anzeigen in Zeitungen, in denen er seine Finanzen annoncierte. Von 1972 bis 1997 Mitglied des Bundestages, nahm er all die Jahre keine Spenden von Firmen oder Verbänden und auch keine Nebenjobs an. Mehrfach unternahm Gansel Vorstöße für ein transparenteres Parlament, zuletzt 1995. Damals unterschrieben immerhin 150 Abgeordnete den Antrag auf Offenlegung aller Einkünfte. Seine Forderung ist bis heute nicht verwirklicht. Gansel verließ den Bundestag 1997, nachdem er zum Oberbürgermeister seiner Geburtsstadt Kiel gewählt worden war.

Gansel gilt als der erste »gläserne« Abgeordnete der Bundesrepublik – seiner Karriere förderlich war das allerdings nicht. In den 25 Jahren als Bundestagsabgeordneter hat es der Jurist nie in eine wirklich bedeutende Funktion geschafft. Stattdessen wurde er als »armseliger Idealist« verspottet – und erhielt sogar Drohbriefe von Ehefrauen anderer Abgeordneter, die sich über sein Verhalten beschwerten, weil es ihre Gatten in einem schlechteren Licht erscheinen lasse. »Meine Offenheit war sicher ein Karrierehemmnis«, sagte Gansel im Januar 2005 dem *Spiegel*. »Aber es hat mir enorme Unabhängigkeit gegeben, ein gewisses Gefühl von Freiheit.«[344]

Heute hält der Bonner Ulrich Kelber die Fahne des »gläsernen MdB« hoch. Der stellvertretende Vorsitzende der SPD-Bundestagsfraktion veröffentlicht seit Jahren auf seiner Homepage alle Einnahmen und sogar die Daten seiner Steuererklärung. Auch eine Auflistung seiner Reisen hat er ins Netz gestellt. Nicht nur das: Auf seiner Homepage informiert er über sein Abstimmungsverhalten im

Parlament und stellt mit Liebe zum Detail dar, welche Gespräche er mit Lobbyisten geführt hat. Am 22. September 2009 war zum Beispiel Thomas Schröder, Geschäftsführer des Deutschen Tierschutzbundes, bei ihm zu Gast. »Themen waren ein notwendiges Verbandsklagerecht, die Abschaffung der Käfighaltung von Hühnern sowie die betäubungsfreie Ferkelkastration. Außerdem wurde mir die Dokumentation ›Tierschutz: Anspruch und Wirklichkeit‹ überreicht«, berichtet Kelber.[345] Für die Monate Januar bis September 2009 listet er in der Rubrik rund 100 Gespräche mit Lobbyisten auf, darunter Vertreter der Deutschen Telekom, des Forums Ökologisch-Soziale Marktwirtschaft, Foodwatch, des ADAC, des Bundesverbands Windenergie, des Bundes deutscher Milchviehhalter, der Umweltverbände BUND und NABU, des Verbands der Chemischen Industrie sowie des Autobauers BMW.

Erst der Skandal, dann die Transparenz

Doch mit einer solchen Offenheit ist Kelber die große Ausnahme. Die Mehrheit seiner Kollegen sperrt sich auch weiterhin eisern gegen eine vollständige Offenlegung ihrer Bezüge. Viermal schon haben die Abgeordneten die Verhaltensregeln dazu geändert, inwieweit sie Vertragsverhältnisse mit Dritten veröffentlichen müssen – jeweils als Reaktion auf aufgedeckte Skandale. Zu einer grundlegenden Reform hat es nie gereicht. 1972 beschloss der Bundestag, dass jeder Parlamentarier wenigstens seinen Beruf nennen muss und dazu alle Personen, Firmen oder Verbände, für die er tätig ist. 1986 wurden die Regeln im Zuge des Flick-Skandals neu gefasst. Als Konsequenz aus der »Hunzinger-Affäre«, über die der damalige Verteidigungsminister Rudolf Scharping (SPD) stolperte, müssen seit Sommer 2002 auch Vorträge und Gutachten im Bundestagshandbuch angegeben werden.

Im Jahr 2005 gab die öffentliche Empörung über fragwürdige Zahlungen großer Unternehmen an Politiker den Anstoß zu einer weiteren Reform. Ende 2004 war herausgekommen, dass CDU-Präsidiumsmitglied Hermann-Josef Arentz, Vorsitzender der gewerkschaftsnahen Christlich-Demokratischen Arbeitnehmerschaft (CDA), zusätzlich zu seinen Diäten als Landtagsabgeordneter in Nordrhein-Westfalen seit Jahren ohne eine erkennbare Arbeitsleistung ein fürstliches Gehalt von einem Tochterunternehmen des Essener Energiekonzerns RWE erhalten hatte. Kurz darauf wurde bekannt, dass der Bundestagsabgeordnete Laurenz Meyer während seiner Zeit als CDU-Generalsekretär hohe »Sonderausschüttungen« vom RWE-Konzern empfangen hatte. Diese resultierten seinen Angaben zufolge aus seiner früheren hauptberuflichen Tätigkeit für die im Oktober 2000 mit RWE verschmolzenen Vereinigten Elektrizitätswerke Westfalen (VEW). Die Presse verspottete ihn als »Mann mit großen Nehmerqualitäten« und »Laurenz Nimmersatt«. In Erklärungsnot kam auch die FDP-Abgeordnete Ulrike Flach, die einräumen musste, seit ihrem Einzug in den Bundestag 1998 ein jährliches Gehalt von rund 60 000 Euro von Siemens erhalten zu haben. Nach ihrer Darstellung hatte sie dafür Übersetzungen für den Konzern von zu Hause aus erledigt. Schließlich erwischte es den Abgeordneten Jann-Peter Janssen. Der Sozialdemokrat, der Betriebsrat bei Volkswagen im Werk Emden war, hatte bestritten, seit seiner Wahl in den Bundestag 1994 außer den Diäten sein volles VW-Gehalt kassiert zu haben. Als VW Mitte Januar 2005 die Namen der vom Wolfsburger Autokonzern alimentierten Politiker veröffentlichte, flog der Schwindel auf. Janssen legte sein Bundestagsmandat nieder.

Als Folge des Wirbels um die Gehaltsaffären von Laurenz Nimmersatt & Co. beschloss der Bundestag Ende Juni 2005 eine erneute Änderung des Abgeordnetengesetzes. Danach bleiben Nebentätigkeiten zwar grundsätzlich zulässig. Aber nun ist es den Abgeordneten untersagt, Zuwendungen ohne Gegenleistung entgegenzunehmen. Ausgenommen davon sind Spenden. Der Bundestag legte fest, dass das Abgeordnetenmandat im Mittelpunkt der Tätigkeit stehen muss. Außerdem führten die Parlamentarier Ordnungsgelder bei

Verstoß gegen die Vorschriften ein, die bis zur Hälfte der jährlichen Summe einer Abgeordnetenentschädigung betragen können. Darüber hinaus wurde die Veröffentlichung der Höhe der Nebeneinkünfte beschlossen. Bis dahin mussten Bundestagsabgeordnete ihre Einkünfte, die über die Abgeordnetenbezüge hinausgingen, erst ab einer bestimmte Höhe und nur dem Bundestagspräsidenten anzeigen. Nun werden die Brutto-Einkünfte in pauschalierter Form in drei Stufen im Amtlichen Handbuch des Bundestages und im Internet veröffentlicht. Lediglich der Bundestagspräsident, dem die zusätzlichen Einnahmen gemeldet werden müssen, kennt ihre genaue Höhe. Wer unter 1000 Euro im Monat oder 10 000 Euro im Jahr bleibt, muss nichts melden.

Einigen Volksvertretern ging die neue Transparenz viel zu weit: Neun Abgeordnete von CDU, CSU, FDP und SPD, darunter Friedrich Merz, zogen vors Bundesverfassungsgericht. Sie monierten nicht nur die Verpflichtung zur Offenlegung ihrer Nebeneinkünfte. Sie wandten sich auch gegen die in dem Gesetz enthaltene Festlegung, wonach die Ausübung des Mandats im Mittelpunkt der Tätigkeit eines Mitglieds des Deutschen Bundestages steht – sie wollten also allen Ernstes höchstrichterlich feststellen lassen, dass ein Bundestagsabgeordneter mit seinem Mandat eigentlich nur einen Nebenjob ausübt. Die Klagen waren erfolglos.

Blick über den Tellerrand

Die Bundesrepublik ist in Bezug auf die finanzielle Transparenz der Abgeordneten ein Entwicklungsland. Oft argumentieren Politiker und Verbandsvertreter, Mandatsträger müssten die Möglichkeit zum Hinzuverdienst haben, weil sonst die Fähigsten direkt in die Wirtschaft abwandern würden. In der Tat sollten sich Menschen entscheiden, ob sie große Kasse machen oder Politik gestalten wollen. Beides verträgt sich in einer Demokratie nicht miteinander. Abgesehen davon, dass die Frage der Fähigkeiten in jedem Einzelfall höchst umstritten sein dürfte, ist eine Massenflucht von Politikern in die Wirtschaft wegen der größeren Transparenz ihrer finanziellen Angelegenheiten höchst unwahrscheinlich. Ruhm und Ehre sind auch eine harte Währung. Der Blick in vergleichbare Staaten zeigt, wie weitgehend die Pflicht zur Offenlegung und die Einschränkung der wirtschaftlichen Betätigung von Politikern auch in Deutschland sein könnten. In den USA müssen die Abgeordneten nicht nur ihre, sondern auch die Vermögensverhältnisse ihrer Ehepartner und minderjährigen Kinder offenbaren. Das 1978 vom Kongress als Spätfolge des Watergate-Skandals verabschiedete Gesetz über »Sauberkeit in der Regierung« (Ethics in Government Act) sieht vor, dass Präsident und Vize-Präsident, Minister, Kongressabgeordnete, gewisse Bundesrichter, hochrangige Staatsbedienstete und Kandidaten für politische Ämter verpflichtet sind, finanzielle Transaktionen anzugeben, die einen Betrag von 200 Dollar übersteigen. Angezeigt werden müssen alle Einkünfte, Zinsen und Honorare, unentgeltliche Zuwendungen von Reisen, Unterkunft, Mahlzeiten sowie Schulden von mehr als 10 000 Dollar, An- oder Verkauf von Immobilien und Aktien über 1000 Dollar. Die Angaben werden veröffentlicht. Ein Ethikausschuss des Repräsentantenhauses wacht darüber, dass dessen Mitglieder den Verhaltenskodex befolgen. Wer nicht bis Mitte Mai des jeweiligen Jahres sein »Financial Disclosure Statement« abgibt, muss 200 Dollar zahlen. Ein Komitee des Repräsentantenhauses und des Senats kontrolliert die Angaben. Stellt sich heraus, dass der Abgeordnete absichtlich falsche Angaben gemacht hat, drohen Sanktionen von einer Rüge über eine Geldstrafe oder die Aberkennung bestimmter Rechte bis hin zum Ausschluss. Tätigkeiten neben dem Mandat sind nach Art und Umfang stark reglementiert, das daraus resultierende Einkommen darf einen bestimmten Prozentsatz der Diäten nicht überschreiten. Ergeben sich Konflikte zwischen persönlichen Interessen und der Parlamentstätigkeit, darf der Abgeordnete in dieser Sache nicht mit abstimmen.

In Großbritannien wacht seit 1995 ein »Commissioner on Standards« über die Einhaltung des Verhaltenskodex. Im Unterhaus in London müssen Abgeordnete finanzielle und materielle Zuwendungen, bezahlte Positionen und Berufstätigkeiten melden, wenn sie ein Prozent ihrer Diäten übersteigen. Dabei haben sie genau anzugeben, was die Tätigkeit umfasst. Arbeiten Abgeordnete für eine Beraterfirma, sind sie gehalten, auch jene Kunden der Firma zu nennen, die von der Beratung profitieren. Interessierte können im Internet das Register einsehen und erfahren etwa, wer wann auf wessen Kosten wohin reiste. Das Einkommen aus der beruflichen Tätigkeit wird in Intervallen von 5000 Pfund veröffentlicht. Die Pflicht zur Transparenz endet nicht bei den Politikern, sondern erstreckt sich auch auf das Umfeld. Die Mitarbeiter der Parlamentarier müssen ebenso wie Journalisten, die über das Parlament berichten, ihre sonstigen Einkünfte offenlegen. Für Mitglieder der Regierung gelten ebenfalls strenge Regeln: Während ihrer Amtszeit müssen sie eventuell vorhandene Aktienpakete von einem neutralen Fonds verwalten oder verkaufen lassen.

In Spanien gilt eine laut Gesetz »absolute Hinwendung« zur Abgeordnetentätigkeit. Jegliche andere bezahlte Aktivität ist untersagt. Es gibt zwar Ausnahmen, aber Abgeordnete, die für Firmen arbeiten, müssen diese im »Register des Interesses« veröffentlichen. Untersagt sind Nebentätigkeiten für Unternehmen, die mit staatlichen Aufträgen versorgt werden. In Italien sind alle Parlamentarier seit 1982 verpflichtet, ihre Nebeneinkünfte zu veröffentlichen. Das umfasst die Steuererklärungen und sämtliche Angaben über Vermögensverhältnisse. In Estland zwingt ein 1995 verabschiedetes Anti-Korruptions-Gesetz die Abgeordneten, jährlich ihre Vermögensverhältnisse zu deklarieren – und zwar einen Monat nachdem die Erklärung für das Finanzamt fällig war. Neben Bankkonten, Aktien und dergleichen mehr müssen auch Schulden veröffentlicht werden, die einen gewissen Betrag übersteigen. Gleiches gilt für Extraeinkommen, die mehr als zehn Prozent von sechs Monatsgehältern ausmachen. Alle Erklärungen publiziert das Amtsblatt, das *Rigii Teataja Lisa*. Politiker, die falsche Angaben machen oder Geldquellen verschweigen, werden dort ebenfalls geoutet. Bei Verstößen drohen empfindliche Geldbußen.

Von vergleichbaren Regeln ist die Bundesrepublik weit entfernt. Immer noch sei es nicht möglich, dass sich Wähler und die Öffentlichkeit ein umfassendes Bild von den Nebentätigkeiten der Abgeordneten machen, kritisieren die Anti-Korruptions-Organisationen Transparency International und LobbyControl. Die Parlamentarier halten es nicht einmal für nötig, den jetzigen großzügigen Regeln zu folgen, sie nehmen sie offenbar nicht ernst. Eine Untersuchung von LobbyControl vom September 2009 ergab, dass etliche Abgeordnetenangaben nicht vollständig waren.[346] Immer wieder fehlten Positionen in Präsidien, Kuratorien oder Beiräten von Interessengruppen. Die Einhaltung der Verhaltensregeln wird nicht wirkungsvoll von der Bundestagsverwaltung kontrolliert, bekannt gewordene Verstöße gegen die Veröffentlichungspflichten ziehen keine ernsthaften Sanktionen durch das Bundestagspräsidium nach sich, resümiert LobbyControl. Unbefriedigend sei ferner, dass die Auftraggeber von Anwälten und Unternehmensberatern im Dunkeln blieben und das Dreistufenmodell mit seiner pauschalisierten Höchststufe von 7000 Euro plus zur Angabe der Nebeneinkünfte eindeutig zu grob sei. Transparency International fordert eine Veröffentlichung der genauen Einnahmen je Nebentätigkeit. Außerdem sei es erforderlich, dass Rechtsanwälte verpflichtend angeben müssen, aus welcher Branche ihre Mandanten kommen. Zumindest bis zum nächsten großen Skandal dürften das fromme Wünsche bleiben.

Anmerkungen

Niemand beabsichtigt, eine Mauer zu errichten

[1] Hannah Arendt: Wahrheit und Politik. Neu abgedruckt in: Hannah Arendt / Patrizia Nanz: Wahrheit und Politik. Berlin 2006, S. 9.

[2] Robert Hettlage: Der entspannte Umgang der Gesellschaft mit der Lüge. In: Mathias Mayer (Hg.): Kulturen der Lüge. Köln 2003, S. 97.

Im Dickicht zwischen Lüge und Wahrheit

[3] Ralf Dahrendorf: »Lügen und Vertrauen in der Politik«. In: *Süddeutsche Zeitung*, 19./20. 07. 2003.

[4] Zit. n. *Tagesspiegel*, 05. 07. 2009.

[5] Beschluss des Landgerichts Bonn vom 28. 02. 2001, Az. 27 AR 2/01.

[6] Franz Walter: Im Herbst der Volksparteien? Eine kleine Geschichte von Aufstieg und Rückgang politischer Massenintegration. Bielefeld 2009, S. 27.

[7] Zit. n. *Der Spiegel*, 24. 02. 1954.

[8] Fernsehansprache von Bundeskanzler Kohl anlässlich des Inkrafttretens der Währungs-, Wirtschafts- und Sozialunion, 1. Juli 1990. Online unter: www.helmut-kohl.de/index.php?msg=555 (Stand: 21. 03. 2010).

[9] Rudolf Augstein: »Es gilt das gebrochene Wort«. In: *Der Spiegel*, 26. 11. 1990.

[10] Thomas Wieczorek: Die verblödete Republik. Wie uns Medien, Wirtschaft und Politik für dumm verkaufen. München 2009, S. 40 f.

[11] Gekürzt dok. in: *taz*, 25. 09. 2006.

[12] Zit. n. *taz*, 01./02. 08. 2009.

[13] Eberhard Schockenhoff: Zur Lüge verdammt? Politik, Medien, Medizin, Justiz, Wissenschaft und die Ethik der Wahrheit. Freiburg 2000, S. 324.

[14] Wolfgang Reinhard: Unsere Lügengesellschaft (Warum wir nicht bei der Wahrheit bleiben). Hamburg 2006, S. 14.

[15] Eberhard Schockenhoff, a. a. O., S. 322.

[16] Ebd., S. 323.

[17] Niccolò Machiavelli: Der Fürst. Frankfurt am Main, 1990, S. 87.

[18] Zit. n. *taz*, 13. 10. 2009.

[19] Zit. n. Helmut Markwort: »Schauspielerin Ypsilanti«. In: *Focus*, 03. 03. 2008.

[20] Zit. n. *Frankfurter Rundschau*, 05. 03. 2008.

[21] »Wortlaut der Erklärungen der vier SPD-Abgeordneten«, dpa-Meldung v. 03. 11. 2008,

[22] Volker Zastrow: Die Vier. Eine Intrige. Berlin 2009, S. 225.

[23] Ebd., S. 404.

[24] Zit. n. *Zeit Online*, 18. 12. 2009.

[25] Zit. n. Pascal Beucker/Frank Überall: Endstation Rücktritt. Warum deutsche Politiker einpacken. Berlin 2006, S. 204 f.

[26] Zit. n. ebd., S. 205.

[27] Zit. n. *taz* v. 16. 07. 2009.

[28] Pressemitteilung der CDU NRW v. 15. 07. 2009.

[29] Zit. n. Deutscher Bundestag, Stenographischer Bericht 142. Sitzung, 17. 01. 2001.

[30] Zit. n. Beucker/Überall, a.a.O., S. 46.

[31] Ebd., S. 49.

[32] Raymond Geuss: »Die Lüge als höhere Wahrheit«. In: *Die Zeit*, 25. 06. 2007.

[33] Zit. n. AFP-Meldung v. 12. 12. 2009.

[34] Zit. n. AP-Meldung v. 08. 02. 2003.

[35] Manfred Rommel: Holzwege zur Wirklichkeit. Meine derzeitige Weltsicht. Berlin 2003, S. 66.

Das unschöne K-Wort

[36] Die Sprachwahrer des Jahres. Online unter: www.deutschesprachwelt.de/sprachwahrer/#_2010 (Stand: 30. 03. 2010)

[37] »zu Guttenberg: Kriegsähnliche Zustände in Teilen Afghanistan«, in: *Bild*, 03. 11. 2009.

[38] Zit. n. ARD-Politikmagazin PANORAMA v. 21. 01. 2010. Sendemanuskript online unter: daserste.ndr.de/panorama/pdfafghan100.pdf (Stand: 31. 03. 2010)

[39] Sonia Seymour Mikich: Krieg in Afghanistan – Schluss mit Lebenslügen und Schönreden. Online unter: www.wdrblog.de/monitor/archives/2009/09/krieg_in_afghanistan_schluss_m.html (Stand: 30. 03. 2010)

[40] Zit. n. PANORAMA, a.a.O.

[41] Zit. n. PANORAMA v. 20. 11. 2008. Sendemanuskript online unter: daserste.ndr.de/panorama/media/afghanistan142.pdf (Stand: 31. 03. 2010).

[42] Zit. n. *Spiegel Online*, 10. 02. 2010.

[43] Zit. n. *Die Zeit*, 23. 07. 2009.

[44] »Ein deutsches Verbrechen«, in: *Der Spiegel*, 01. 02. 2010.

[45] Zit. n. *taz*, 30. 12. 1994.

[46] Zit. n. *taz*, 02. 08. 1995.

[47] Robert Hettlage: Der entspannte Umgang der Gesellschaft mit der Lüge. In: Mathias Mayer (Hg.): Kulturen der Lüge. Köln 2003, S. 72.

[48] Joschka Fischer: Die rot-grünen Jahre. Deutsche Außenpolitik – vom Kosovo bis zum 11. September. Köln 2007. S. 106 f.

[49] Gerhard Schröder: Entscheidungen. Mein Leben in der Politik. Akt. u. erw. Taschenbuchausgabe, Berlin 2007, S. 111.

[50] Zit. n. *taz ruhr*, 29. 04. 1999.

[51] Ludger Volmer: Die Grünen. Von der Protestpartei zur etablierten Partei – Eine Bilanz. München 2009, S. 406.

[52] Dok. in: Heinrich Hannover: Die Republik vor Gericht 1975 – 1995. Erinnerungen eines unbequemen Rechtsanwalts. Berlin 1999, S. 412.

[53] Zit. n. *Der Spiegel*, 03. 06. 1991.

[54] Zit. n. *Der Spiegel*, 13. 05. 1991.

[55] Heinrich Hannover: a.a.O., S. 422.

[56] Ebd., S. 423.

Die Lüge von der Sachentscheidung

[57] Vgl. Johann-Günter König: Die Lobbyisten. Wer regiert uns wirklich?, Düsseldorf 2007, S. 13.

[58] Thomas Leif/Rudolf Speth: Zehn zusammenfassende Thesen zur Anatomie des Lobbyismus in Deutschland und sechs pragmatische Lösungsvorschläge zu seiner Demokratisierung, in: dies. (Hg.): Die fünfte Gewalt. Lobbyismus in Deutschland. Wiesbaden 2006, S. 351.

[59] Stellungnahme zum Referentenentwurf Gesetz zur Regelung von Abscheidung, Transport und dauerhafter Speicherung von Kohlendioxid. Online unter www.greenpeace.de/fileadmin/gpd/user_upload/themen/klima/CCS-stellungnahme-final.pdf (Stand: 21. 03. 2010).

[60] Ulrike Hinrichs: Politiker als Lobbyisten – Lobbyisten als Politiker, in: Leif/Speth (Hg.), a.a.O., S. 97 f.

[61] Marco Althaus: Lobbying als Beruf, in: Leif/Speth (Hg.), a.a.O., S. 319

[62] Greenpeace-Presseerklärung v. 25. 03. 2009.

[63] Sachverständigenrat für Umweltfragen: Abscheidung, Transport und Speicherung von Kohlendioxid. Der Gesetzentwurf der Bundesregierung im Kontext der Energiedebatte. Stellungnahme Nr. 13. Berlin April 2009, S. 5.

[64] Zit. n. *Die Welt*, 26. Juni 2009.

[65] Thomas Leif/Rudolf Speth: Die fünfte Gewalt – Anatomie des Lobbyismus in Deutschland, in: Leif/Speth (Hg.), a.a.O., S. 10.

[66] Kim Otto/Sascha Adamek: Von Berlin nach Brüssel. Lobbyisten als Profiteure des schlanken Staats, in: Leif/Speth (Hg.), a.a.O., S. 131.

[67] Christine Hohmann-Dennhardt: Hausverbot für Lobbyisten?, in: netzwerk recherche e.V. (Hg.): »In der Lobby brennt noch Licht.« Lobbyismus als Schattenmanagement in Politik und Medien. nr-Werkstatt Nr. 12. Wiesbaden 2008, S. 22.

[68] Cerstin Gammelin/Götz Hamann: Die Strippenzieher. Manager, Minister, Medien – Wie Deutschland regiert wird. Berlin 2005, S. 20.

[69] Rudolf Speth/Thomas Leif: Lobbying und PR am Beispiel der Initiative Neue Soziale Marktwirtschaft, in: Leif/Speth (Hg.), a.a.O., S. 302.

[70] Gammelin/Hamann, a.a.O., S. 21.

[71] Anselm Waldermann: »Atomlobby plante Wahlkampf minutiös«, *Spiegel Online*, 23.09.2009.

[72] Dok. unter www.greenpeace.de/fileadmin/gpd/user_upload/themen/atomkraft/Kommunikationskonzept_Kernernergie.pdf (Stand: 02.01.2010).

[73] Zit. n. *Spiegel Online*, 23.09.2009.

[74] Zit. n. *Die Welt*, 24.09.2009.

[75] Zit. n. dpa-Meldung v. 24.09.2009.

[76] Zit. n. *Werben & Verkaufen* 40/2009, 01.10.2009.

[77] netzwerk recherche kritisiert Strategiepapier der Atom-Lobby zur Manipulation der Medien, Presseerklärung v. 24.09.2009.

[78] Online unter: http://www.bmu.de/pressearchiv/16_legislaturperiode/pm/44499.php (Stand 02.01.2010).

[79] Online unter: www.gsv-verkehrundumwelt.de/ziele.htm (Stand 02.01.2010).

[80] Online unter: www.gsv-verkehrundumwelt.de/wir.htm (Stand 02.01.2010).

[81] Online unter: www.dradio.de/dlf/sendungen/hintergrundpolitik/880660/ (Stand 02.01.2010).

[82] »Marktwirtschaft: Ein Buch mit sieben Siegeln«, in: *Iwd – Informationsdienst des Instituts der deutschen Wirtschaft*, Nr. 18, 04.05.2000, S. 4.

[83] Markus Grill: »Die Revolution von oben«, in: *Stern*, 17.12.2003.

[84] Vgl. Rudolf Speth: Die politischen Strategien der Initiative Neue Soziale Marktwirtschaft. Studie im Auftrag der Hans-Böckler-Stiftung. Düsseldorf 2004.

[85] Sekretariat der Deutschen Bischofskonferenz (Hg.): Das Soziale neu denken. Für eine langfristig angelegte Reformpolitik. Bonn, 13.12.2003.

[86] Hans Tietmeyer: »Das Soziale neu denken«, in: *Die Welt*, 24.12.2003.

[87] Gammelin/Hamann, a.a.O, Berlin 2005, S. 131.

Die Riester-Renten-Lüge

[88] Walter Riester im Deutschen Bundestag, Plenarprotokoll 14/133, Sitzung v. 16.11.2000.

89 Zit. n. www.bundestag.de/dokumente/textarchiv/2009/26833828_kw35_ interview_riester/index.html (Stand 02.01.2010).

90 Walter Riester im Deutschen Bundestag, a.a.O.

91 Walter Riester im Deutschen Bundestag, Plenarprotokoll 14/132, 15.11. 2000.

92 Zwischenruf von Karl-Josef Laumann im Deutschen Bundestag, Plenarprotokoll 14/133, Sitzung v. 16.11.2000.

93 Rentenversicherungsbericht 2008, Deutscher Bundestag Drucksache 16/11 060, 21.11.2008.

94 Norbert Blüm im Deutschen Bundestag, Plenarprotokoll 14/147, Sitzung v. 26.01.2001.

95 Zit. n. *Süddeutsche Zeitung*, 13.08.2009.

96 Zit. n. *Hamburger Abendblatt*, 25.03.2009.

97 Bernd W. Klöckner/Werner Dütting: Die Rentenlüge 2.0. Entkommen Sie der Armutsfalle. 2. erw. u. akt. Aufl., Weinheim 2009, S.10.

98 Christoph Butterwegge: Krise und Zukunft des Sozialstaats. 3. erw. Aufl., Wiesbaden 2006, S.43.

99 Martin Rupps: Troika wider Willen. Wie Brandt, Wehner und Schmidt die Republik regierten. Berlin 2004, S.250 f.

100 Franz Walter/Tobias Dürr: Die Heimatlosigkeit der Macht. Wie die Politik in Deutschland ihren Boden verlor. Berlin 2000, S.9 f.

101 Andreas Storm im Deutschen Bundestag, Plenarprotokoll 14/230, Sitzung v. 18.04.2002.

102 Deutscher Bundestag, Homepage, Serie 24.08.2009.

103 Zit. n. *Süddeutsche Zeitung*, 01.02.2008.

104 Zit. n. *Märkische Allgemeine*, 16.01.2009.

105 Albrecht Müller: Die Reformlüge. 40 Denkfehler, Mythen und Legenden, mit denen Politik und Wirtschaft Deutschland ruinieren. München 2004, S.106.

106 Ebd., S.129.

107 Ebd., S.130.

108 Ebd., S.131.

109 Albrecht Müller, a.a.O., S.133.

Die Arbeitsmarkt-Lüge

110 ARD-Tagesschau, 14.10.2009. Online unter: www.tagesschau.de/inland/ koalitionsverhandlungen142.html (Stand 03.01.2010).

111 Zit. n. *junge Welt*, 16.10.2009.

112 Zit. n. epd-Meldung v. 15.10.2009.

113 »Wir haben bessere Karten« (Interview). In: *Der Spiegel*, 21.09.1998.

[114] Bundeszentrale für politische Bildung: Datenreport 2008. Ein Sozialbericht für die Bundesrepublik Deutschland. Bonn 2008, S. 111.

[115] Stefan Reinecke: »Die Armut der SPD«. In: *taz*, 17.10.2006.

[116] Christoph Butterwegge, a.a.O., S. 187.

[117] Moderne Dienstleistung am Arbeitsmarkt. Vorschläge der Kommission zum Abbau der Arbeitslosigkeit und zur Umstrukturierung der Bundesanstalt für Arbeit. Berlin 2002, S. 45.

[118] Hans Uske: Das Fest der Faulenzer. Die öffentliche Entsorgung der Arbeitslosigkeit. Duisburg 1995, S. 216.

[119] Ebd., S. 220.

[120] Zit. n. ebd., S. 69.

[121] Zit. n. *Spiegel Online*, 09.04.2009.

[122] *Spiegel Online*, 09.04.2001.

[123] Vgl. Bundesagentur für Arbeit: Grundsicherung für Arbeitssuchende in Zahlen. Februar 2010. Online unter: www.pub.arbeitsagentur.de/hst/services/statistik/201002/iiia7/grusi_in_zahlend.pdf (Stand: 24.03.2010)

[124] Michael Sauga: »Deutschland braucht Hartz V«. In: *Spiegel Online*, 28.12.2009.

[125] BVerfG, 1 BvL 1/09 vom 09.02.2010.

[126] Guido Westerwelle: »Vergesst die Mitte nicht«. In: *Die Welt*, 11.02.2010, S. 6.

[127] Zit. n. *Tagesspiegel*, 18.02.2010.

[128] Zit. n. *Tagesspiegel*, 13.02.2010.

[129] Zit. n. *Die Welt*, 13.02.2010.

[130] Butterwegge, a.a.O., S. 200.

[131] Zit. n. *Tagesspiegel*, 27.10.2009.

[132] Online unter: www.derwesten.de/nachrichten/politik/Laschet-Wir-muessen-nah-an-die-Eltern-ran-id2053877.html (Stand 03.01.2010).

[133] Zit. n. *Tagesspiegel*, 02.01.2010.

[134] *Spiegel-Online*, 13.12.2006.

[135] *Der Spiegel*, 18.12.2006.

[136] Henrico Frank: »Gewaschen und rasiert«. In: *Financial Times Deutschland*, 15.03.2010.

[137] Zit. n. *taz*, 11.05.2006.

[138] Zit. n. *taz*, 15.06.2006.

[139] Zit. n. *Netzeitung*, 16.10.2006.

[140] SPD-Pressemitteilung v. 13.06.2007.

[141] Franz Walter: Im Herbst der Volksparteien, a.a.O., S. 89.

Die Steuerlügen

142 Zit. n. *FAZ*, 30.08.2006.

143 Vgl. www.gesetze-im-internet.de/ustg_1980/anlage_2_82.html (Stand 02.01.2010).

144 Zit. n. Peter Zudeick: Bis auf den letzten Cent. Eine Geschichte des politischen Kassensturzes. DLF-Magazin v. 01.10.2009. Online unter: www.dradio.de/dlf/sendungen/dlfmagazin/1044325/ (Stand 02.01.2010).

145 Zit. n. *Spiegel Online*, 06.07.2002.

146 Zit. n. Reuters-Meldung v. 11.06.2009.

147 Pressemitteilung Oskar Lafontaines v. 28.06.2009. Online unter: www.linksfraktion.de/pressemitteilung.php?artikel=1250739986 (Stand: 02.01.2010).

148 Zit. n. *Der Spiegel*, 14.12.2009

149 Zit. n. *Hamburger Abendblatt*, 27.10.2009.

150 Zit. n. AFP-Meldung v. 15.05.2009.

151 Mitteilung der OECD v. 17.10.2007.

152 Mitteilung der OECD v. 24.11.2009.

153 Ebd.

154 Wolfgang Müller: Die großen Wirtschaftslügen. Raffgier mit System. München 2009, S. 160.

155 Zit. n. AP-Meldung v. 08.07.2002.

156 Lorenz Jarass/Gustav Obermair: Vorschlag für ein zukünftiges EU-Steuersystem. Wiesbaden, 05.03.2005. Online unter: www.jarass.com/Steuer/B/CorporationTaxReformEUdeutsch.pdf (Stand 02.01.2010).

157 Ebd.

158 Lorenz Jarass/Gustav Obermair: Privater Reichtum und öffentliche Armut. Handlungsoptionen der deutschen Steuerpolitik. Wiesbaden, 23.03.2005. Online unter: www.jarass.com/jarass.de/dat/pub/0904/DGB_Steuerpolitik.pdf (Stand 02.01.2010).

159 Ebd.

160 Wolfgang Müller, a.a.O., S. 153.

161 Ebd., S. 163.

162 FDP-Deutschlandprogramm 2009. Online unter: www.deutschlandprogramm.de/files/653/Deutschlandprogramm09_Endfassung.pdf (Stand 02.01.2010).

163 Pressemitteilung der FDP-Bundestagsfraktion v. 03.03.2009.

164 Karl Brenke: Reallöhne in Deutschland über mehrere Jahre rückläufig. In: Deutsches Institut für Wirtschaftsforschung, Wochenbericht Nr. 33, 76. Jahrgang, 12.08.2009.

165 Ebd.

166 Ebd.

167 Markus M. Grabka/Joachim R. Frick: Schrumpfende Mittelschicht – Anzeichen einer dauerhaften Polarisierung der verfügbaren Einkommen? In: Deutsches Institut für Wirtschaftsforschung, Wochenbericht Nr. 10, 75. Jahrgang, 05.03.2008.

168 Mario Ohoven: »Betriebe und Bürger jetzt entlasten«. In: *Der Mittelstand*, Zweitschrift des BVMW, Nr. 5/2009, S. 6 f.

169 *FAZ,* 26.10.2009

170 *Süddeutsche Zeitung*, 28.10.2009.

171 Vgl. Erklärung Hartmut Schauerte, Beauftragter der Bundesregierung für den Mittelstand und parlamentarischer Staatssekretär beim Bundesminister für Wirtschaft und Technologie: Mittelstandspolitik der 16. Legislaturperiode, 18.08.2009.

172 Pressemitteilung Ingenieurkammer-Bau Nordrhein-Westfalen, 10.09.2009.

Die Bildungslüge

173 Rede des Kölner Oberbürgermeisters Fritz Schramma anlässlich des 50. Geburtstags von Hans-Georg Bögner. Online unter: www.stadt-koeln.de/mediaasset/content/pdf-ob/reden/2005/01/05-geburtstag-boegner.pdf (Stand 03.01.2010).

174 Persönliche Erklärung; online unter: www.koeln.de/koeln/nachrichten/spdratsherr_boegner_legt_mandat_nieder_133256.html (Stand 03.01.2010).

175 *Süddeutsche Zeitung*, 30.11.2009.

176 Dok. online unter: www.kaidiekmann.de/wp-content/uploads/2009/12/ministerin22.jpg (Stand 03.01.2010).

177 Online unter: www.kaidiekmann.de/ministern-bzw-ihr-anwalt/2009/12/29/ (Stand 03.01.2010).

178 Zit. n. *Ibbenbürener Volkszeitung*, 01.02.2010. Online unter: www.ivz-online.de/lokales/kreis_steinfurt/ibbenbueren/1263114_fehler_gemacht_hopstener_mdb_dieter_jasper_fuehrt_doktortitel_nicht_mehr.html (Stand 18.02.2010).

179 Franz Walter: Träume von Jamaika. Wie Politik funktioniert und was die Gesellschaft verändert. Köln/Hamburg 2006, S. 34.

180 Frank-Walter Steinmeier: Die Arbeit von morgen. Politik für das nächste Jahrzehnt. Online unter: www.frankwaltersteinmeier.de/_media/pdf/Politik_fuer_das_naechste_Jahrzehnt_navigierbar.pdf (Stand 03.01.2010).

181 Rede von Bundespräsident Horst Köhler beim Festakt der Freiherr-vom-Stein-Gesellschaft aus Anlass des 250. Geburtstags des Freiherrn vom Stein, Akademie der Wissenschaften Berlin, 25.10.2007.

182 Christian Füller: Schlaue Kinder, schlechte Schulen. Wie unfähige Politi-

ker unser Bildungssystem ruinieren – und warum es trotzdem gute Schulen gibt. München 2008, S. 105.

[183] Online unter: www.hks.harvard.edu/pepg/PDF/Papers/PEPG07–02_ Woessmann.pdf (Stand 03.01.2010).

[184] Vgl. Pressemitteilung der Universität Mainz; Online unter: www.uni-mainz.de/presse/24855.php (Stand 03.01.2010).

[185] Wolfgang Böttcher: »Soziale Auslese und Bildungsreform«. In: *Aus Politik und Zeitgeschichte* 12/2005.

[186] UN-Bildungsbericht, deutsche Arbeitsübersetzung, online unter: www. gew.de/Binaries/Binary29288/Arbeits%FCbersetzung_M%E4rz07.pdf (Stand 03.01.2010).

[187] Zit. n. *Welt Online*, 21. März 2007.

[188] Franz Walter: Baustelle Deutschland. Frankfurt a.M. 2008, S. 18.

[189] Pierre Bourdieu: Soziologische Fragen. Frankfurt a.M. 1993, S. 254 f.

[190] Böttcher: a.a.O.

[191] Online unter: www.roland-koch.de/down/Landtagswahlprogramm_cdu_ hessen_2009.pdf (Stand 03.01.2010).

[192] Füller: a.a.O., S. 58.

[193] Hans-Werner Sinn: »Alte Ideologien«. In: *Wirtschaftswoche*, 13.03.2006.

Die Gesundheitslüge

[194] Zit. n. *Tagesspiegel*, 03.08.2003.

[195] Zit. n. *taz*, 08.08.2003.

[196] Zit. n. *Welt Online*, 18.05.2008.

[197] Rede des Präsidenten der Bundesärztekammer Professor Dr. Jörg-Dietrich Hoppe zur Eröffnung des 112. Deutschen Ärztetags am 19. Mai 2009 in Mainz.

[198] Ebd.

[199] Zit. n. RP-*Online*, 20.05.2009.

[200] Priorisierung im Gesundheitswesen. Eine Umfrage der Allianz Deutschland AG. München Juni 2009.

[201] Pressemitteilung Universität Tübingen, in: *Deutsche Medizinische Wochenschrift*, 12.06.2009.

[202] »Wachstum. Bildung. Zusammenhalt«, Koalitionsvertrag zwischen CDU, CSU und FDP für die 17. Legislaturperiode, Kapitel II. Sozialer Fortschritt durch Zusammenhalt und Solidarität, Punkt 9.1. Gesundheit, S. 77.

[203] Vgl. *Ärzte Zeitung*, 10.01.2008.

[204] MLP-Gesundheitsreport 2009, vorgestellt am 5. August in Berlin.

[205] Sozialgesetzbuch 5, Paragraph 92 Richtlinien des Gemeinsamen Bundesausschusses.

[206] Zit. n. *Ärzte Zeitung*, 13./14. November 2009.

[207] Forschungsberichte des Instituts für Gesundheitsökonomie und Klinische Epidemiologie an der Universität zu Köln: Studien zu Gesundheit, Medizin und Gesellschaft, Nr. 7/2009, 17.11.2009.

[208] Antrittsrede Bundesgesundheitsminister Philipp Rösler, Deutscher Bundestag, 5. Sitzung, Berlin 12.11.2009.

Die Lüge, dass sich gute Politikerinnen stets gegen schlechte Politiker durchsetzen

[209] Zit. n. Hans Leyendecker: »Zwischen Quote und Zote«, in: *Der Spiegel*, 19.03.1990.

[210] Friedhelm Farthmann: Blick voraus im Zorn. Aufruf zu einem radikalen Neubeginn der SPD. Düsseldorf 1996, S. 204.

[211] Leyendecker, a.a.O.

[212] Zit. n. *Berliner Zeitung*, 24.07.1999

[213] Zit. n. *taz*, 05.03.2010.

[214] Zit. n. *Financial Times Deutschland*, 15.03.2010.

[215] Woman Matter. Gender diversity, a corporate performance driver (2007). Online unter: www.mckinsey.com/locations/paris/home/womenmatter/pdfs/Women_matter_oct2007_english.pdf (Stand 02.01.2010). Woman Matter 2. Female leadership, a competitive edge for the future (2008). Online unter: www.mckinsey.com/locations/paris/home/womenmatter/pdfs/Women_matter_oct2008_english.pdf (Stand 02.01.2010).

[216] Pressemitteilung Deutsche Telekom, 15.03.2010.

[217] Rede von Dieter Hundt anlässlich der Veranstaltung der Vereinigung der Saarländischen Unternehmensverbände (VSU) und des Wirtschaftsrates der CDU am 3. April 2001 in Saarbrücken. Online unter: www.mesaar.de/admin/Uploaded_Documents/Presse/Rede%20Dr%20Hundt.doc (Stand 02.01. 2010).

[218] Vgl. Schröder, a.a.O., S. 439 f.

[219] Volmer, a.a.O., S. 218.

[220] Verena Krieger: Was bleibt von den Grünen? Hamburg 1991, S. 55.

[221] Vgl. Willy Brandt (Hg.): Frauen heute. Jahrhundertthema Gleichberechtigung. Frankfurt a.M. 1978, S. 51.

[222] Zit. n. *taz*, 29.08.1988.

[223] Protokoll des 6. Parteitags der CDU am 28.11.1994 in Bonn. Online unter: www.kas.de/upload/themen/programmatik_der_cdu/protokolle/1994_Bonn_6_Parteitag.pdf (Stand: 02.01.2010).

[224] Protokoll des 7. Parteitags der CDU am 16.-18.10.1995 in Karlsruhe. Online unter: www.kas.de/upload/themen/programmatik_der_cdu/protokolle/1995_Karlsruhe_7_Parteitag.pdf (Stand: 02.01.2010).

[225] Frank Bösch: Die Adenauer-CDU. Gründung und Krise einer Erfolgspartei 1945–1969. München 2001, S. 56.

[226] Protokoll des 8. Parteitags am 21.-22.10.1996 in Hannover. Online unter: www.kas.de/upload/themen/programmatik_der_cdu/protokolle/1996_Hannover_8_Parteitag.pdf (Stand: 02.01.2010).

[227] Zit. n. *Die Zeit*, 22.01.2009.

[228] »Offensive für mehr Frauen in die FDP«. Beschluss des Bundesvorstands der FDP, Berlin, 07.04.2003. Online unter: www.liberale-frauen-thueringen.de/PDF/Frauen_BESCHLUSS.pdf (Stand: 02.01.2010)

[229] Brandt, a.a.O., S. 24.

[230] Statistisches Bundesamt: Frauen verdienen im öffentlichen Bereich 7 % weniger als Männer, Pressemitteilung Nr. 331 v. 08.09.2009.

[231] Elke Holst/Julia Schimeta: Nach wie vor kaum Frauen in den Top-Gremien großer Unternehmen. Wochenbericht des DIW Berlin Nr. 18/ 2009.

[232] Susanne Kohaut/Iris Möller: Kaum Fortschritte bei der betrieblichen Förderung. IAB-Kurzbericht 26/2009.

[233] Christian Rickens: »Geschlossene Gesellschaft!« In: *manager magazin* 2/2008 , S. 125.

[234] Zit. n. »Wer sind unsere Feinde?« (Interview). In: *Die Zeit*, 22.01.2009.

Die Integrationslüge

[235] Pressemitteilung v. 02.10.2009.

[236] Thilo Sarrazin: »Klasse statt Masse«, Interview in *Lettre International* Nr. 86, Herbst 2009, S. 197 ff.

[237] Pressemitteilung v. 30.09.2009.

[238] Pressemitteilung v. 06.10.2009.

[239] Stephan J. Kramer: »Rassismus bleibt Rassismus«, in: *Tagesspiegel*, 13.10. 2009.

[240] Zit. n. *Tagesspiegel*, 02.10.2009.

[241] Zit. n. *FAZ,* 05.10.2009.

[242] Pressemitteilung v. 08.10.2009.

[243] Zit. n. *Spiegel Online*, 01.10.2009.

[244] Zit. n. *Kölner Stadt-Anzeiger*, 07.10.2009.

[245] Zit. n. *Rheinische Post*, 03.10.2009.

[246] Thomas Schmid: »Frischluft oder Wärmestube?«, in: *schmid.welt.de*, 02.10.2009.

[247] Helmut Markwort: »So schnell wird einer zum Nazi«, in: *Focus*, 12.10. 2009, S. 3.

[248] Peter Sloterdijk: »Aufbruch der Leistungsträger«, in: *Cicero*, November 2009, S. 96.

[249] Jasper von Altenbockum: »Courage«, in: *FAZ*, 15.10.2009.

[250] Olaf Henkel: »Ich unterstütze Sarrazin ohne Wenn und Aber«, in: *Welt Online*, 14.10.2009.

[251] Helmut Markwort: »So schnell wird einer zum Nazi«, a.a.O.

[252] Jörg Lau: »Das wird man wohl noch sagen dürfen!«, in: *Die Zeit*, 22.10.2009.

[253] Zit. n. »Thilo Sarrazin ist kein Rassist«, *Welt Online*, 17.03.2010.

[254] Robert Misik: Politik der Paranoia. Gegen die neuen Konservativen. Berlin 2009, S.159.

[255] Ebd., S.155.

[256] *Eßlinger Zeitung*, 30.10.2010.

[257] Zit. n. Jan Motte/Rainer Ohliger: Einwanderung – Geschichte – Anerkennung. Auf den Spuren geteilter Erinnerungen. In: *Überblick*. Zeitschrift des Informations- und Dokumentationszentrums für Antirassismusarbeit in Nordrhein-Westfalen, April 2005, S.11.

[258] Daniel Cohn-Bendit/Thomas Schmid: Heimat Babylon. Das Wagnis der multikulturellen Demokratie. Hamburg 1992, S.57.

[259] Armin Laschet: Die Aufsteiger-Republik. Zuwanderung als Chance. Köln 2009, S.100.

[260] Ebd, S.62.

[261] Eberhard Seidel: »Die heile Welt der Deutschen«. In: *taz*, 20.12.2005.

[262] Max Frisch: »Vorwort«, in: Alexander J. Seiler: siamo italiani – Die Italiener. Gespräche mit italienischen Arbeitern in der Schweiz. Zürich 1965, S.7.

[263] Cohn-Bendit/Schmid, a.a.O., S.56.

[264] Laschet, a.a.O., S.99

[265] Zit. n. Veit Didczuneit/Hanno Sowade: Geschenk für den millionsten Gastarbeiter. Zündapp Sport Combinette. Bonn 2004, S.10.

[266] Zit. n. Didczuneit/Sowade, a.a.O., S.52.

[267] Cohn-Bendit/Schmid, a.a.O., S.56.

[268] Laschet, a.a.O., S.116.

[269] Heinz Kühn: Stand und Weiterentwicklung der Integration der ausländischen Arbeitnehmer und ihrer Familien in der Bundesrepublik Deutschland. Memorandum des Beauftragten der Bundesregierung. Bonn, September 1979, S.2.

[270] Laschet, a.a.O., S.103.

[271] »Ausländer: ›Schmerzhafte Grenze gezogen‹«. In: *Der Spiegel*, 07.12.1981.

[272] Zit. n. ebd.

[273] Zit. n. ebd, S.28.

[274] Vgl. »Ausländerfeindlichkeit: Exodus erwünscht«. In: *Der Spiegel*, 03.05.1982.

[275] Günter Wallraff: Ganz unten. Köln 1985, S. 12.
[276] Vgl. Sinus Sociovision: Migranten-Milieus in Deutschland. Online unter: www.sociovision.de/uploads/tx_mpdownloadcenter/Aktuell_30012009_Deutschtuerken_Hauptdokument.pdf (Stand: 20.03.2010).
[277] Zit. n. Peter Köpf: STO!BER. Die Biografie. Akt. Taschenbuchausgabe, München 2002, S. 162.
[278] Zit. n. Jürgen Trittin: Gefahr aus der Mitte. Die Republik rutscht nach rechts. Göttingen 1993, S. 69.
[279] Zit. n. *Berliner Morgenpost*, 20.12.1998.
[280] Heiner Geißler: Zugluft. Politik in stürmischer Zeit. München 1990, S. 198.
[281] Ebd., S. 197 f.
[282] Ebd., S. 192.
[283] Ebd., S. 190.
[284] »Chancen durch Aufstieg«. Interview im *Focus*, 01.02.2010.
[285] Laschet, a.a.O., S. 13.
[286] Ebd., S. 147.
[287] Ebd., S. 160.
[288] Zit. n. *Tagesspiegel*, 15.11.1998.
[289] Zit. n. *Der Spiegel*, 07.12.1981, S. 24.
[290] Helmut Schmidt auf einer Pressekonferenz am 11.11.1981. Zit. n. Karl-Heinz Meier-Braun: »Der lange Weg ins Einwanderungsland Deutschland«, in: *Der Bürger im Staat*, Heft 4/2006, S. 205.
[291] Zit. n. *Die Zeit*, 05.02.1982.
[292] Zit. n. *Zeit-Magazin*, 29.02.2008, S. 62.
[293] Zit. n. *Hamburger Abendblatt*, 24.11.2004.
[294] Rede von Sigmar Gabriel auf dem Bundesparteitag der SPD am 13.11.2009 in Dresden. Online unter: www.sigmar-gabriel.de/_pdf/ 091113_rede_gabriel_bpt09.pdf (Stand: 21.03.2010).
[295] Zit. n. *Die Zeit*, 26.11.2009.

Die Lüge von der sauberen Parteienfinanzierung

[296] Fritz Goergen: Skandal FDP. Selbstdarsteller und Geschäftemacher zerstören eine politische Idee. Köln 2004. S. 140.
[297] Zit. n. Pascal Beucker: »Gepflegte Landschaften«. In: *Jungle World*, 04.02.2010.
[298] Helmut Kohl: Mein Tagebuch 1998 – 2000. München 2000, S. 124.
[299] Robert Leicht: »Gelegenheit macht Diebe. CDU-Skandal und SPD-Flugaffäre zwingen zu Reformen – für die Parteien wird es unbequem«, in: *Die Zeit*, 03.02.2000.

[300] Bericht des Bundestagsuntersuchungsausschusses »Parteispenden«, Druck-sache 14/9300, 13.06.2002.

[301] Kohl, a.a.O., S.205.

[302] Ebd., S.217.

[303] Zit. n. ebd., S.253.

[304] Ebd., S.313.

[305] Zit. n. ebd., S.271.

[306] Vgl. ebd., S.165.

[307] Zit. n. Bösch, a.a.O., S.195.

[308] Zit. n. Udo Wengst: »Die CDU/CSU im Bundestagswahlkampf 1949«. In: *Vierteljahreshefte für Zeitgeschichte*, Januar 1986, S.48.

[309] Rudolf Augstein: »Ein Hohenzoller oder meinetwegen auch Hitler«. In: *Der Spiegel*, 29.09.1986.

[310] Zit. n. *Der Spiegel*, 04.11.1959.

[311] Zit. n. Bösch, a.a.O., S.208.

[312] Vgl. ebd., S.213.

[313] Vgl. Vorstand der SPD (Hg.): Unternehmermillionen kaufen politische Macht! Finanzierung und Korrumpierung der Regierungsparteien durch die Managerschicht der »Wirtschaft«. Denkschrift. Bonn 1953; ders.: Die Finanzierung des Wahlkampfes 1957. Eine Untersuchung über die Abhängig-keit politischer Parteien von wirtschaftlichen Machtgruppen. Bonn 1957.

[314] BVerfG, 24.06.1958, 2 BvF 1/57.

[315] BVerfG, 19.07.1966, 2 BvF 1/65.

[316] Rudolf Augstein: »Der Fall der weißen Westen«. In: *Der Spiegel*, 06.12.1982.

[317] Zit. n. *Der Spiegel*, 14.05.1984.

[318] Zit. n. *Der Spiegel*, 07.12.1981.

[319] Hans Leyendecker: »Unerschrockener Aufräumer«. In: *Süddeutsche Zeitung*, 06.02.2009.

[320] Eberhard von Brauchitsch: Der Preis des Schweigens. Erfahrungen eines Unternehmers. Berlin 1999, S.104.

[321] Ebd., S.106.

[322] Ebd., S.231.

[323] Auszugsweise dokumentiert in: *Der Spiegel*, 23.02.1987, S.34 ff.

[324] von Brauchitsch, a.a.O., S.106 f.

[325] Zit n. »Heilfroh um jeden, der half. Auszüge aus Kanzler Kohls Verneh-mung vor dem Flick-Ausschuss«. In: *Der Spiegel*, 12.11.1984, S.26.

[326] Ebd., S.27.

Möllemann – eine liberale Karriere

[327] Zit. n. dpa-Meldung v. 25.09.2002.

[328] Zit. n. *Tagesspiegel*, 28.05.2002.

[329] Zit. n. »Hamm-Brücher verlässt FDP. Ihre Austrittserklärung an Westerwelle«. In: RP-*Online*, 24.09.2002.

[330] Zit. n. Beucker/Überall, a.a.O., S.197.

[331] Hans Leyendecker: »Berufsverbot für Möllemann?«. In: *Süddeutsche Zeitung*, 14.11.2002.

[332] Fritz Goergen: Skandal FDP, a.a.O., S.144.

[333] Solms/Friedhoff: FDP wird Rechtsmittel einlegen. Medien-Information der FDP-NRW, 11.12.2009.

Die Lüge von der uneigennützigen Politik

[334] Christine Hohmann-Dennhardt: »Hausverbot für Lobbyisten?«, in: netzwerk recherche e.V. (Hg.), a.a.O., S.24.

[335] Heidi Klein/Tillmann Höntzsch: Fliegende Wechsel – die Drehtür kreist. Zwei Jahre danach – Was macht die Ex-Regierung Schröder II heute? LobbyControl-Kurzstudie. Köln, November 2007.

[336] Ebd, S.11.

[337] Zit. n. *Tagesspiegel*, 30.12.2007.

[338] Katja Ridderbusch: »Er nennt sich Brüssels Clint Eastwood auf dem Klappfahrrad«, in: *Die Welt*, 02.05.2006.

[339] »Dialogkultur nicht erkennbar«, *Spiegel Online*, 14.07.2008.

[340] Zit. n. *Spiegel Online*, 19.01.2008.

[341] Online unter: www.pks-gmbh.net/felder_begleitung.htm (Stand 03.01.2010).

[342] Vgl. online unter: www.pks-gmbh.net/personen_mitglieder.htm (Stand 03.01.2010).

[343] Christian Bommarius: »Merz«. In: *Berliner Zeitung*, 06.06.2006.

[344] Zit. n. *Der Spiegel*, 17.01.2005, S.26.

[345] Online unter: www.ulrich-kelber.de/glaesernermdb/lobby/index.html (Stand 03.01.2010).

[346] Nina Katzemich/Ulrich Müller: Nebentätigkeiten der Bundestagsabgeordneten: Transparenz ungenügend. LobbyControl-Studie. Köln 2009.

Literatur

Arendt, Hannah/Nanz, Patrizia: *Wahrheit und Politik.* Berlin 2006.

Beucker, Pascal/Überall, Frank: *Endstation Rücktritt. Warum deutsche Politiker einpacken.* Berlin 2006.

Beucker, Pascal/Überall, Frank: *Die Beamtenrepublik. Der Staat im Würgegriff seiner Diener?* Frankfurt am Main 2004.

Bösch, Frank: *Die Adenauer-CDU. Gründung und Krise einer Erfolgspartei* 1945–1969. München 2001.

Bourdieu, Pierre: *Soziologische Fragen.* Frankfurt a.M. 1993.

Brandt, Willy (Hg.): *Frauen heute. Jahrhundertthema Gleichberechtigung.* Frankfurt a.M. 1978.

Brauchitsch, Eberhard von: *Der Preis des Schweigens. Erfahrungen eines Unternehmers.* Berlin 1999.

Bundeszentrale für politische Bildung: *Datenreport* 2008. *Ein Sozialbericht für die Bundesrepublik Deutschland.* Bonn 2008.

Butterwegge, Christoph: *Krise und Zukunft des Sozialstaats.* 3., erw. Aufl., Wiesbaden 2006.

Cohn-Bendit, Daniel/Schmid, Thomas: *Heimat Babylon. Das Wagnis der multikulturellen Demokratie.* Hamburg 1992.

Didczuneit, Veit/Sowade, Hanno: *Geschenk für den millionsten Gastarbeiter. Zündapp Sport Combinette.* Bonn 2004.

Farthmann, Friedhelm: *Blick voraus im Zorn. Aufruf zu einem radikalen Neubeginn der* SPD. Düsseldorf 1996.

Fischer, Joschka: *Die rot-grünen Jahre. Deutsche Außenpolitik – vom Kosovo bis zum* 11. *September.* Köln 2007.

Fischer, Joschka: *Von grüner Kraft und Herrlichkeit.* Reinbek bei Hamburg 1984.

Füller, Christian: *Schlaue Kinder, schlechte Schulen. Wie unfähige Politiker unser Bildungssystem ruinieren – und warum es trotzdem gute Schulen gibt.* München 2008.

Gammelin, Cerstin/Hamann, Götz: *Die Strippenzieher. Manager, Minister, Medien – Wie Deutschland regiert wird.* Berlin 2005.

Geißler, Heiner: *Zugluft. Politik in stürmischer Zeit.* München 1990.

Goergen, Fritz: *Skandal FDP. Selbstdarsteller und Geschäftemacher zerstören eine politische Idee.* Köln 2004.

Goetz, John/Neumann, Conny/Schröm, Oliver: *Allein gegen Kohl, Kiep & Co. Die Geschichte einer unerwünschten Ermittlung.* Berlin 2000.

Kilz, Hans Werner/Preuss, Joachim: *Flick. Die gekaufte Republik.* Reinbek bei Hamburg 1983.

König, Johann-Günter: *Die Lobbyisten. Wer regiert uns wirklich?* Düsseldorf 2007.

Kohl, Helmut: *Mein Tagebuch* 1998–2000. München 2000.

Köpf, Peter: STO!BER. Die Biografie. Akt. Taschenbuchausgabe. München 2002.

Klöckner Bernd W./Dütting, Werner: *Die Rentenlüge 2.0. Entkommen Sie der Armutsfalle.* 2., erw. u. akt. Aufl., Weinheim 2009.

Krieger, Verena: *Was bleibt von den Grünen?* Hamburg 1991.

Laschet, Armin: *Die Aufsteiger-Republik. Zuwanderung als Chance.* Köln 2009.

Lauterbach, Karl: *Der Zweiklassenstaat. Wie die Privilegierten Deutschland ruinieren.* Berlin 2007.

Leif, Thomas/Speth, Rudolf (Hg.): *Die fünfte Gewalt. Lobbyismus in Deutschland.* Wiesbaden 2006.

Machiavelli, Niccolò: *Der Fürst.* Frankfurt a.M. 1990.

Mayer, Mathias (Hg.): *Kulturen der Lüge.* Köln 2003.

Merz, Friedrich: *Nur wer sich ändert, wird bestehen. Vom Ende der Wohlstandsillusion – Kursbestimmung für unsere Zukunft.* Freiburg i. Breisgau 2004.

Misik, Robert: *Politik der Paranoia. Gegen die neuen Konservativen.* Berlin 2009.

Müller, Albrecht: *Die Reformlüge. 40 Denkfehler, Mythen und Legenden, mit denen Politik und Wirtschaft Deutschland ruinieren.* München 2004.

Müller, Wolfgang: *Die großen Wirtschaftslügen. Raffgier mit System.* München 2009.

Otto, Kim/Adamek, Sascha: *Der gekaufte Staat. Wie Konzernvertreter in deutschen Ministerien sich ihre Gesetze selbst schreiben.* Köln 2008.

Reinhard, Wolfgang: *Unsere Lügengesellschaft. Warum wir nicht bei der Wahrheit bleiben.* Hamburg 2006.

Rommel, Manfred: *Holzwege zur Wirklichkeit. Meine derzeitige Weltsicht.* Berlin 2003.

Rupps, Martin: *Troika wider Willen. Wie Brandt, Wehner und Schmidt die Republik regierten.* Berlin 2004.

Schockenhoff, Eberhard: *Zur Lüge verdammt? Politik, Medien, Medizin, Justiz, Wissenschaft und die Ethik der Wahrheit.* Freiburg 2000.

Schröder, Gerhard: *Entscheidungen. Mein Leben in der Politik.* Akt. u. erw. Taschenbuchausgabe, Berlin 2007.

Uske, Hans: *Das Fest der Faulenzer. Die öffentliche Entsorgung der Arbeitslosigkeit.* Duisburg 1995.

Volmer, Ludger: *Die Grünen. Von der Protestpartei zur etablierten Partei – Eine Bilanz.* München 2009.

Wallraff, Günter: *Ganz unten.* Köln 1985.

Walter, Franz: *Im Herbst der Volksparteien? Eine kleine Geschichte von Aufstieg und Rückgang politischer Massenintegration.* Bielefeld 2009.

Walter, Franz: *Baustelle Deutschland.* Frankfurt a.M. 2008.

Walter, Franz: *Träume von Jamaika. Wie Politik funktioniert und was die Gesellschaft verändert.* Köln/Hamburg 2006.

Walter, Franz/Dürr, Tobias: *Die Heimatlosigkeit der Macht. Wie die Politik in Deutschland ihren Boden verlor.* Berlin 2000.

Wieczorek, Thomas: *Die verblödete Republik. Wie uns Medien, Wirtschaft und Politik für dumm verkaufen.* München 2009.

Zastrow, Volker: *Die Vier. Eine Intrige.* Berlin 2009.

Vom Autor des Bestsellers »Die verblödete Republik«

Thomas Wieczorek

Die geplünderte Republik

Wie uns Banken, Spekulanten und Politiker in den Ruin treiben

Unfassbare Summen werden in das wankende Finanzsystem gepumpt, aberwitzige Milliardenbeträge für Wirtschaftshilfen bereitgestellt, und die Schuldigen an der Krise machen einfach weiter wie bisher – während gleichzeitig immer mehr Arbeitsplätze wegbrechen, Kommunen und Bürger in die Pleite rutschen. Selbst unsere Kinder werden noch für die Gier der Banker und Wirtschaftslenker und die Unfähigkeit willfähriger Politiker zahlen müssen.
Gewohnt scharfzüngig deckt Thomas Wieczorek auf, wer von der Krise profitiert, wie tief der Graben in unserer Gesellschaft bereits geworden ist und wie gefährlich das für uns alle noch werden kann.

KNAUR TASCHENBUCH VERLAG